A TUTELA JURÍDICA DA LIBERDADE ACADÊMICA NO BRASIL

— a liberdade de ensinar e seus limites —

Conselho Editorial

André Luís Callegari
Carlos Alberto Molinaro
César Landa Arroyo
Daniel Francisco Mitidiero
Darci Guimarães Ribeiro
Draiton Gonzaga de Souza
Elaine Harzheim Macedo
Eugênio Facchini Neto
Gabrielle Bezerra Sales Sarlet
Giovani Agostini Saavedra
Ingo Wolfgang Sarlet
José Antonio Montilla Martos
Jose Luiz Bolzan de Morais
José Maria Porras Ramirez
José Maria Rosa Tesheiner
Leandro Paulsen
Lenio Luiz Streck
Miguel Àngel Presno Linera
Paulo Antônio Caliendo Velloso da Silveira
Paulo Mota Pinto

Dados Internacionais de Catalogação na Publicação (CIP)

T782t   Travincas, Amanda Costa Thomé.
        A tutela jurídica da liberdade acadêmica no Brasil : a liberdade de ensinar e seus limites / Amanda Costa Thomé Travincas. – Porto Alegre : Livraria do Advogado, 2018.
        184 p. ; 25 cm.
        Inclui bibliografia.
        ISBN 978-85-9590-027-1

        1. Direitos fundamentais. 2. Liberdade acadêmica. 3. Ensino - Liberdade. 4. Tutela. 5. Direitos fundamentais - Restrições. I. Título.

CDU 342.7:37
CDD 341.27

Índice para catálogo sistemático:
1. Direitos fundamentais : Ensino   342.7:37

(Bibliotecária responsável: Sabrina Leal Araujo – CRB 10/1507)

Amanda Costa Thomé Travincas

A TUTELA JURÍDICA DA LIBERDADE ACADÊMICA NO BRASIL

— a liberdade de ensinar e seus limites —

livraria
DO ADVOGADO
editora

Porto Alegre, 2018

© Amanda Costa Thomé Travincas, 2018

Capa, projeto gráfico e diagramação
Livraria do Advogado Editora

Revisão
Rosane Marques Borba

Direitos desta edição reservados por
Livraria do Advogado Editora Ltda.
Rua Riachuelo, 1300
90010-273 Porto Alegre RS
Fone: 0800-51-7522
editora@livrariadoadvogado.com.br
www.doadvogado.com.br

Impresso no Brasil / Printed in Brazil

Agradecimentos

Esta obra corresponde, com adaptações, à tese de doutoramento que defendi, em novembro de 2016, na Pontifícia Universidade Católica do Rio Grande do Sul (PUCRS), e, por causa disso, em muito se repetem, nessa ocasião, os agradecimentos que fiz naquela oportunidade.

Ali, tomei João no colo para repercorrer os três anos aos quais me dediquei a essa pesquisa e me curvar à indominável consequência dos encontros. "Todas essas vidas, Bia, vindas de outras igualmente precárias, e que um dia pareceram plenas, há pouco ou há muito partidas, deixaram uma marca, quase invisível, no livro dos destinos, marca que o tempo haverá de derreter com seu ácido; essas vidas todas, te agrade ou não, correm, desordenadamente, dentro de ti, Bia, não há como secar em nós o licor da história" – escreveu João em seu *Caderno* (CARRASCOZA, João Anzanello. *Caderno de um ausente*. São Paulo: Cosac Naify, 2014. p. 91).

Senti uma alegria imensa por ser João o gatilho de minha retribuição a todas essas pessoas. Por João não se saber ali, cúmplice daquela invenção. Por João se fazer acompanhado de Andrés Neuman e Raduan Nassar, Juan Pablo Villalobos e Horacio Quiroga, Elis Regina e Maria Bethânia. Por constatar – tendo disso desconfiado durante toda a minha formação acadêmica – que a verdadeira incitação não vem dos currículos, mas das horinhas de descuido. E que – ainda bem! – a prudência dos sábios nem ousou conter nos meus lábios o sorriso e a paixão!

Têm o meu melhor e maior sorriso Telma, Mauro e Ilza, meus pais e a mocinha que me ensinou como se curam feridas com leite de mamão! Hoje, festejo reconhecê-los em mim, e é essa a razão de este livro ser dedicado a eles.

Durante o ano que morei em Porto Alegre, sete pessoas me nutriram de uma vitalidade ímpar numa cozinha no sexto andar de um prédio de esquina na Rua Duque de Caxias. A cozinha é a da Carla. Os que dela fizeram um recanto de generosidade são a Elizabet, a Lessandra, a Alessandra, a Maira, o Sebastião, o Pery, além (claro!) de sua própria dona. Alargo o meu abraço para agradecer também a Raquel, a Ana Paula, a Vanesca, a Chlerismar, a Fernanda, a Gisela e a Karla, a Daniela e o Daniel, de cujo cuidado e carinho jamais esquecerei.

A compreensão de o quanto a sala de aula e o ensino podem ser algo violento – o que foi crucial para a escrita dessa obra – se deve especialmente à Manuela e, de um modo geral, do que colhi da docência. Dessa maneira, o que se lê aqui, no fim das contas, é o que eu soube fazer da passagem de cada aluno que tive, e, por isso, ressalto o meu afeto por eles, especialmente meus monitores e orientandos.

A docência, contudo, só é hoje possível porque antes de tudo fui (e sempre serei) aluna de professores que creditaram confiança sem igual em minha formação. Têm a minha gratidão especial o Prof. Ingo Wolfgang Sarlet, que cuidou do processo de elaboração de minha tese com insuspeita perícia e nela apostou sem reservas, e Ney Bello Filho, o irmão mais velho que ganhei, em 2003, na Universidade Federal do Maranhão. Ressalto, igualmente, o apoio incondicionado que recebi, no PPGD da PUCRS, dos professores Adalberto Pasqualotto, Carlos Alberto Molinaro, Eugênio Facchini e Thadeu Weber. No mais, tenho de dizer da felicidade e da honra de ter sido avaliada, por ocasião da defesa do meu trabalho, pelos doutores Teori Albino Zavascki (UFRGS/STF), Catarina Isabel Tomaz Santos Botelho (Universidade Católica do Porto), Gabrielle Bezerra Sales (UNICHRISTUS), além dos queridos Ney Bello (UnB) e Carlos Molinaro (PUCRS). Nesta versão do texto, há retoques que se devem às suas notas e críticas sobre questões para as quais eu não havia atentado.

Ainda destaco o suporte que me foi ofertado pela Unidade de Ensino Superior Dom Bosco (UNDB/São Luís/MA) durante o período de doutoramento, e sublinho o apoio empregado pela Coordenação de Aperfeiçoamento de Pessoal de Nível Superior (Capes), que me concedeu financiamento para a pesquisa.

Numa manhã de setembro de 2017, recebi com festa a notícia de que este trabalho mereceu o Prêmio Capes de Melhor Tese de Direito defendida no ano de 2016, e, em seguida, de Melhor Tese da Grande Área "Ciências Humanas e Ciências Sociais Aplicadas" (Prêmio Aurélio Buarque de Holanda). Ao amarelo solar que abunda no céu de São Luís nessa época do ano se misturou a alegria multicor da confirmação de que tudo, realmente, valeu a pena (sempre vale!). E como se depois disso fosse possível querer ainda mais, anoto, hoje, o meu desejo verdadeiro de que esta obra chegue às mãos de professores, alunos, coordenadores e diretores de curso, e que, em alguma medida, contribua para a constituição do problema da liberdade como pauta da discussão acerca do ensino, no Brasil.

São Luís/MA, dezembro de 2017.

"As crianças haviam de recordar pelo resto da vida a augusta solenidade com que o pai se sentou na cabeceira da mesa, tremendo de febre, devastado pela prolongada vigília e pela pertinácia da sua imaginação, e revelou a eles a sua descoberta:
– A terra é redonda como uma laranja.
Úrsula perdeu a paciência. 'Se você pretende ficar louco, fique sozinho', gritou. 'Não tente incutir nas crianças as suas ideias de cigano'".

G. G. Márquez,
Cem anos de solidão.

"Contudo, por trás de toda e qualquer ação, havia sempre um protesto, pois todo fazer significava sair para chegar a, ou mover algo para que ficasse aqui e não ali, ou entrar numa determinada casa em vez de entrar ou não entrar na casa ao lado, o que significava que em qualquer ato havia sempre a confissão de uma falha, de algo ainda não feito e que era possível fazer, o protesto tácito diante da contínua evidência da falha, da mesmice, da imbecilidade do presente".

Júlio Cortázar,
O jogo da amarelinha.

"Havia catorze alunos na turma. Coleman fizera a chamada nas primeiras aulas, para aprender os nomes. Como ainda houvesse, na quinta semana de aula, dois nomes que jamais correspondiam a nenhum dos presentes, Coleman, na sexta semana, começou sua aula com a seguinte pergunta: 'Alguém conhece essas pessoas? Elas existem mesmo ou será que são spooks?' Naquele mesmo dia, Coleman foi chamado por seu sucessor, o novo decano, e ficou sabendo, atônito, que tinha de responder à acusação de racismo levantada contra ele pelos dois alunos ausentes que eram negros [...]. 'Eu me referia à possível natureza ectoplasmática deles. Isso não é óbvio?'"

Philip Roth,
A marca humana.

Prefácio

Para um docente de um Programa de Pós-Graduação, no caso o PPGD da Escola de Direito da PUCRS, que tenho o privilégio de coordenar, a oportunidade de prefaciar um livro que corresponde à dissertação ou tese apresentada por um orientando, é certamente uma das maiores honrarias acadêmicas. Isso pelo fato de que na obra se consubstancia e reflete, para além do essencial, que é a dedicação e o talento do autor do trabalho, algo do próprio orientador. Mas quando se trata de uma tese à qual foi atribuída uma dupla premiação, no caso o Prêmio Teses CAPES para a Área de Direito e o Grande Prêmio Teses CAPES para o que se poderia designar de "Tese das Teses" (a melhor dentre todas as teses premiadas), não há palavras para expressar a alegria e a emoção. Mas como sói acontecer quando se trata de um discente talentoso e dedicado, o papel do orientador se resume em geral a auxiliar na escolha do tema, sua delimitação, na identificação da tese, na construção do sumário, alguma indicação bibliográfica, leitura crítica do texto, entre outras medidas. Acima de tudo, todavia, ainda mais em se tratado de tese doutoral, o que deve ser estimulado e assegurado é um trabalho cientificamente autônomo, pois a tese é do doutorando e ele deve demonstrar a sua condição de pesquisador e cientista capaz de produzir algo que efetivamente avance em relação ao estado da arte e possa contribuir para o desenvolvimento do tema. É precisamente isso que se deu – e com particular êxito e brilhantismo – também no presente caso.

Aliás, foi justamente o objeto, o conteúdo original e inédito da tese, somado ao seu caráter crítico e propositivo, o rigor da construção, a coerência interna e a consistência do discurso que motivou a comissão interna do PPGD da PUCRS a indicar o precioso trabalho da agora Professora Doutora AMANDA COSTA THOMÉ TRAVINCAS, versando sobre A TUTELA JURÍDICA DA LIBERDADE ACADÊMICA NO BRASIL – A LIBERDADE DE ENSINAR E SEUS LIMITES, para concorrer ao Prêmio Teses CAPES relativo ao ano de 2016. A tese, aprovada com distinção e louvor e recomendação de publicação, foi arguida por banca de defesa altamente qualificada, por mim presidida e integrada pelo lamentavelmente falecido Ministro do STF e Prof. Dr. Teori Albino Zavascki, Profa. Dra. Catarina Isabel Tomaz Santos Botelho, da Faculdade de Direito da Universidade Católica do Porto, Profa. Dra. Gabrielle Bezerra Sales, do Centro Universitário Christus – UNICHRISTUS, Prof. Dr. Ney de Barros Bello Filho, da Universidade de Brasília – UnB e pelo único examinador interno, Prof. Dr. Carlos Alberto Molinaro, da Pontifícia Universidade Católica do Rio Grande do Sul – PUCRS.

A escolha do tema, realizada de modo conjunto, não se deveu apenas à relevância e atualidade do estudo da liberdade acadêmica em termos gerais, já que se trata de direito humano e fundamental essencial e mesmo estruturante para um Estado Democrático de Direito, mas sim, aqui com os olhos voltados para a realidade brasileira, também pela parca literatura de qualidade (em especial na seara do Direito) produzida entre nós sobre o tema. Particularmente deficitário se revela (pelo menos no que diz com o enfoque da presente obra) o estudo da liberdade acadêmica pelo prisma constitucional, valorizando a sua condição de direito fundamental expressamente consagrado na Constituição Federal de 1988, e, nessa senda, a sua função na ordem jurídica, social, econômica, cultural e política, destacando-se a sua relevância para a configuração e exercício de uma cidadania consciente, responsável e crítica indispensável à democracia. Nesse contexto, uma perspectiva dogmático-jurídica, sempre com o olhar voltado para outros saberes e em especial para a realidade da regulação normativa e a *práxis* doméstica, resulta de extrema valia não apenas para a compreensão do conteúdo e alcance da liberdade acadêmica no Brasil, com foco na identificação dos seus limites e restrições e de sua legitimidade constitucional, posto que, a exemplo dos demais direitos fundamentais, possui um âmbito de proteção autônomo e deve ter o seu exercício harmonizado com outros direitos e bens jurídico-constitucionais.

Nessa perspectiva, foi feita a opção pelo marco teórico (a concepção norte-americana do *"for the common good" school*), tese – valendo-nos das palavras da própria autora – "conforme a qual a liberdade de ensinar tem o condão de instrumentalizar a formação de cidadãos para que participem de forma competente e responsável do debate público". Tal linha de orientação, contudo, foi – como haveria de ser – integrada de modo adequado e respeitante das peculiaridades do caso brasileiro – objeto de análise com base na circunstância de que à liberdade acadêmica deve ser aplicado, em sua plenitude, o regime jurídico dos direitos fundamentais tal como conformado na nossa Constituição Federal, pois é nesse regime jurídico que a legislação interna, as políticas públicas, o eventual controle judicial e mesmo a prática diuturna dos pesquisadores e docentes encontram seu primeiro grande referencial, com base no qual é também aferida a legitimidade de eventuais restrições ao exercício da liberdade acadêmica. Em que termos a autora formulou a sua tese, delimitou o problema, formatou os objetivos e logrou, ao final, confirmar sua proposição, é algo que não me cabe – mantendo a coerência com prefácios anteriormente redigidos – aqui enfrentar, mesmo que em caráter sumário. Isso seja pelo fato de que não penso que seja o caso de o orientador e prefaciador discorrer ele próprio sobre o tema, seja para não distanciar o leitor do imediato contato com a obra.

O que aqui ainda cabe sublinhar – e agrega valor substancial ao texto – é a elegância, fluência e mesmo erudição do texto, qualidade que a autora já demonstrou quando da redação de sua dissertação de mestrando também defendida no PPGD da PUCRS. Da mesma forma a riqueza e pertinência da bibliografia e a sua rigorosa leitura e adequada consideração e inserção no texto.

A independência intelectual da autora – revelada também nas reuniões com o orientador – é, por sua vez, marca que desde logo assegura que estamos diante de uma pesquisadora, cientista do Direito e professora de gabarito e que está destinada a, com seu labor fecundo, a fazer diferença positiva na Academia e onde mais vier a exercer suas atividades.

Finalmente também a mim cabe agradecer. Agradecer ao colega e amigo Professor Doutor Ney de Barros Bello Filho por ter, acreditando na Amanda e no PPGD da PUCRS, a ela sugerido que realizasse seus estudos de pós-graduação conosco, ademais do suporte pessoal e acadêmico concedido ao longo dos anos de Mestrado e Doutorado. Agradecer também à Editora Livraria do Advogado, nas pessoas do Walter e do Valmor, por terem – mais uma vez – propiciado a publicação de uma tese por mim orientada. Por fim e de modo particularmente enfático, agradecer à minha (ex) orientanda e colega AMANDA por ter confiado em mim e na minha supervisão e, acima de tudo, por ter propiciado um resultado acadêmico de tamanha qualidade a ponto de receber tamanhas e absolutamente merecidas honrarias e nos proporcionar tantas alegrias.

Hamburgo, 13 de fevereiro de 2018

Ingo Wolfgang Sarlet
Professor Titular e Coordenador do PPGD da
Escola de Direito da PUCRS

Sumário

Apresentação – *Ney de Barros Bello Filho* 15

Introdução 17

Capítulo 1 – Liberdade acadêmica (e liberdade de ensinar) para que e em qual sentido? 25

1. Notas iniciais: algumas premissas para um discurso de fundamentação da liberdade acadêmica (e da liberdade de ensinar, em particular) 25
2. O sentido e a finalidade da tutela jurídica da liberdade acadêmica segundo a *"for the common good" school* 30
3. Linhas de oposição 52
   3.1. Oposição ao fundamento – a liberdade acadêmica não se justifica "for the common good" 53
   3.2. Oposição ao mapa de dimensões – a liberdade acadêmica não é composta pela dimensão extramuros 61
   3.3. Oposição no plano da existência – a liberdade acadêmica não é um direito subjetivo ou sequer é um direito 62
   3.4. Síntese conclusiva: a liberdade acadêmica (e a liberdade de ensinar) para o bem comum – primeira aproximação ao seu conteúdo 67

Capítulo 2 – O regime jurídico da liberdade de ensinar no Brasil 69

1. Notas iniciais: uma proteção alinear e a ancoragem a partir de 1988 69
2. A liberdade de ensinar como direito autônomo e materialmente fundamental 79
3. Titulares e destinatários do direito fundamental à liberdade de ensinar 91
4. A liberdade de ensinar como direito multifuncional 95
5. A aplicabilidade direta e a incidência imediata da liberdade de ensinar em consonância com o artigo 5º, § 1º, da CF 107
6. Os impactos oriundos da interpretação do artigo 5º, § 3º, da CF sobre a proteção da liberdade de ensinar 109
7. A eficácia do direito à liberdade de ensinar nos âmbitos público e privado 114
   7.1. A incidência da liberdade de ensinar em instituições de ensino superior públicas ..118
   7.2. A incidência da liberdade de ensinar em instituições de ensino superior privadas ..125
8. Síntese conclusiva: liberdade de ensinar, no Brasil, em qual sentido? – segunda aproximação ao seu conteúdo 129

Capítulo 3 – A liberdade de ensinar e seus limites 131

1. Notas iniciais: fixação de limites à liberdade de ensinar – um ponto de equilíbrio constitucionalmente adequado entre a hipertrofia da expressão e o seu efeito silenciador 131
2. Restrições quanto ao conteúdo a ser ensinado 138

3. Restrições quanto às escolhas metodológicas 159
4. Síntese conclusiva: uma aproximação ao âmbito de proteção real do direito à liberdade de ensinar a partir da projeção de conflitos 168

Conclusão 171

Referências 175

Apresentação

O direito, a liberdade e o carnaval!

Era um sábado de carnaval e eu vinha sobraçando a minha felicidade momesca, ao gosto do ilhéu que sobe Pantaleão e desce Afogados, quando lá pelas bandas da Madre Deus dei com três amigos e alunos – todos com muito lume ao bom estilo ludovicense, é bom que se diga.

Vinham com eles a cerveja, a música, a alegria e uma pequena mocinha em plena comemoração de um vestibular concluído. Sobrinha de um queridíssimo amigo de copo e de resenhas, ela carregava aquele sorriso de satisfação juvenil que tempos depois pude ver no rosto dos meus filhos. Fora aprovada para o curso de direito da Universidade Federal do Maranhão.

Doce delírio, pensei eu!

A universidade é uma selva e uma valsa. Saber dançar e saber matar leões – diariamente – é a melhor alegoria para esse nosso apaixonante inferno: se passar um muro, vira hospício! Se vem uma lona, eis o circo!

Disse alguém!

Parabenizei-a, é lógico, e eles animadamente seguiram o rumo do carnaval. Talvez tenham seguido os "Fuzileiros da Fuzarca", não lembro. Eu segui com os meus a "Máquina de descascar alho".

Ao leitor não maranhense, peço cuidado com a pronúncia. Cacofonias também podem ser jurídicas.

Era um bloco de carnaval.

A mocinha era Amanda Thomé.

A despedida foi um equívoco. Jamais nos despedimos.

Foi minha orientanda de PIBIC e de FAPEMA, sempre a bordo do NEA, Núcleo de Estudos Ambientais da UFMA. E naquele núcleo de estudos e grupo de pesquisa sempre estudou e escreveu sobre direito constitucional. O verde era o gancho, a desculpa, a justificativa para a paleta de cores que seguia sempre o vermelho e o azul das lides constitucionais. Ela sempre fugia do verde e do amarelo ufanistas. Foi minha estagiária já na Justiça Federal e também foi minha aluna de graduação em quantas disciplinas foram possíveis. Ao final, ajudei-a na natural conclusão do curso, que levou a efeito com um trabalho exemplar. Virou professora e lecionamos na mesma faculdade, a UNDB.

Sugeri que procurasse o melhor professor de direito constitucional dos nossos programas de pós-graduação. Apresentei minha pupila a Ingo Wolfgang Sarlet e perdi a cria intelectual.

Não há ciúmes. É como filha – ou irmã mais nova – e vê-la voar mais alto é sentir orgulho.

Cursou mestrado e doutorado na Pontifícia Universidade Católica do Rio Grande do Sul e lá desenvolveu características que já víamos presentes na pós-adolescência: a disciplina, o rigor técnico da pesquisa e a mais absoluta capacidade de focar num projeto acadêmico, como poucas vezes vi na minha vida de 25 anos de professor universitário.

Não por menos, organicidade e rigor levaram-na a ser uma espetacular coordenadora de curso de graduação.

Exímia professora já era.

Leitora compulsiva, sempre foi.

Amante da literatura, estaria muito bem posta entre Bioy, Borges, irmãs Ocampo e a literatura portenha. Se Aira, Saer e Piglia lhe foram em algum momento guias fantásticos, não se pode dizer menos de Gabriel García Márquez. A voraz consumidora da literatura latina – com quem troquei livros garimpados por duas décadas – tornou-se a problematizadora analítica de questões de liberdade.

Ano passado, convidei, em nome do Ingo, o saudoso Teori Albino Zavascki para compor comigo a banca da sua tese doutoral. Foi a última participação acadêmica do Teori. Ao final, o amigo chamou-me no canto para elogiar três coisas: o conteúdo jurídico profundo, o português perfeito e a capacidade de expor ideias complexas como quem toma uma cuia de chimarrão. Brinquei com o amigo: "é maranhense, Teori. E é cria minha"!

Quando soube do Prêmio Capes, derramei duas lágrimas. Uma se chamou saudade, e a outra se chama felicidade.

Saudade, pela falta que Teori nos faz, e felicidade porque ele tinha razão. Saudade porque nas ruas de São Luís, há quase vinte anos, éramos todos felizes. Felicidade porque ainda o somos.

A autora do livro que agora o leitor tem em mãos, ganhadora das ruas de São Luís e vencedora do prêmio de melhor tese do ano de 2016 da Capes, é o exemplo maior do que podemos produzir na academia brasileira, ainda que a realidade deste despedaçado ano de 2017 nos angustie como homens livres, que desejam igualdade.

É um sopro.

É um alento.

É felicidade!

Leia, leitor!

É o mesmo conselho que dei à autora naquele sábado de carnaval tanto tempo faz...

Brasília, novembro de 2017.

Ney de Barros Bello Filho
Doutor em Direito. Membro da Academia Maranhense de Letras.
Desembargador Federal (TRF1). Professor da UNDB.

Introdução

Certa vez, Peter Burke escreveu que há uma distinção fundamental entre informação e conhecimento: aquela é relativamente crua, quer dizer, apresenta-se como um dado minimamente processado por indivíduos a partir de suas suposições e preconceitos, ao passo que esse último é o resultado de repetições, verificações, avaliações e sistematizações.[1] As Instituições de Ensino dependem notadamente da noção de conhecimento. Elas são caracterizadas como espaços de sua produção, tendo como guia projetos pedagógicos próprios. Para dar consecução a esse empreendimento, investem na contratação de profissionais dotados de conhecimento disciplinar, os quais passam a integrar o corpo docente institucional.

Nem todo mundo é professor, ainda que qualquer um ensine (e, cotidianamente, é o que se faz) algo a alguém. Quando um sujeito diz de algo o que sabe, estará fazendo-o na condição de professor se o versado corresponder a um conhecimento (não a uma mera informação), ou seja, se o teor do que dispõe for disciplinarizado. É também condição para que seja reconhecido como tal que sua atividade esteja vinculada a Instituições de Ensino ou, pelo menos, que a execute submetido às normativas que regulam o plano educacional.

Pois bem, há algo que faça a expressão docente merecedora de uma proteção jurídica diferenciada se comparada àquela que corresponde ao estrito direito de expressão do pensamento de que todos gozam?

Neste estudo, entende-se que a resposta a ser dada à questão é positiva. Quando diz informalmente sobre algo que conhece, seu transmissor reveste-se de liberdade de expressão. O professor, de outro lado, é titular de liberdade acadêmica – e, ainda mais precisamente, de liberdade de ensinar –, o que lhe confere legitimidade para falar sobre algo como um serviço prestado continuamente a uma coletividade.

Se se quer compreender que questões vêm à tona quando em causa a designada liberdade acadêmica, o *brief* de casos a seguir – todos eles ocorridos nos últimos anos, no Brasil – é elucidativo.

De relevo internacional, o primeiro foi registrado em publicação do ano de 2003. Na ocasião, o Programa de Ciência e Direitos Humanos da *American Association for the Advancement of Science* (AAAS) agrupou depoimentos de

---

[1] BURKE, Peter. *O que é história do conhecimento?*. São Paulo: Unesp, 2016. p. 19.

docentes de todo o mundo que, nos dois anos antecedentes (2001–2002), sofreram perseguições em virtude da defesa de posicionamentos políticos, científicos, religiosos, filosóficos e culturais em debates públicos com expectada cobertura do direito à liberdade acadêmica. Entre os relatos, encontra-se o da antropóloga brasileira Debora Diniz. No ano de 2001, a professora de Bioética do Curso de Pós-Graduação em Psicologia da Universidade Católica de Brasília (UCB) proferiu uma palestra na Fundação Escola Superior do Ministério Público do DF e Territórios (FESMPDFT) sobre as relações entre o aborto e a moral, defendendo a concepção *pro-choice*. O fato deu ensejo ao seu desligamento da UCB, pouco tempo depois, por decisão do Departamento do curso.[2]

Passados mais de dez anos do ocorrido, a conjuntura nas Universidades brasileiras é pouco diferente. Em abril de 2015, noticiou-se que, por ocasião de uma aula regular na Universidade Federal de Minas Gerais (UFMG), um professor teria manifestado repúdio à homossexualidade numa aula cuja temática atinha-se aos contornos jurídicos das uniões homoafetivas e, em ato de oposição à expressão docente, alguns alunos teriam saído da sala de aula.[3] No mesmo mês, um editorial de circulação nacional publicou matéria intitulada "doutrinação ideológica na [Pontifícia Universidade Católica do Rio de Janeiro] PUC-Rio". Ali, narrava-se a conduta de uma professora vinculada à Instituição mencionada que, de posse da responsabilidade de conduzir a disciplina de Sociologia Jurídica, abordava temas como feminismo e movimento agrário, manifestando-se favoravelmente a eles, pelo que foi, então, acusada de doutrinação.[4] No mesmo ano, um professor foi desligado da Universidade Federal do Espírito Santo (UFES), após processo administrativo disciplinar, por causa de supostas declarações de conteúdo racista.[5] Casos semelhantes aconteceram em diversas Instituições de Ensino Superior (IES) do país, como a Universidade Federal do Rio Grande do Sul (UFRGS),[6] a Universidade Federal do Paraná (UFPR),[7]

---

[2] BAXTER, Victoria (Ed.). *Directory of persecuted scientists, engineers and health professionals*. Washington: AAAS, 2003. p. 07-8.

[3] ALUNOS acusam professor da UFMG de fazer comentários homofóbicos em sala. Disponível em: <http://educacao.uol.com.br/noticias/2015/04/09/alunos-acusam-professor-da-ufmg-de-fazer comentarios – homofobicos-em-sala.htm>. Acesso em: 10 abr. 2014.

[4] SOLIDARIEDADE à professora Mariana Trotta agredida por colunista de Veja. Disponível em: <http://www.viomundo.com.br/denuncias/solidariedade-a-professora-mariana-trotta-agredidacovardemente-por-colunista-de-veja.html>. Acesso em: 02 maio 2015.

[5] PROFESSOR acusado de racismo em sala de aula é demitido da UFES. Disponível em: <http://www.folhavitoria.com.br/geral/noticia/2015/11/professor-acusado-de-racismo-em-sala-de-aula-e-demitido-da-ufes.html>. Acesso em: 03 mar. 2016. Ressalte-se que, em fevereiro de 2016, o Tribunal Regional Federal da 2ª Região determinou a reintegração do professor.

[6] PROFESSOR é condenado por fazer piada racista na sala de aula. Disponível em: <http://consultor-juridico.jusbrasil.com.br/noticias/1066334/professor-e-condenado-por-fazer-piada-racista-na-sala-de-aula>. Acesso em: 10 jun. 2014.

[7] ALUNAS de Pedagogia da UFPR denunciam professora por racismo. Disponível em: <http://www.gazetadopovo.com.br/vida-e-cidadania/alunas-de-pedagogia-da-ufpr-denunciamprofessora-por-racismo-2ggohtnhx3x733xtyvulc39la>. Acesso em: 10 jun. 2014.

a Universidade Federal do Goiás (UFG)[8] e a Universidade Federal da Bahia (UFBA),[9] apenas para citar.

Tão controvertida como os casos antecedentes é a decisão firmada na esfera judicial, em abril de 2016, que proibiu tomar como pauta de debate, no âmbito da UFMG, o processo de *impeachment* da então presidente Dilma Rousseff. A proibição, em sede liminar, decorreu da denúncia feita por parte de alunos da Instituição que alegaram o uso do *campus* para manifestações partidárias. A decisão, logo a seguir revertida pelo Tribunal de Justiça de Minas Gerais (TJMG) por meio da concessão de efeito suspensivo à ordem, firmou-se no duvidoso argumento de que a Universidade é espaço para a formação acadêmica, e não para discussões de escopo político, aduzindo, ainda, que o tema em pauta estaria destituído de qualquer urgência para a comunidade acadêmica.[10]

Porém, o fenômeno está longe de ser local. Como testemunho disso, uma campanha pela liberdade nos *campi* é promovida, no Reino Unido, desde 2015.[11] Seu propósito é classificar as Universidades britânicas a contar o grau de tolerância em relação a posições controvertidas. O produto gerado é um extenso mapeamento de casos, seguido da rotulação das Instituições conforme a dimensão de liberdade da comunidade acadêmica a partir de indicadores prefixados, que vão da censura ativa à ausência de intervenção na expressão.

O boletim que agrega os resultados do ano de 2016 denota não apenas o crescimento do número de Instituições em que algum tipo de cerceio à liberdade ocorreu, mas também a larga prevalência de Universidades desse tipo em detrimento daquelas que preservam condições julgadas adequadas de liberdade. Nele são relatados, por exemplo, o cancelamento de um debate sobre aborto na Universidade de Oxford em virtude de divergência ideológica entre o professor debatedor e um grupo de alunos *pro-life*; uma campanha promovida por alunos da *University College London* (UCL) pelo banimento de um grupo de pesquisas em Nietzsche, fundada no argumento de que seus estudos não condiziam com a filosofia institucional; e o cancelamento de um convite feito pela Universidade de Manchester a uma professora que conduziria um ciclo de palestras sobre feminismo na Instituição, sob o fundamento de que as posições radicais da docente incitariam o ódio e a exclusão dos alunos trans.

Em tantos outros países nota-se também a formação de uma paleta de controvérsias relativas à liberdade acadêmica. Na Itália, a *Università di Roma Tre* cancelou a disponibilização de espaço para uma conferência referente às

---

[8] SOB VAIAS e gritos de "racista", professor da UFG é obrigado a deixar prédio da universidade. Disponível em: <http://www.jornalopcao.com.br/ultimas-noticias/sob-vaias-e-gritos-de-racista-professor-da-ufg-e-obrigado-a-deixar-predio-da-universidade-63741/>. Acesso em: 07 jun. 2016.

[9] ALUNA da UFBA acusa professoras de racismo. Disponível em: <http://atarde.uol.com.br/bahia/salvador/noticias/1760319-aluna-da-ufba-acusa-professoras-de-racismo>. Acesso em: 07 jun. 2016.

[10] TJ-MG derruba liminar que proibia centro acadêmico de debater impeachment. Disponível em: <http://www.conjur.com.br/2016-mai-02/tj-mg-derruba-liminar-proibia-debate-impeachment-ufmg>. Acesso em: 07 jun 2016.

[11] Todas as informações sobre o projeto, inclusive os dados a seguir apresentados, são encontradas em FREE speech university rankings. Disponível em: <http://www.spiked-online.com/free-speech-university-rankings#.V1bh_PkrLIU>. Acesso em: 10 mar. 2016.

identidades políticas e culturais na Palestina e em Israel abalizada na necessidade de preservar a segurança da Instituição.[12] De outra banda, um professor da Universidade de Nova Iorque (NYU) teve seu ingresso barrado nos Emirados Árabes, para onde iria lecionar em *campus* da NYU alocado no país, pelo fato de ter levantado uma suposição quanto à ocorrência de violação a direitos trabalhistas de migrantes no local.[13] Já na China, uma política disseminada pelas Universidades do país desencoraja a propagação de valores ocidentais em salas de aula, a fim de preservar a identidade do povo.[14]

O que todos os casos relatados revelam em comum é a pouca precisão a respeito da extensão e dos limites da liberdade acadêmica. No mais, eles permitem também a constatação de que desconhecer o sentido da tutela jurídica de tal liberdade gera uma fundada insegurança quanto à margem de atuação docente nas relações educacionais.

Contudo, se, no plano fático, é um tanto difícil decidir quando uma conduta condiz ao exercício legítimo da liberdade acadêmica, isso não se dá por consequência de um completo silêncio normativo quanto à sua proteção. No Brasil, a Constituição Federal de 1988 enuncia, em seu artigo 206, inciso II, entre os princípios do ensino no Brasil, a liberdade de ensinar, de aprender e de divulgar o pensamento. Trata-se do enunciado normativo que mais se aproxima da previsão do direito ora analisado – com o que não se nega a existência de outros que, mediatamente, digam com a proteção da liberdade. A par da previsão constitucional, inexiste legislação própria a regular o tema no âmbito nacional. O que de mais próximo há são proposições normativas que visam a neutralizar as arenas de ensino, coibindo a veiculação pelos professores de conteúdos que conflitem com as convicções dos alunos ou, ainda, o uso da sala de aula para indução a do corpo discente à adoção de vieses políticos, partidários e ideológicos determinados.[15] A só existência de projeções legislativas com tal fim diagnostica um autêntico estado de perigo em que se encontra a liberdade acadêmica por aqui e indica uma subversão lógica que tende a instituir nos estabelecimentos de ensino uma espécie de direito a não ser contrariado ou de, simplesmente, não ouvir algo que é contrário às próprias convicções.

A multiplicidade de espaços em que o debate acerca da liberdade acadêmica ocorre, somada à turva definição quanto ao seu sentido e abrangência, servem de justificativa para essa investigação. Elas revelam que conhecer os desdobramentos jurídicos do tema, no Brasil, coloca o país num diálogo atinente a uma questão de envergadura mundial. Ao fazê-lo, aquece o tratamento jurídico já conferido à educação desde uma perspectiva pouco explorada, qual seja a das liberdades educacionais. Coloca-se ao lado, também, do que, até

---

[12] ROMA 3 si ritira: no alla conferenza con Ilan Pappé. Disponível em: <http://www.coreonline.it/web/dispacci/roma-3-si-ritira-no-alla-conferenza-con-ilan-pappe/>. Acesso em: 10 nov. 2015.

[13] N.Y.U. Professor is barred by United Arab Emirates. Disponível em: <http://mobile.nytimes.com/2015/03/17/nyregion/nyu-professor-is-barred-from-the-united-arab-emirates.html?referrer&_r=1>. Acesso em: 10 nov. 2015.

[14] TEACHING 'western values' in China. Disponível em: <http://www.nytimes.com/2015/04/17/opinion/teaching-western-values-in-china.html>. Acesso em: 10 nov. 2015.

[15] É do que cuidam, respectivamente, os PL 867/2015 e 1.411/2015, analisados adiante.

o presente, foi extensamente versado acerca da liberdade de expressão e dos direitos comunicacionais enquanto gênero. Sem que se possa simplesmente diluir a questão da liberdade acadêmica na narrativa dos direitos supracitados ou de qualquer outro direito fundamental, é o caso de reconhecer a presença de um conjunto de *nuances* que recomenda – senão obriga – conferir autonomia a esta abordagem.

O estudo parte de certas opções metodológicas, a seguir apresentadas e justificadas.

No processo de delimitação do tema, deu-se tônica a uma dimensão da liberdade acadêmica para abordá-la no contexto do Direito Brasileiro, qual seja a liberdade de ensinar, que corresponde à relação entre professores e alunos em sala de aula. Analisá-la, por conseguinte, impôs outras escolhas. Em primeiro lugar, a respeito do âmbito do conhecimento a partir do qual a investigação é construída, ressalta-se que, tendendo o tema a perpassar a história da educação, a sociologia da educação, a pedagogia, a filosofia da educação, a teoria da democracia e vários nichos do Direito (civil, trabalhista, penal e etc.), conveio fixar um ponto de aporte. Assim, diz-se que esta obra se localiza preponderantemente no âmbito do Direito Constitucional e, mais precisamente, no plano da designada dogmática dos direitos fundamentais.

Em relação ao grau de ensino em que se dá o exercício da liberdade, embora o texto constitucional brasileiro refira-se à liberdade de ensinar como um princípio a ser observado em todas as etapas da educação, o texto ocupa-se exclusivamente dos seus desdobramentos no ensino superior (graduação e pós--graduação). Seguindo a *International Standard Classification of Education (Isced)* elaborada pela Organização das Nações Unidas para a Educação, a Ciência e a Cultura (Unesco), entende-se por ensino superior aquele voltado para uma área particularizada, que envolve "um alto nível de complexidade e especialização" [trad. nossa].[16] Como será possível observar mais a frente, tal característica do ensino superior, bem como o perfil dos sujeitos envolvidos na relação educacional, são determinantes para um dimensionamento particular da liberdade de ensinar nessa esfera.

Como é de depreender, toma-se como relevante exclusivamente o que é abarcado pela designada educação formal. O estudo apropria-se da definição de educação formal como aquela "que é institucionalizada, intencional e planejada" que "ocorre quando uma organização estruturada fornece arranjos educacionais, tais como relacionamentos e/ou interações aluno-professor, que são especialmente concebidos para a educação e aprendizagem"[17] [trad. nossa]. Com isso, processos informais de educação, ainda que reconhecidamente legítimos em alguns países, como é o caso da educação domiciliar e a desescolarização, não serão analisados.

---

[16] UNESCO. *ISCED 2011 operational manual*. Disponível em: <http://www.uis.unesco.org/Education/Pages/international-standard-classification-of-education.aspx>. Acesso em: 02 mar. 2016. p. 70.

[17] UNESCO. *2011 International standard classification of education*. Disponível em: <http://www.uis.unesco.org/Education/Documents/isced-2011-en.pdf>. Acesso em: 10 dez. 2014.

Quanto ao tipo de Instituição em que se dá o exercício da liberdade de ensinar, acolhem-se as públicas e privadas. Sabe-se que, quanto a essas últimas, podem ser comunitárias, confessionais, filantrópicas ou mesmo particulares em sentido estrito. Nenhuma delas é, a princípio, excluída do espectro de análise, tendo-se preferido grafar as peculiaridades da liberdade de ensinar em cada contexto. No mais, a par das distinções normativas quanto à tipologia das Instituições (Universidades, Centros Universitários e Faculdades), o termo *Universidade* é aqui utilizado como sinônimo de Instituição de Ensino, como o é no uso corrente da linguagem, havendo-se reservado momento específico para distinções técnicas quanto aos tipos elucidados, conforme a legislação vigente.

A questão central enfrentada nesta obra é: que limites e restrições à liberdade de ensinar são legítimos no contexto brasileiro?

Em resposta a ela, levanta-se a hipótese de que a liberdade de ensinar do professor pode sofrer restrições atinentes ao conteúdo a ser ensinado e à metodologia a ser utilizada desde que para preservar o núcleo caracterizador do projeto pedagógico institucional. Essa razão, ao contrário do que possa parecer, não corresponde a uma posição de irrestrita deferência do professor à Instituição. Ela é capaz de ofertar motivos de relevo para obstar interferências no campo decisório do professor referentes a um variado conjunto de ações comuns na gestão da sala de aula. Entre atos acobertados pela liberdade de ensinar que não justificam *per si* restrições estão a faculdade dos professores de dispensarem a utilização de técnicas e recursos pedagógicos populares e de defenderem posições impopulares relacionadas ao tema sobre o qual devem versar.

O local de partida desta investigação é a *"for the common good" school*.[18] Essa vertente acerca da liberdade acadêmica acorda que há uma relação bidirecional entre liberdade acadêmica e democracia: aquela se realiza nessa, tal como essa depende daquela pra ser efetivada. As diretrizes desde as quais o texto é cimentado remetem ao Direito norte-americano e são retiradas, preponderantemente, dos argumentos alçados por Robert Post, concebido como o principal representante da escola, na atualidade.[19] Trata-se de um modelo explicativo que oferta bases rijas para a leitura da liberdade de ensinar no Brasil, tendo a sua adequação ao contexto pátrio respaldo na própria Constituição, que expressamente relaciona a promoção do direito à educação à formação de cidadão, nos termos do seu artigo 205, *caput*, e em consonância com o princípio democrático insculpido em seu artigo 1°. É óbvio que de tal eleição não se pode extrair a conclusão de que em contextos jurídicos distintos não existem desenvolvimentos teóricos relevantes sobre o tema, cabendo grifar que o feito é estritamente uma opção metodológica alinhada ao entendimento de que a teoria escolhida oferece satisfatório ponto de suporte.

---

[18] A denominação é retirada de POST, Robert C.; FINKIN, Matthew W. *For the common good*: principles of american academic freedom. New Haven: Yale University Press, 2009.

[19] "... o porta-voz principal" [trad. nossa] da escola, segundo o seu manifesto opositor, FISH, Stanley. *Versions of academic freedom*. Chicago: The University of Chicago Press, 2014. p. 44.

Ainda no tocante às premissas teóricas, reforça-se o comprometimento de desenvoltura desta obra no diâmetro da dogmática dos direitos fundamentais. Suas categorias centrais e respectivos desdobramentos são observados desde a perspectiva do direito em espécie. Ao revisitar as colunas da teoria geral, cuida-se de compreender de que modo recaem sobre a tutela da liberdade de ensinar. Entre os segmentos-chave da teoria geral aqui considerados, destacam-se as noções de eficácia (pública e privada) dos direitos fundamentais, de dimensões positiva e negativa dos direitos, de deveres fundamentais e, finalmente, de limites e restrições aos direitos fundamentais. Por ocasião do tratamento de cada uma dessas categorias, seus conceitos são retomados. Dado não se tratar de um estudo estabelecido no cerco da teoria geral, o que ocorre, aqui, é mais uma apropriação de concepções já dispostas na doutrina, do que efetivamente a problematização delas.

O objetivo da obra é, pois, analisar que limites e restrições à liberdade de ensinar são legítimos no Brasil. Para persegui-lo, optou-se por um caminho repartido em três capítulos.

No primeiro capítulo, cuida-se de definir a *"for the common good" school* e confrontá-la a posições teóricas divergentes. É que se compreende que a escolha de uma teoria de base não desonera do dever de demonstrar o quão robustos são os seus fundamentos. Isso, por sua vez, só se consegue quando ela é submetida a testes. Ao fim das contas, o que se quer é conhecer seus pontos frágeis e enfrentá-los, ajustando-os o quanto possível.

A partir de então, passa-se a dar atenção apenas à liberdade de ensinar, concebida como uma dimensão da liberdade acadêmica. Cuida-se, propriamente, de compor o significado da liberdade de ensinar no Brasil a partir de elementos da teoria geral. Isso exige relacionar e aplicar as categorias da dogmática dos direitos fundamentais à liberdade em causa. A circunstância de ela não estar prevista expressamente como direito fundamental na Constituição de 1988 exige que o primeiro passo seja justificar a sua fundamentalidade para, ato contínuo, concretizar o fim visado. Para além disso, pelo fato de a teoria de base eleita ter sido desenvolvida em conjuntura constitucional distinta da brasileira, ao longo do capítulo, demonstra-se o seu cabimento no contexto pátrio por meio de inferências elaboradas a partir do texto constitucional de 1988. Ao final do capítulo 2, traça-se uma aproximação ao conteúdo da liberdade de ensinar no Brasil.

No capítulo 3, pensa-se a liberdade de ensinar como um direito fundamental que (tal como os outros) está submetido a um regime de limites e restrições. Dos dois capítulos anteriores se terá retirado a premissa estrutural para esse capítulo, qual seja a de que a liberdade de ensinar envolve, fundamentalmente, 2 (duas) liberdades parciais: a liberdade quanto à escolha de métodos de ensino e a liberdade referente ao conteúdo a ser ensinado. Sendo assim, nessa ocasião, analisam-se quais limites são cabíveis quanto aos referidos segmentos (e quais não são) e por quê.

Deseja-se com este livro trazer à superfície a urgência de pensar a liberdade de ensinar a partir da experiência constitucional brasileira, de suas *nuances* e dos limites que impõe. Entende-se que tal é o caso de recolocar a Universidade no centro das discussões a respeito do Estado Constitucional, considerando-a um genuíno espaço de liberdade, dentro do qual atores envolvidos nas relações educacionais ocupam postos centrais no que diz respeito à criação (e recriação) de conhecimento e à concreção do princípio democrático.

Capítulo 1

Liberdade acadêmica (e liberdade de ensinar) para que e em qual sentido?

> "Sabidamente não há classificação do universo que não seja arbitrária e conjectural. [Isso] não pode, contudo, dissuadir-nos de planejar esquemas humanos, embora nos conste que estes são provisórios".
>
> Jorge Luis Borges,
> *O idioma analítico de John Wilkins*.

1. Notas iniciais: algumas premissas para um discurso de fundamentação da liberdade acadêmica (e da liberdade de ensinar, em particular)

O trato de um direito em espécie é, fundamentalmente, um empreendimento voltado a precisar o seu conteúdo. Tal propósito conjuga-se a outro, que o antecede. Trata-se de compreender a que se presta a tutela jurídica do plexo de condutas acobertadas pelo âmbito de proteção da norma jurídica ou, ainda, a finalidade em virtude da qual o Direito se ocupa de um determinado recorte da realidade.[20]

Nesse passo, considere-se como ponto de partida que a liberdade de ensinar é uma conduta relacionada a outra mais ampla, que é a liberdade acadêmica. Ainda melhor dizendo, a liberdade de ensinar é uma parte restrita da liberdade acadêmica, cujo conteúdo a excede. É, por conseguinte, uma de suas dimensões. Enquanto tal, a liberdade de ensinar partilha a mesma base de fundamentação da liberdade acadêmica, daí que avaliar a finalidade da sua proteção é equivalente a enfrentar a seguinte questão: a que serve a tutela jurídica da liberdade acadêmica?

Um conjunto de modelos explicativos oferta soluções distintas à questão. Eles oscilam entre a concessão de generosas razões para a tutela da liberdade acadêmica e a própria negação de sua existência (pelo menos em algum sentido particular). Eleger o fio de condução da resposta – com algum óbvio grau de arbitrariedade – é fazer uma escolha pautada no catálogo de respostas, ora parcialmente convergentes, ora dissonantes, dadas ao problema central tomado.

---

[20] Toma-se como presumida a definição de âmbito de proteção normativo, nos termos em que o trata J. J. Gomes Canotilho, para quem ele corresponde àquelas "'realidades da vida' que as normas consagradoras de direitos captam como 'objecto de protecção'", v. CANOTILHO, José Joaquim Gomes. *Direito constitucional e teoria da constituição*. 7. ed. Coimbra: Almedina, 2003. p. 1262.

Entre as vertentes que anuem quanto à relevância jurídica da liberdade acadêmica situa-se a assim designada *"for the common good" school*, cuja elaboração é especialmente devota à tradição norte-americana. Ela acorda quanto à existência de uma relação bidirecional entre liberdade acadêmica e democracia – aquela se realiza nessa; essa depende daquela para ser efetivada –, daí o porquê de a tutela da liberdade acadêmica se dar para e, ao mesmo tempo, nos termos exigidos pelo princípio democrático. As diretrizes dessa abordagem são especialmente as alçadas por Robert Post, principal representante da linha, atualmente. Tal modelo oferta fundamentos contundentes para a tutela jurídica da liberdade acadêmica. Por essa razão, entende-se que a sua adoção é notadamente vantajosa se se pretende uma leitura adequada da Constituição Brasileira em relação à liberdade acadêmica (e, particularmente, à liberdade de ensinar). Para além disso, o texto constitucional brasileiro favorece a interpretação da liberdade acadêmica a partir da referida matriz teórica na medida em que conjuga a tutela do direito à educação ao implemento da cidadania (artigo 205, *caput*), com vista à concreção do princípio democrático, conforme de desenvolverá adiante.

Os motivos para isso se revelarão paulatinamente. Neste capítulo, os objetivos são, em primeiro lugar, expor as bases gerais da teoria elucidada; confrontá-la com argumentos de relevo que pugnam por sua fragilidade no todo ou em parte; e, finalmente, apresentar boas razões para resistir a tais interjeições críticas. Esse percurso tem em vista o assentamento de uma base material firme para empreender a interpretação da tutela da liberdade de ensinar no Brasil, cuja execução reserva-se aos capítulos subsequentes.

O êxito desse trajeto exige que algumas premissas referentes à relação entre liberdade, Universidade e conhecimento sejam tomadas em conta. Mais que observações adicionais, pode-se dizer que é ao conferir atenção a essa imbricação que os primeiros compromissos teóricos acerca do tema são firmados.

Para isso, requer-se, portanto, dar um passo atrás.

Na década de 50, Richard Hofstadter escreveu que a expressão *liberdade acadêmica* constitui a síntese moderna de uma ideia antiquíssima. Sua compreensão remete à aceitação de que há um estado de tensão contínuo entre submissão a uma autoridade e autodeterminação dos sujeitos componentes do cenário educacional. Posto que, previamente à modernidade, as Universidades assumiam fortemente o papel de reprodutoras do discurso teológico, ele entende que a defesa da liberdade acadêmica ganhou fôlego com a ruptura (ao menos oficial e cogente) entre Universidade e Igreja, desde o que se passou a aceitar ser "não apenas inevitável como desejável a existência da pluralidade" [trad. nossa].[21]

A ideia de que a existência da liberdade acadêmica se opõe ao cerceio imposto pela Universidade medieval, profundamente comprometida com os dogmas religiosos, não desconhece alguma controvérsia. Charles Haskins, versando sobre as origens da Instituição universitária, diz que, na prática, o

---

[21] HOFSTADTER, Richard. *Academic freedom in the age of the college*. Londres: Transaction Publishers, 1995. p. 17.

fato mesmo de os professores aceitarem a autoridade da Igreja como ponto de partida protegia-os de uma inquietude quanto à possibilidade de as coisas poderem ser diferentes. Ensinar era um ato que se dava na medida em que a narrativa teológica permitia. Daí entender que a noção de liberdade prosperava nesse contexto, pois "uma cerca não é um obstáculo para quem não deseja transpô-la... [e] se alguém se sente em liberdade, então é livre".[22]

De sua vez, Jacques Le Goff situa entre os séculos XII e XIII uma espécie de vivificação das Instituições de Ensino e dos saberes. Não por razão distinta acentua que data dos anos 1155-58 o reconhecimento dos primeiros direitos acadêmicos, especialmente a partir da *Authentica Habita* ou *Privilegium Scholasticum*.[23] O documento, escrito por Frederick I, é compreendido como a fonte inicial das liberdades atribuídas a alunos e professores em um contexto de revitalização e estabelecimento de escolas citadinas. Nele constavam os direitos de livre circulação pelo Ocidente, de julgamento por juízes especiais e de não sofrerem injustiças. Considerou-se para a sua formatação que aqueles que, com o seu saber, cooperassem com o desenvolvimento da sociedade, eram merecedores de proteção especial.[24] A par da atenção prestada a professores, os direitos a que se refere a *Authentica Habita* não são propriamente pertinentes ao ensino e à aprendizagem, mas verdadeiros privilégios em virtude do papel desempenhado pelos sujeitos na sociedade, cuja ascensão de importância caminhou *pari passu* com a das Instituições. Por seu turno, também se referindo ao interstício daqueles séculos, Jacques Verger situa nele o germe das primeiras discussões relevantes entre mestres e alunos, nas quais era subjacente "a convicção completamente nova de [se] poder chegar a verdades escondidas ou esquecidas, mediante os recursos da razão".[25] E embora reconheça a coexistência dessa efusão com o temor em relação a ideias novas e potencialmente perigosas, destaca o prestígio de que dispunham os professores na referida dinâmica.

Ocorre que, quando se busca traçar uma aproximação à concepção atual de liberdade acadêmica, muito mais recorrente é a asserção – na linha de Hofstadter – de que ela é prole da Universidade moderna, a qual fertilizou a ideia de que conhecimentos assentados em fontes múltiplas podem coexistir e serem ensinados. Onde houvesse ingerência da Igreja e o conhecimento fosse dividido entre compatível com a doutrina religiosa (portanto, permitido) e herético (então, proibido), a liberdade encontrava-se, na realidade, entre aspas. Nesse particular, Walter Metzger lembra os impactos oriundos dos debates darwinistas atinentes ao evolucionismo no século XIX, a que atribui os conflitos simbolicamente mais significativos entre os conhecimentos eclesiástico e científico e,

---

[22] HASKINS, Charles Homer. *A ascensão das universidades*. Santa Catarina: Livraria Danúbio, 2015. p. 74.

[23] LE GOFF, Jacques. *Para uma outra idade média*: tempo, trabalho e cultura no Ocidente. Petrópolis: Vozes, 2013. p. 186 *et seq*.

[24] OLIVEIRA, Terezinha. Memória e história da educação medieval: uma análise da Autentica Habita e do Estatuto de Sorbonne. *Avaliação*. v. 14, n. 3, 2009. p. 692-4, no qual se encontra também o documento na íntegra.

[25] VERGER, Jacques. *Cultura, ensino e sociedade no ocidente nos séculos XII e XIII*. Bauru: Edusc, 2001. p. 56-7. Lembra-se, com base em Verger, que é nesse período que surgem as Universidades de Bologna e Paris, consideradas as primeiras Instituições universitárias no sentido em que concebidas atualmente, o que é indicativo da profusão dos debates elucidados.

por conseguinte, entre o controle educacional sectário e secular, extraindo daí uma nova racionalidade, em que a liberdade acadêmica aduz a uma "concepção especial da verdade e uma fórmula para tolerar erros"[26] [trad. nossa].

A par de qualquer discussão acerca da gênese da concepção de liberdade acadêmica, é constante, hoje, a presença marcante de determinadas noções de Universidade e educação subjacentes ao discurso que a toma como objeto. A existência da liberdade parece demandar a planificação de condições especiais sem as quais sequer se cogita de seu exercício. A primeira demanda é de concretização do que comumente se designa "educação liberal", é dizer, de um modelo educacional pautado na liberdade. A ideia de "educação liberal" tende a se opor à de doutrinação. Portanto, a "educação liberal" consistiria naquela que não doutrina. A doutrinação, como o oposto do educar, é a transmissão de concepções acompanhada da supressão da possibilidade de crítica, a redução a zero das condições de consideração de alternativas às ideias apresentadas.[27] De um modo ainda mais radical – e com razão –, Harry Schofield afirma que a expressão "educação liberal" (posto entre aspas exatamente pela razão que segue) é uma tautologia: só há educação em circunstâncias de liberdade, doutrinação não é educação. No mais, a ocorrência de uma ou de outra é uma questão de postura diante do compromisso com o aprendizado.[28]

Então, a noção de liberdade acadêmica requer, em ampla dimensão, a possibilidade de contraditar ideias e de romper com um conhecimento sediado. Quer dizer, é preciso que a faculdade de contraposição exista nos *campi* para que a educação se realize, tal como que existam condições de descontinuidade em relação a certos conhecimentos de que se têm segurança. A expectativa que movimenta o processo educacional – e que, por conseguinte, justifica e demanda condições de liberdade – é a de que, por meio dele, se alcancem condições de vida melhores que as partilhadas num contexto determinado, e isso sugere que qualquer empreendimento educativo é fundamentalmente transgressor, ou não é educação. Se a educação tem um caráter transformador,[29] isso ocorre na medida em que ela significa a "possibilidade de o sujeito articular-se historicamente, ou seja, equilibrar a sua inserção no presente a partir de uma articulação entre o presente e o passado históricos [razão pela qual] a apropriação crítica do presente é inseparável da sua relativização".[30]

---

[26] METZGER, Walter P. *Academic freedom in the age of the university*. New York: Columbia University Press, 2013. p. 89.

[27] Essa é um das conclusões possíveis que se pode retirar da relação entre educação e doutrinação. Porém, há outra. Como ensina William K. Frankena, a questão central é se a utilização da doutrinação pode ser desejável em algum caso. Os que entendem que ela nunca é desejável, negam que a doutrinação seja uma forma de educação (é o que se faz aqui), e os que acham que ocasionalmente ela é cabível, sustentam que a doutrinação é um tipo de educação, mesmo que limitado, cf. FRANKENA, William K. Education. In. WIENER, Philip P. (Ed.). *Dictionary of the history of ideas*: studies of selected pivotal ideas. v. II. New York: Charles Scribner's Sons, 1973. Disponível em: <http://www.ditext.com/frankena/education.html>. Acesso em: 02 jan. 2016.

[28] SCHOFIELD, Harry. *The philosophy of education:* an introduction. London: George Allen & Unwin, 1975. p. 159-62.

[29] Nesse passo, DEWEY, John. Theory of knowledge. In. MENAND, Louis (Ed.). *Pragmatism*. New York: Vintage Books, 1997. p. 216-7.

[30] SILVA, Franklin Leopoldo e. *Universidade, cidade, cidadania*. São Paulo: Hedra, 2014. p. 95.

Esse *animus* de construir modelos explicativos melhores sobre diferentes dimensões da vida (com toda a clara carga de subjetivismo que isso importa) funda a educação na base de um manifesto perfeccionismo. Dito de outra maneira, o processo educacional é um jogo em que os sujeitos que dele participam partilham a crença de que se trata de um veículo de formação importante para a composição de condições de vida adequadas. Assim, uma definição de liberdade acadêmica não desconta pré-acordos quanto ao valor do conhecimento científico. É dizer, ao se falar em liberdade acadêmica, supõe-se que a Universidade é uma esfera de produção de conhecimento que visa a conferir benefícios aos indivíduos e/ou à comunidade, isso é, que "o conhecimento é um valor e a Universidade é uma Instituição para a prossecução desse valor"[31] [trad. nossa]. A Universidade é consagrada como local de aperfeiçoamento porque se propõe à produção de conhecimento, e ele confere àquele que o obtém uma condição distinta. Uma tal visão, que sacraliza o conhecimento acadêmico, costuma derivar, segundo Peter Burke, da noção de *intelligentsia* radical, do século XIX, dos *philosophes* do Iluminismo, dos humanistas renascentistas e, em último largo, do clérigo medieval,[32] cada qual, ao seu tempo, exercendo um papel imperativo no tracejo dos fins da Academia.

A demanda por liberdade na conjuntura acadêmica é um anseio de participar desse jogo regido por regras que não silenciem as convicções individuais acerca do que é um conhecimento adequado e significativo. Com isso, nota-se que a crença na educação opõe-se, em alguma medida, a posturas céticas quanto ao que constitui o melhor/o correto em termos de conhecimento especializado, sejam as fundadas no argumento do relativismo – tudo é relativo, nada é verdadeiro, logo não há o melhor –, ou aquelas que apelam para a ideia de que as convicções de cada um são o produto de forças externas, culturalmente determinadas, ou do uso de instrumentos de poder e dominação – se toda posição individual é externamente condicionada, o engajamento acadêmico em defesa de um ponto de vista é ficto, porquanto desnecessário.[33]

Nessa dinâmica, o professor, a quem incumbe ensinar pautando-se no conhecimento que detém, executa sempre uma *performance*, nunca neutra e sempre propositiva – diz-se das coisas como se crê que elas são (ou devem ser) com uma pretensão transformativa. Por maior que seja o ímpeto de horizontalização do ensino – como, de resto, é o que aqui se defende –, é parte do

---

[31] SEARLE, John R. *The campus war*: a sympathetic look at the university in agony. New York: The World Publishing Company, 1971. p. 183.

[32] BURKE, Peter. *Uma história social do conhecimento I*: de Gutenberg a Diderot. Rio de Janeiro, Zahar, 2003. p. 26. Embora caiba destacar o entendimento de que o surgimento da instituição não esteja naturalmente associado a esse fim, como diz Anísio Teixeira: "a universidade não surgiu, na idade média com o objetivo de se constituir na sede da inteligência crítica para a reconstrução permanente da sociedade. Era, apenas, mais uma entre as demais corporações medievais. E, a princípio, foi apenas a organização de mais uma tradição – a tradição da erudição...",TEIXEIRA, Anísio. A universidade e a liberdade humana. In. ——. *Educação e o mundo moderno*. 2. ed. São Paulo: Cia. Editora Nacional, 1977. Disponível em: <http://www.bvanisioteixeira.ufba.br/delivro.htm>. Acesso em: 14 dez. 2016.

[33] Sobre as referidas posturas céticas, denominando-as "pós-modernistas" e defendendo que sejam evitadas, SUSTEIN, Cass. Academic freedom and law: liberalism, speech codes and related problems. In. MENAND, Louis (Ed.). *The future of academic freedom*. Chicago: The University of Chicago Press, 1996. p. 114-5.

processo educativo que esse papel seja exercido por professores. Parece óbvio que isso não é o mesmo que dizer que professores detêm todo o conhecimento, e alunos, nenhum. Ademais, caso não se reconheça que professores detêm conhecimento especializado de uma maneira tal que possibilite a ocupação do cargo que ocupam (e que essa condição não detém, ainda, aqueles que figuram como alunos), então o processo educativo se desfragmentaria.[34] "Quem se sente pouco à vontade com esse papel deveria evitá-lo ou cumpri-lo, apesar do desconforto" – sentencia Harry Brighouse.[35] Daí é que falar em garantir liberdade acadêmica (e, em particular, liberdade de ensinar) a docentes é defender que lhes seja reservado um espaço de tráfego, a fim de que se manifestem sobre questões disciplinares como lhes aprouver.

A noção de avanço do conhecimento – de que não se consegue abrir mão em se tratando de educação – ocorre, segundo John Dewey, em duas ocasiões. Quando o conhecimento, em seu estado de arte, é expandido ou refinado e quando ele é substituído por outro.[36] Em ambas as circunstâncias, a liberdade acadêmica funciona como um requisito de alavancagem. É claro que assegurá-la é um risco. Enquanto condição para o avanço do conhecimento, ela não garante que ele ocorrerá (e sob qual perspectiva e para quem ocorrerá), e, além disso, viabiliza a interpelação de um retrocesso (igualmente, a depender da perspectiva).[37] Mas isso não se pode evitar.

O acordo que se presumiu necessário acerca da relação entre liberdade, Universidade e conhecimento para o tratamento da liberdade acadêmica pode ser assim sintetizado: é preciso considerar o conhecimento acadêmico como dotado de um valor especial, apto, enquanto tal, a justificar o empenho de se proteger a sua produção em condições de liberdade num espaço comprometido com a transformação, qual seja a Universidade.

Como se verá, o desenvolvimento a seguir é profundamente dependente dessa sentença.

2. O sentido e a finalidade da tutela jurídica da liberdade acadêmica segundo a *"for the common good"* school

A abordagem da liberdade acadêmica, na conjuntura do direito norte-americano, costuma ser remetida a duas tradições.[38] Uma delas alinha-se ao entendimento de que se trata de um direito derivado da Primeira Emenda à

---

[34] Esse caráter de "violência" (se se quiser nomear assim) do processo educativo, ainda quando minimizado, é inevitável. Nesse ponto, contudo, não se irá adentrar.

[35] BRIGHOUSE, Harry. *Sobre a educação*. São Paulo: Unesp, 2011. p. 44.

[36] DEWEY, John. The need for a recovery of philosophy. In. MENAND, Louis (Ed.). *Pragmatism*. New York: Vintage Books, 1997. p. 219.

[37] BRUBACHER, John S. *Modern philosophies of education*. New York: McGraw-Hill Book Company, 1950. p. 204.

[38] METZGER, Walter P. Profession and constitution: two definitions of academic freedom in America. *Texas Law Review*. n. 66, 1988. p. 1265-322.

Constituição americana, ao molde de uma manifestação da liberdade de expressão, ou, ainda mais precisamente, de um direito à expressão no terreno acadêmico. Assim, muito embora o próprio texto constitucional não se refira à liberdade acadêmica, ela é ratificada à maneira de um direito não enumerado.[39] A possibilidade formal para tanto remete ao teor da Nona Emenda àquela Constituição, da qual se extrai que a rotulação de direitos constitucionais não obsta a argumentação no sentido da existência de outros não expressamente considerados. Em seus termos, a norma preconiza que "a enumeração, na Constituição, de certos direitos, não deve ser interpretada como negando ou coibindo a identificação de outros direitos do povo"[40] [trad. nossa]. Note-se que não é a própria Emenda que cria novos direitos, restringindo-se, a bem dizer, ao fornecimento de uma regra de interpretação, conforme sintetizam Laurence Tribe e Michael Dorf.[41] Assim, a estratégia de fundamentação da liberdade acadêmica decorre da conjugação entre a Primeira e a Nona Emendas, daquela se extraindo a justificativa material para a sua existência, ao passo que na última encontra-se o seu aporte formal.

Os primeiros precedentes da Suprema Corte norte-americana sobre o assunto, que datam dos anos 40 a 60, enviesam nesse sentido. Eles afirmam a condição da liberdade acadêmica enquanto direito constitucional. Assim o fazem de duas maneiras. Por vezes reconhecem-lhe o perfil de um genuíno direito subjetivo, noutras (em sua maioria) dela extraem estritamente o caráter de garantia institucional.

A primeira menção expressa à liberdade acadêmica na Suprema Corte situa-se precisamente em 1952, em *Adler vs. Board of Education*.[42] Trata-se de uma alusão contida na dissidência do *Justice* Douglas, nos termos da qual ficou definido que "não pode haver verdadeira liberdade acadêmica [...] onde a suspeita enche o ar e mantém estudiosos amedrontados em seus postos de trabalho". Isso pois – complementa – um "sistema de espionagem e de vigilância [...] produz um pensamento padronizado, não a busca da verdade" [trad. nossa]. Contudo, é na síntese consagrada no voto dissidente do *Justice* Frankfurter, por

---

[39] Em Dworkin, tem-se que direitos não enumerados *(non enumerated rights)* são aqueles que não possuem cobertura na condição de direito constitucional, em que pese assim sejam reconhecidos para fins de tratamento teórico e jurisprudencial, v. DWORKIN, Ronald. The concept of non enumerated rights. *University of Chicago Law Review*. v. 59, 1992. p. 381.

[40] USA. *Constitution of the United States of America*. Disponível em: <http://www.archives.gov/exhibits/charters/ constitution.html>. Acesso em: 10 jul. 2016.

[41] "A Nona Emenda não cria direitos com sua própria força. [...] ela é uma regra de interpretação" [trad. nossa], TRIBE, Laurence; DORF, Michael C. *On reading the constitution*. Cambridge: Harvard University, 1991. p. 55-6.

[42] O caso diz com potencial violação à liberdade acadêmica em virtude de autorização para despedimento de professores membros de organizações tidas como subversivas. Em Nova York, a Seção 3022 da Lei de Educação requeria a remoção do quadro de funcionários de escolas públicas daqueles que pertencessem a grupos comunistas, defensores da derrubada do governo pelo uso da força, violência ou outros meios ilícitos. A Suprema Corte entendeu que a norma não padecia de qualquer inconstitucionalidade, pois os funcionários do Estado devem lealdade a ele, v. USA. Supreme Court of the United States. *Adler vs. Board of Education*, 342 U.S. 485, 1952. Disponível em: <http://www.law.cornell.edu/supremecourt/text/342/485>. Acesso em: 30 nov. 2014.

ocasião do julgamento de *Sweezy vs. New Hampshire*,[43] que se costuma situar o marco da discussão sobre a liberdade acadêmica propriamente dita naquela Corte.[44] É nele que se abanca o entendimento de que, na conjuntura educacional, existem quatro liberdades essenciais reconhecidas às Universidades, quais sejam, determinar "quem pode ensinar, o que pode ser ensinado, como deve ser ensinado, quem pode ser admitido para estudar"[45] [trad. nossa]. Assim, uma vez tendo optado pela contratação de um docente, e nos termos de tal contração, a Universidade determinará o que caberá a ele ensinar, considerado o currículo que executa, e como deverá fazê-lo, isso é, de quais métodos deverá se valer entre os aceitos pela Instituição a fim de atender a um corpo discente selecionado a partir de filtros predefinidos pela própria Instituição. Exatamente porque reconhece que são as Instituições que possuem o direito de realizar tais escolhas é que esse precedente é tido como o início da narrativa jurisprudencial da liberdade acadêmica, notadamente enquanto garantia institucional.[46]

A segunda tradição de abordagem da liberdade acadêmica sustenta que ela corresponde a uma diretriz profissional. Seu desenvolvimento se deve à publicação, em 1915, da *Declaration of Principles on Academic Freedom and Tenure* pela Associação Americana de Professores Universitários (AAUP). A despeito de não ser juridicamente vinculante,[47] o documento foi incorporado por boa parte das Universidades americanas.[48] Como reação político-ideológica ao

---

[43] Em New Hampshire, nos anos 50, em virtude do *Subversive Activities Act*, cabia ao procurador-geral investigar a existência de pessoas subversivas no território estadual. A Lei de Atividades Subversivas definia "organização subversiva" como aquela que apoiava atividades destinadas a mudar a forma de governo pela força ou violência. Definia, ainda, "pessoa subversiva" como alguém que ajuda na prática de atos tendentes a alterar a forma de governo pela força ou violência. Paul Sweezy, economista marxista, coeditou um artigo condenando o uso de violência pelos Estados Unidos para preservar a ordem capitalista e proferiu palestra sobre a temática no Curso de Humanidades da Universidade de New Hampshire. Por tais atos foi intimado a depor pelo então procurador de New Hampshire, Louis Wyman. Na ocasião, Sweezy confirmou sua orientação política, mas negou qualquer subversão à ordem por meios violentos. Além disso, recusou-se a responder perguntas que versavam sobre o conteúdo do artigo escrito e sua palestra na Universidade do Estado, bem como o seu conhecimento do Partido Progressista. O fato levou Wyman a peticionar à Corte Superior de Merrimack County, em New Hampshire, que entendeu ter Sweezy incorrido em desacato. Tendo o caso chegado à Suprema Corte de New Hampshire, em *Wyman vs. Sweezy* (1956), destacou-se a dificuldade de distinguir o ensino de algo e a sua defesa, mas, dada a clara vinculação do professor ao socialismo, considerou-se pertinente conceber que sua fala e escrita eram, de algum modo, uma forma de advogar aquela ideologia. À decisão da Suprema Corte de New Hampshire foi apresentado *writ of certiorari* à Suprema Corte norte-americana. Recebido o pedido, a Corte enfrentou o caso em 1957, decidindo, por maioria de 6-2, no sentido da reversão da decisão proferida em New Hampshire. USA. Supreme Court of the United States. *Sweezy vs. New Hampshire*, 354 U.S. 234, 1957. Disponível em: <https://casetext.com/case/sweezy-v-new-hampshire>. Acesso em: 09 out. 2014.

[44] BELOFF, Michael J. Academic Freedom – rhetoric or reality?. *Denning Law Journal*. v. 22, 2010. p. 121.

[45] USA. Supreme Court of the United States. *Sweezy vs. New Hampshire*, 354 U.S. 234, 1957. Disponível em: <https://casetext.com/case/sweezy-v-new-hampshire>. Acesso em: 09 out. 2014.

[46] Para uma abordagem particular do caso, v. TRAVINCAS, Amanda C. Thomé; LIMA, Manuela Ithamar. A liberdade acadêmica enquanto garantia institucional: uma análise a partir de Sweezy vs. New Hampshire, 354 U.S. 234 (1957). *Revista da AJURIS*. v. 42, n. 139, 2015. p. 13-27.

[47] Chamando-o de *soft law*, p. ex., ALSTYNE, William W. Van. Academic freedom and the first amendment in the Supreme Court of the United States: An unhurried historical review. *Law and Contemporary Problems*. v. 53, 1990. p. 79.

[48] BARENDT, Eric. *Academic freedom and the law*: a comparative study. Oxford: Hart, 2010. p. 172.

ultraje à liberdade docente,[49] a formação da Associação[50] e, sequencialmente, a composição e publicação da Declaração de Princípios, focaram na proteção da liberdade enquanto direito subjetivo dos professores.

O resultado dos debates da Comissão[51] que originou o documento foi a determinação do conteúdo da liberdade acadêmica em torno de três dimensões, a saber, a liberdade de pesquisa e publicação (*freedom of research and publication*), a liberdade de ensinar em sala de aula (*freedom of teaching/ freedom in the classroom*) e a liberdade de manifestação extramuros (*freedom of "extramural" speech*).[52] Em 1940, a Declaração de 1915 foi formalmente reafirmada pela Associação, e, em 1970, um conjunto de princípios interpretativos foi aditado a essa última.[53] Muito embora outros documentos estabelecedores de condutas profissionais assemelhados àquela primeira tenham sido criados, inclusive recentemente,[54] são às Declarações de 1915 e 1940 que se costuma recorrer quando em causa o viés de fundamentação da liberdade em questão.[55]

---

[49] JEWETT, Andrew. Academic freedom and political change: american lessons. In. BARY, Brett de (Ed.). *Universities in translation*: The mental labor of globalization. Hong Kong: Hong Kong University Press, 2010. p. 263-78.

[50] Conforme relatam Daniel H. Pollitt e Jordan E. Kurland, a Associação foi gestada a partir da demissão do economista Edward Ross da Universidade de Standford, supostamente em virtude da propagação de crítica em relação à reforma econômica do Estado americano. Disso se seguiu o desligamento voluntário de sete professores da mesma Instituição em ato de protesto, entre os quais Arthur Lovejoy, fundador, junto a John Dewey, da Aaup, cf. POLLITT, Daniel H.; KURLAND, Jordan E. Entering the academic freedom arena running: The AAUP's first year. *Academe*.1998. p. 45-6.

[51] A Comissão, a partir de cujos debates se originou a Declaração de 1915, foi composta por 15 (quinze) membros. Dela fizeram parte: Edwin Seligman, da Universidade de Columbia (Economia); Richard T. Ely, da Universidade de Wisconsin (Economia); Frank A. Fetter, da Universidade de Princeton (Economia); Franklin H. Giddings, Universidade de Columbia (Sociologia); Roscoe Pound, da Universidade de Harvard (Direito); Ulysses G. Weatherly, Universidade de Indiana (Sociologia); JQ Dealey, Universidade de Brown (Ciência Política); Henry W. Farnam, Universidade de Yale (Ciência Política); Charles E. Bennett, da Universidade de Cornell (Latim); Edward C. Elliott, da Universidade de Wisconsin (Educação); Guy Stanton Ford, da Universidade de Minnesota (História); Charles Atwood Kofoid, Universidade da Califórnia (Zoologia); Arthur O. Lovejoy, da Universidade Johns Hopkins (Filosofia); Frederick W. Padelford, da Universidade de Washington (Língua Inglesa) e Howard C. Warren, da Universidade de Princeton (Psicologia), v. AMERICAN ASSOCIATION OF UNIVERSITY PROFESSORS. *1915 Declaration of Principles on Academic Freedom and Tenure*. Disponível em: <https://www.aaup.org/NR/rdonlyres/A6520A9D-0A9A-47B3-B550C006B5B224E7/0/1915Declaration.pdf>. Acesso em: 10 nov. 2014.

[52] AMERICAN ASSOCIATION OF UNIVERSITY PROFESSORS. *1915 Declaration of Principles on Academic Freedom and Tenure*. Disponível em: <https://www.aaup.org/NR/rdonlyres/A6520A9D-0A9A-47B3-B550-C006B5B224E7/0/1915Declaration.pdf >. Acesso em: 10 nov. 2014.

[53] AMERICAN ASSOCIATION OF UNIVERSITY PROFESSORS. *1940 Statement of Principles on Academic Freedom and Tenure*. Disponível em: <http://www.aaup.org/report/1940-statement-principles-academic-freedom-and-tenure#4>. Acesso em: 10 nov. 2014.

[54] Destaque-se, nesse particular, a *Canadian Association of University Teachers* (Caut), que, de modo mais analítico, concebe a liberdade acadêmica como a liberdade de ensino e discussão (*freedom to teach and discuss*); a liberdade na realização de pesquisas e divulgação e publicação dos seus resultados (*freedom to carry out research and disseminate and publish the results thereof*); a liberdade de produção de obras criativas (*freedom to produce creative works*); a liberdade para se envolver em serviços para a Instituição e para a comunidade (*freedom to engage in service to the institution and the community*); a liberdade para expressar livremente opinião sobre a Instituição, a sua administração e o seu sistema de funcionamento (*freedom to express one's opinion about the institution, its administration, and the system in which one works*); a liberdade de adquirir, preservar e fornecer acesso a material documental em todos os formatos (*freedom to acquire, preserve, and provide access to documentary material in all formats*); e a liberdade para participar de órgãos profissionais e representações acadêmicas (*freedom to participate in professional and representative academic bodies*), v. CANADIAN ASSOCIATION OF

É na conjuntura dessa última tradição de compreensão da liberdade acadêmica que se desenvolveu a designada *"for the common good"* school. Robert Post,[56] de quem se extrai o aporte de seu desenvolvimento contemporâneo, pauta-se na Declaração de Princípios de 1915 como ponto de partida para a definição da abrangência da liberdade acadêmica. Em seu sentir, a Declaração "continua a ser a maior exposição sobre a natureza da liberdade acadêmica americana já escrita"[57] [trad. nossa].

Post compreende que a produção de conhecimento especializado se dá na circunscrição de Instituições e é disciplinada por regras, as quais conferem estabilidade para o empreendimento.[58] A regência da produção de conhecimento por normas, no mais das vezes originárias do corpo diretivo institucional, é ilustrativa da oposição que trava com o entendimento segundo o qual o espaço acadêmico é uma espécie de mercado de ideias, que só se reveste de caráter democrático na medida em que não sofre qualquer sorte de condicionamento heterônomo. A noção de que o conhecimento emerge de um *free marketplace of ideas* remete a *Abrams vs. United States*,[59] precedente da Suprema Corte norte-americana da primeira metade do século XX. A despeito de se voltar à liberdade de expressão, e não à liberdade acadêmica propriamente dita, ele emoldura, no voto dissidente do *Justice* Holmes, que o conhecimento verdadeiro é o que subsiste na disputa que se dá num livre mercado de ideias, daí advindo um dever de vigilância contra qualquer tentativa de filtrar opiniões individuais.

Esse precedente, que para Post é o ponto de partida da discussão sobre a liberdade acadêmica nos Estados Unidos,[60] prenuncia a tese segundo a qual o

---

UNIVERSITY TEACHERS. *2011 Academic freedom*. Disponível em: <http://www.caut.ca/about-us/caut-policy/lists/caut-policy-statements/policy-statement-on-academic-freedom>. Acesso em 03 abr. 2016.

[55] Uma das razões pode estar relacionada à sua vitalidade e resistência temporal. Metzger aponta isso sem poupar críticas às Declarações. Julga que suas fragilidades vão desde a composição da Comissão preponderantemente por diretores universitários – do que infere alguma parcialidade do documento – até a pouca atenção dada a determinados temas, tais como a fixação de regras de condutas entre pares e o desdobramento da relação entre acadêmicos e sociedade. Alerta também que há certo deslumbramento em relação às Declarações e que Universidades realmente críticas, quando aludem aos termos delas em seus Estatutos, reservam ao profissional o direito de não segui-las. Para mais, cf. METZGER, Walter P. The 1940 Statement of Principles on Academic Freedom and Tenure. *Law and Contemporary Problems*. v. 53, n. 3, 1990. p. 03-77.

[56] Cabe esclarecer que se optou por apresentar as considerações a seguir sobre a *"for the common good"* school atribuindo-as a Robert Post, na condição de seu representante principal, ainda quando na obra referenciada ele seja apenas um dos seus coautores. Por ocasião da utilização de fontes em que Post figura em produção conjunta, deve-se atentar para esse recurso de abordagem, que, de longe, não intui desmerecer aqueles com quem partilha as concepções expostas.

[57] POST, Robert C. Academic freedom and legal scholarship. *Journal of Legal Education*. v. 64, n. 4, 2015. p. 531-32.

[58] POST, Robert C. *Democracy, expertise and academic freedom*. Yale: Yale University Press, 2012. p. 30-3.

[59] O caso refere-se à distribuição de circulares/panfletos na cidade de Nova York com suposta intenção de estimular resistência à participação dos Estados Unidos na guerra contra a Alemanha e deflagrar uma greve geral dos trabalhadores de fábricas de munição, a fim de reduzir a produção de material bélico. Em tese, tais atos violavam a Lei de Espionagem (1917), que vedava qualquer tipo de afronta à forma de governo norte-americana. A decisão da Corte confirmou a constitucionalidade da referida lei, v. USA. Supreme Court of the United States. *Abrams vs. United States*, 250 U.S. 616, 1919. Disponível em: <http://www.law.cornell.edu/supremecourt/text/250/616>. Acesso em: 30 nov. 2014.

[60] POST, Robert C. *Democracy, expertise, and academic freedom*. Yale: Yale University Press, 2012. p. 06 (divergindo de Beloff, vide nota 47).

avanço do conhecimento depende de um jogo não regulado de argumentos e contra-argumentos que faz germinar uma multiplicidade de opiniões ao invés da unilateralidade e do partidarismo. Nesse segmento, a atmosfera acadêmica ampara a busca da verdade científica, da qual só podem se aproximar professores e alunos se e quando arriscam suas ideias por meio do discurso.

Ocorre que, ao largo de normas, não se perfaz o objetivo da Academia. Contrariamente à concepção de Universidade fundada no *laissez-faire*, atualmente, compreende-se que a regulação do mercado tem um caráter corretivo e visa a sanar falhas que lhe são inerentes.[61] Com isso se quer dizer que a liberdade acadêmica serve a um propósito umbilicalmente relacionado aos fins da Universidade e compreendê-la à maneira de um espaço de anomia não se ajusta ao compromisso de produzir conhecimento. As comunidades acadêmicas têm na aderência de seus membros a práticas partilhadas a matriz do seu funcionamento. Disciplinar a atividade acadêmica, ao mesmo tempo em que cria condições para a geração de conhecimentos academicamente relevantes, incita a sua expansão por meio da crítica e mesmo da dissidência, denotando que, longe de um engessamento, regras disciplinares se justificam enquanto condição de procedimento.[62]

Uma incursão nas mencionadas falhas do mercado demonstra que a assimetria das posições ocupadas no debate livre e desregulado é, a bem da verdade, regido por regras não expressas projetadas pelos ocupantes de posições privilegiadas, posto que alguma margem de desequilíbrio sempre tarja as relações sociais. O resultado desse acondicionamento dos participantes do discurso acadêmico em distintos degraus é a prevalência das concepções dos ocupantes de posições de destaque.[63] Nesse passo, basta lembrar, com Bourdieu, que a Universidade, como campo – ou seja, como espaço relativamente autônomo de produção, reprodução e difusão de conhecimento –, é orquestrada de acordo com a distribuição do capital científico (conhecimento e reconhecimento) e aqueles a quem é creditado maior capital é que conduzem esse espaço.[64]

Embora seja verdade que o próprio processo educacional formalmente considerado é esvaziado se se pugna por uma horizontalização que faça desaparecer as figuras do professor e do aluno, também é correto que a disparidade entre essas posições tende a comprometer o valor da expressão nos espaços educacionais, do que resulta a sobrepujança da posição do aluno em prestígio à posição do professor. Nesse sentido há, portanto, uma falha. É que a função da Academia não se resigna a transmitir conhecimento acadêmico segundo concepções dominantes de uma parcela de agentes atuantes no contexto educacional. Ela depende da relação firmada ente professores e alunos numa simbiose opositiva à doutrinação desses últimos. Ao contrário, quer-se que alunos

---

[61] INGBER, Stanley. The marketplace of ideas: A legitimizing myth. *Duke Law Journal*. n.1, 1984. p. 05.

[62] Sobre a função estabilizadora das regras, v. MURPHY, William. Academic freedom – an emerging constitutional right. *Law and Contemporary Problems*. n. 28, 1963. p. 469-71.

[63] INGBER, op. cit., p. 26-7.

[64] BOURDIEU, Pierre. *Os usos sociais da ciência*: por uma sociologia clínica do campo científico. Paris: Unesp, 1997. p. 22-5.

sejam instados "a usar suas mentes continuamente para reconstruir a sua própria experiência"[65] [trad. nossa]. Acredita-se que só assim a educação alinha-se à democracia – alunos e professores livres, discutindo regidos por regras, robustecem a opinião pública e a participação democrática.

Outro não é, aliás, o terreno no qual é construída a compressão da liberdade acadêmica na Declaração de 1915. Nela se encontra subjacente o ponto de vista de que a missão da Universidade moderna é a formação de especialistas que contribuam com a comunidade. A Declaração de 1940 não se separa desse ideal, ratificando concepções de Universidade e educação que cooperam fortemente para a sedimentação da relação entre liberdade acadêmica e democracia.

Bem por isso Post aduz que as Universidades "são as únicas instituições que carregam uma responsabilidade pública para preservar, melhorar e distribuir o conhecimento"[66] [trad. nossa], e entende que o que confere valor ao saber que se produz na Academia é também o fato de que sua emergência depende de uma conjuntura regida por normas capazes de depurar o que ali é gestado do que pode ser conhecido em outras esferas. Por tudo isso, se considerada a dicotomia proposta por Cass Sustein[67] no sentido de que há duas posturas quanto ao cabimento da regulação da expressão, a absolutista e a não absolutista – conforme a primeira, todo mundo pode dizer qualquer coisa a todo tempo; nos termos da segunda, a expressão pode ser regulada a fim de serem evitados danos –, é certo que a *"for the common good" school* pende para essa última.

Há ideias compatíveis e outras não compatíveis com a Academia. Não há equidade de ideias no âmbito acadêmico. Daí por que enviesar no sentido da necessidade de regulamentação do discurso acadêmico é encampar uma série de acordos quanto à pertinência, ou não, de determinados atos ou expressões na Universidade. Tal postura não é de neutralidade em face das expressões lançadas nesse contexto, já que não são dotadas todas elas de igual valor. John Searle é preciso ao explicar que o mote disso consiste em que Universidades não são cidades-estados, mas instituições especializadas.[68]

O fato de a gestação do conhecimento ser submetida à filtragem de boas e más ideias é elucidativo de que a liberdade acadêmica constitui uma autêntica liberdade profissional, no sentido de que representa aporte para ações que, de sua vez, sofrem constrangimentos exigidos pela profissão.[69] A liberdade acadêmica é condição para o prosseguimento de tarefas acadêmicas, e é por isso mesmo que, no tocante ao seu exercício, convém um juízo antecedente atinente à competência acadêmica do participante do discurso. Um juízo de tal natureza

---

[65] POST, Robert C. The job of professors. *Texas Law Review*. v. 88, n. 185, 2009. p. 188.

[66] POST, Robert C. Academic freedom and legal scholarship. *Journal of Legal Education*. v. 64, n. 4, 2015. p. 534.

[67] SUSTEIN, Cass. Academic freedom and law: liberalism, speech codes and related problems. In. MENAND, Louis (Ed.). *The future of academic freedom*. Chicago: University of Chicago Press, 1996. p. 97-8.

[68] SEARLE, John R. *The campus war*: a sympathetic look at the university in agony. New York: The World Publishing Company, 1971. p. 201.

[69] POST, Robert C. *Democracy, expertise and academic freedom*. Yale: Yale University Press, 2012. p. 66.

não existe, tampouco se justifica, num contexto neutro, em que não se pode dizer sobre as ideias se são ou não apropriadas. Para Post, a competência para a desenvoltura de atividades acadêmicas é definida segundo normas acadêmicas ou disciplinares e "não se pode falar com autoridade dentro de uma disciplina até que se seja treinado, em primeiro lugar, em suas crenças relevantes, práticas e métodos de conhecimento"[70] [trad. nossa].

O disciplinamento a que se refere diz respeito à seleção de um conjunto de condutas compatíveis (e, por conseguinte, de um conjunto de condutas incompatíveis) com a atividade profissional docente. Isso significa afirmar direitos e prever deveres reclamados pela profissão. Para que tais regras concretizem o fim de estabilizar a produção do conhecimento acadêmico, é preciso que elas sejam seguidas. Mas isso não é o mesmo que advogar uma subserviência irrestrita às normas institucionais. Sintonizada nessa perspectiva, em 1997, a Unesco editou a designada Recomendação Concernente ao Pessoal Docente do Ensino Superior, nela afixando a "liberdade [docente] de expressar livremente uma opinião sobre a Instituição ou o sistema em que trabalham"[71] [trad. nossa]. A despeito da caracterização da Recomendação como *soft law* e do diagnosticado baixo índice de cumprimento das suas diretrizes,[72] é o caso de reconhecer que o documento constitui, ao menos, um indicativo de que o ato de contratação docente não coincide com o de renúncia ao direito de discutir regramentos institucionais.

Sob pena de contradição, uma educação que se quer compromissada com a democracia só pode se dar em Instituições educacionais nas quais a revisão de suas bases seja em alguma medida possível. Nesse ponto, Robert Post, dialogando com Judith Buther e dela divergindo, requer um equilíbrio entre o cumprimento de normas profissionais e o direito de questioná-las. Buther, de seu turno, ressalta que ocorre com as Instituições o que se passa com o Estado. Aquelas, como este, retiram sua própria legitimidade do ato de conceder direitos de dissidência, embora, em alguma medida, com isso não possam controlar os termos em que se dará a dissidência, permitindo que seja posta em xeque, pelo dissenso, a sua própria legitimidade.[73] Esse é o mote para reivindicar uma ampla possibilidade de questionamento das normas institucionais com o que Post não concorda, reforçando a necessidade de reconhecimento mínimo de sua pertinência.

Aqueles que detêm competência acadêmica são os que gozam de liberdade acadêmica. Para definir o seu conteúdo Post evoca, na largada, as Declarações de 1915 e 1940. Entende, então, que a liberdade acadêmica compreende a liberdade de pesquisar e divulgar o pensamento, ensinar em sala de aula e

---

[70] POST, Robert C. Academic freedom and legal scholarship. *Journal of Legal Education*. v. 64, n. 4, 2015. p. 534.

[71] UNESCO. *Recomendación relativa a la situación del personal docente*. Disponível em: <http://www.unesco.org/education/pdf/TEACHE_S.PDF>. Acesso em: 02 ago. 2016.

[72] É a conclusão de Terence Karran, atribuindo esse descumprimento ao fato de a regência se dar mediante Recomendação, e não Tratado Internacional, v. KARRAN, Terence. Academic freedom in Europe: reviewing Unesco's recommendation. *British Journal of Educational Studies*. v. 57, n. 2, 2009. p. 191–215.

[73] BUTLER, Judith. Critique, dissent, disciplinarity. *Critical Inquiry*. v. 35, n. 4, 2009. p. 795.

se manifestar extramuros, e a elas acresce a dimensão do discurso intramuros, fora da sala de aula, relacionando-a à gestão acadêmica. Sua concepção de liberdade acadêmica, na medida em que fundada naquela desenvolvida pela Aaup, tem como foco o professor. Daí a liberdade acadêmica apresentar-se enquanto um direito de professores, quer dizer, um direito subjetivo.

O desenvolvimento a seguir cuidará de descrevê-la nos termos empreendidos por Post, reservando-se para o tópico posterior as discussões acerca da validade e dos limites de sua proposição. De resto, como o próprio autor não reconhece uma hierarquia entre as dimensões da liberdade acadêmica, aquela que afigura o objeto dessa obra, qual seja a liberdade de ensinar em sala de aula, será versada por último.

A liberdade de pesquisar consiste na dimensão da liberdade acadêmica que está mais de perto relacionada à missão da Universidade, qual seja a produção de conhecimento. De sua banda, a Declaração de Princípios de 1915 sinteticamente assentou que os professores gozam de liberdade de investigação e pesquisa *(freedom of inquirity and research)*, limitando-se a aduzir que a dimensão não é alvo de maiores violações e com isso justificando a exclusão de seu tratamento na ocasião.[74] Em 1940, a Associação passou a adotar uma fórmula mais generosa no tocante à proteção da liberdade, destacando que "os professores têm direito à plena liberdade na pesquisa e na publicação dos resultados, sem prejuízo ao desempenho adequado dos seus outros deveres acadêmicos..."[75] [trad. nossa].

Quando se fixa nessa camada da liberdade acadêmica, Post pressupõe o cabimento de uma distinção entre pesquisas que contribuem para o avanço científico e aquelas que não o fazem.[76] Ter liberdade de pesquisar é, por conseguinte, a faculdade de desenvolver atividades que gerem a produção de conhecimento relevante. Dessa maneira, não infringe a liberdade acadêmica, no tocante à pesquisa, limites que se lhe imponham a investigações de caráter irresponsável. É claro que essa definição gesta um problema à partida que atine à separação entre pesquisa relevante e pertinente e aquela que assim não se configura. Uma dificuldade como essa se assenta no fato de que a noção de avanço do conhecimento requer a abertura de uma paleta de possibilidades a pesquisas que enfrentam questões científicas de maneira não usual, ao mesmo tempo em que demanda o afastamento daquelas julgadas não aptas a promover conhecimentos relevantes.

Certo é que, de modo algum, a definição das margens da liberdade de pesquisar sugere neutralidade, quer dizer, não se pode dizer, no campo da pesquisa, que toda ideia tem o mesmo valor. O reconhecimento da autoridade dos

---

[74] ASSOCIATION OF UNIVERSITY PROFESSORS. *1915 Declaration of Principles on Academic Freedom and Tenure*. Disponível em: <https://www.aaup.org/NR/rdonlyres/A6520A9D-0A9A-47B3-B550-C006B5B224E7/0/1915Declaration.pdf>. Acesso em: 10 nov. 2014.

[75] AMERICAN ASSOCIATION OF UNIVERSITY PROFESSORS. *1940 Statement of Principles on Academic Freedom and Tenure*. Disponível em: <http://www.aaup.org/report/1940-statement-principles-academic-freedom-and-tenure#4>. Acesso em: 10 nov. 2014.

[76] É uma síntese de POST, Robert C.; FINKIN, Matthew W. *For the common good*: principles of american academic freedom. New Haven: Yale University Press, 2009. p. 53 *et seq.*

acordos que depuram as pesquisas que merecem desenvolvimento acadêmico funciona ao molde de pré-requisito. Uma tábua de critérios apta a distinguir pesquisas cabíveis e não cabíveis é, obviamente, encoberta de subjetivismo.

Como se pode notar, o ponto sensível da definição dessa dimensão da liberdade acadêmica é a fixação de *standards* que possibilitem a identificação de pesquisas que se têm liberdade para desenvolver e aquelas em relação às quais não se têm, porque em desacordo com pré-juízos acadêmicos de relevância. Se facilmente essa posição aponta para um grau de conservadorismo, é de dizer que o seu oposto, qual seja, a ausência de parâmetros no tocante à determinação das margens da liberdade de pesquisar, conduz à perversa conclusão de que, na Academia, pode-se investigar sobre qualquer coisa e de qualquer modo, o que, ao fim e ao cabo, desnatura a própria concepção de Universidade e de conhecimento científico.

Nesse particular, é crucial observar o papel desempenhado pelo Estado e pelo mercado, os quais, cada qual a seu modo, embalam as escolhas acadêmicas quanto aos seus objetos de investigação. À primeira vista, é de cogitar que a formulação de filtros de pertinência seja, em verdade, a listagem de critérios que atendam aos interesses estatais e privados. De uma pesquisa não se poderia dizer que é pertinente, ou não, sem fixar um ponto de observação. Daí é que uma investigação científica pode ser relevante porque atende a uma demanda social de equacionamento de desigualdades ou porque reduz o gasto de produção de um objeto lançado no mercado, por exemplo.

Ora, se isso é de certo modo compreensível, é preciso ter em conta os problemas que pode gerar. Nesse particular, o central diz respeito aos parâmetros de mensuração da importância de pesquisas estritamente atinentes à chamada ciência básica, quer dizer, daqueles estudos que não têm como finalidade a introjeção de uma mudança imediata na realidade. É o que caracteriza boa parte das pesquisas que se desenvolvem no campo das ciências humanas, por exemplo. Há alguma diferença entre uma pesquisa acadêmica sobre Estética na filosofia moderna e outra que proponha estratégias de redução dos componentes eletrônicos de *smartphones*. Essa última hipótese é um típico caso de pesquisa aplicada. Entre as duas não se pode dizer que qualquer uma delas seja mais importante que a outra de um ponto de vista substancial, mas, de um ponto de vista mercadológico, a segunda possui vantagens em relação à primeira.

O caminho que percorre Robert Post parece apontar para a negação da ausência de comunicação entre ciência básica e ciência aplicada.[77] Todo conhecimento serve a um interesse, ainda que ele seja uma interjeição apenas mediata

---

[77] Comumente, a ciência básica é compreendida como a investigação compromissada com a produção e aperfeiçoamento do conhecimento, enquanto que a ciência aplicada se dedica, diretamente, à solução de questões econômicas, sociais e políticas. A imbricação entre elas se dá da seguinte maneira: a dita ciência básica fornece elementos a investigações que têm como objeto imediato resolver problemas práticos, mas, além disso, é ela própria que, de certa forma, molda tais problemas. Assim, ROLL-HANSEN, Nils. Why the distinction between basic (theoretical) and applied (practical) research is important in the politics of science. *Technical Report*. London School of Economics and Political Science, Contingency and Dissent in Science Project, 2009. Disponível em: <http://www.lse.ac.uk/cpnss/research/concludedresearchprojects/contingencydissentinscience/dp/dproll-hansenonline0409.pdf>. Acesso em: 01 jul. 2016.

no plano concreto. O exemplo de que se serve Post é o da pesquisa jurídica.[78] Ele questiona se pesquisadores da área podem reivindicar liberdade acadêmica para investigar o significado de institutos jurídicos. Post admite que realizar uma pesquisa dessa natureza é um tanto distinto de meramente treinar estudantes para a atuação como advogados, mas crê que esse último caso interconecta-se com o primeiro – a prática jurídica é dependente do labor de juristas, que, à primeira vista (e apenas à primeira vista), estão ocupados de questões estritamente teóricas.

É por essa via que se pode aduzir que nenhuma pesquisa é realmente desinteressada do ponto de vista da penetração de suas conclusões na realidade, daí o porquê de ser incabível cindir profissionais tendo em conta a sua área de conhecimento a ponto de afirmar para uns e negar para outros a liberdade de pesquisar. É claro que isso não é o mesmo que dizer que distorções no tocante ao apoio e ao financiamento de pesquisas conforme interesses externos à própria vontade do pesquisador e da Academia não ocorram na prática. Mas se é romantizada a expectativa de que agentes externos como o Estado e o mercado não afetem o funcionamento dos centros de pesquisa universitários, como se eles constituíssem campos blindados, regidos exclusivamente segundo suas normas e interesses próprios, também é preciso considerar que tal impacto não pode se perfazer de tal forma que sequer se possa falar em liberdade.

A liberdade de pesquisar conjuga-se com a liberdade de divulgar os resultados do trabalho executado. A ligação entre as duas condutas é tão evidente que dispensa maior esforço explicativo. O ponto de união entre elas está no fato de que uma pesquisa que não possa circular não cumpre com o fim que a justifica, que é a geração de conhecimento significativo. É que, embora produzido, o conhecimento que tem sua divulgação embaraçada não alcança mais que um nicho restrito de pessoas envolvidas em sua própria produção, reduzindo, de tal sorte, a capacidade transformadora que é uma prerrogativa do conhecimento científico.

De sua banda, a dimensão extramuros[79] é considerada por Post a parcela mais problemática da liberdade acadêmica. Reconhecidamente, o seu desenvolvimento é uma característica da abordagem da liberdade acadêmica no direito norte-americano.[80] Post, de seu lado, a define como a expressão de professores "formulada em sua condição de cidadãos, expressão que tipicamente versa sobre assuntos de interesse público e não está relacionada com sua experiência profissional ou filiação institucional"[81] [trad. nossa]. Diz-se que o professor se expressa extramuros quando goza do direito de falar em público,

---

[78] POST, Robert C. Academic freedom and legal scholarship. *Journal of Legal Education*. v. 64, n. 4, 2015. p. 537 *et seq.*

[79] A base das considerações a seguir foi desenvolvida em SARLET, Ingo Wolfgang; TRAVINCAS, Amanda C. Thomé. O direito fundamental à liberdade acadêmica – notas em torno de seu âmbito de proteção: a ação e a elocução extramuros. *Revista Espaço Jurídico*. v. 17, n. 2, 2016. p. 529-45.

[80] Assim, v. BARENDT, Eric. *Academic freedom and the law*: a comparative study. Oxford: Hart, 2010. p. 272 *et seq.*

[81] POST, Robert C.; FINKIN, Matthew W. *For the common good*: principles of american academic freedom. New Haven: Yale University Press, 2009. p. 127.

enquanto cidadão (portanto, não como profissional) sempre que a conjuntura em que se manifesta não está relacionada com a função que exerce ordinariamente. O elemento balizador que define se a conduta se enquadra, ou não, no âmbito da designada expressão extramuros é o conteúdo da fala. Assim, quando opina sobre assuntos que não dizem respeito à sua área de *expertise*, o professor exprime-se enquanto participante do discurso público. Isso é assim independente do local de expressão – pode-se estar em face de uma conduta pertencente ao âmbito de proteção da liberdade extramuros mesmo quando o docente se manifesta no cerco institucional. No ponto, Post é preciso ao afirmar que a *performance* extramuros não se liga "ao local de expressão docente, mas à sua substância"[82] [trad. nossa]. O sentido do termo extramuros é, pois, metafórico.[83]

A prenunciada problemática em torno da liberdade extramuros centra-se principalmente em duas questões. A primeira diz respeito à separação entre as condutas que com ela se relacionam e aquelas que atinem a outras dimensões da liberdade acadêmica. Em outras palavras, trata-se de enfrentar a tênue distinção entre falar na condição de representante institucional e falar enquanto cidadão participante do debate público. A mais que isso, é de questionar, inclusive, se uma tal diferenciação é possível, especialmente em razão do fato de que todo conhecimento – inclusive o que diz com a área de especialização do professor – situa-se num emaranhado de relações que põe o agente comunicativo em diálogo contínuo com tópicos de matrizes variadas. Para que se possa aproximadamente dimensionar a extensão do problema, pense-se, por exemplo, em um professor da área de Educação, cuja especialização refira-se à gestão educacional, que se manifeste sobre políticas públicas inclusivas no âmbito do ensino superior. O tema não constitui o núcleo do programa disciplinar a que lhe incumbe a responsabilidade de ensinar/pesquisar, mas não se pode desconsiderar que ele, tomado em suas linhas gerais, afeta as políticas de gestão universitária. Seu posicionamento contrário ou favorável, elucidativo das vantagens ou desvantagens de políticas dessa natureza, constituem manifestações do sujeito enquanto professor, como cidadão, ou é verdadeiramente impossível decidir? E o que dizer de um professor da área da saúde, cotidianamente envolvido em casos de sofrimento extremo em sua prática profissional, que defende a eutanásia? Pode-se dizer que o tema, não listado de modo evidente no programa para o qual foi contratado para desenvolver, pertence materialmente à sua atividade docente, embora formalmente não a constitua?

Para Post, não há sempre condições de precisar a *expertise* do professor, e esse argumento da indistinção é fulcral para a abertura do âmbito de proteção

---

[82] POST, Robert C.; FINKIN, Matthew W. *For the common good*: principles of american academic freedom. New Haven: Yale University Press, 2009. p. 113.

[83] "O termo 'extramuros' é usado em sentido figurado em referência a declarações feitas fora da relação de trabalho e não apenas em referência a declarações feitas fora dos muros do *campus*" [trad. nossa], v. ALSTYNE, William W. Van. The constitutional rights of teachers and professors. *Duke Law Journal*. n. 5, 1970. p. 846, [n. 18].

da liberdade acadêmica para a expressão extramuros.[84] Assim, o desenvolvimento dos parâmetros de proteção da expressão extramuros não ignora, ao revés, funda-se nessa dificuldade. Sua finalidade consiste em prevenir a tomada de decisões institucionais restritivas da atividade profissional docente motivadas pelas opiniões dos professores enquanto cidadãos. Dessa feita, a dimensão extramuros consiste num confesso reforço protetivo conferido ao professor em face da possibilidade de que decisões institucionais sejam pautadas tendo em causa as convicções individuais do profissional e, por conseguinte, alheias à sua competência profissional. Porque a diferenciação entre cidadão e profissional é de difícil traceio, deve-se atribuir a proteção de maior amplitude possível à manifestação do professor. Trata-se de uma tutela fundada também na potencialidade de censura, dada a tendência a que discursos dissonantes em relação à filosofia institucional sejam recusados.[85] O custo disso é que normas institucionais, que, por definição, possuem cariz interno, tenham seus efeitos estendidos para além da regulação da atividade profissional.

A segunda questão sensível relacionada à dimensão extramuros diz com esse último ponto. O fato de que a tutela do termo *extramuros* alarga as normas institucionais, que têm cunho profissional, para uma esfera da vida não profissional, tem como consequência a incursão de diretrizes institucionais em circunstâncias não atinentes à atividade docente, inclusive aquelas que se dão *offcampus*. Entende-se que a razão disso tudo é assegurar uma espécie de imunidade profissional em face de possíveis desacordos entre as convicções individuais do professor e a Universidade, já que de outro modo não haveria como obstar, p. ex., que um professor fosse desligado de uma Instituição confessional após defender amplamente em público a descriminalização do aborto, ou que um docente que defenda princípios libertários fosse demitido de uma Instituição cujo núcleo gestor seja afinado às pautas políticas de esquerda.

Ao passo que denotam a importância da proteção da expressão extramuros, as Declarações de 1915 e 1940 da AAUP evocam prudência por parte dos professores quando em questão suas opiniões pessoais. Na primeira, lê-se que "em seu discurso extramuros, é óbvio que professores universitários estão sob uma peculiar obrigação de evitar declarações apressadas, não verificadas ou exageradas"[86] [trad. nossa]. De forma próxima, diz-se, em 1940, que, "enquanto estudiosos e agentes educacionais [,professores] devem lembrar que o público pode julgar sua profissão e a instituição a que pertencem por suas declarações", por isso mesmo que "eles devem sempre ser cuidadosos, devem ser contidos, devem mostrar respeito pelas opiniões dos outros, e devem fazer todo o

---

[84] POST, Robert C. The structure of academic freedom. In. DOUMANI, Beshara (Ed.). *Academic freedom after september 11*. Brooklyn: Zone Books, 2006. p. 61 *et seq*.

[85] Ibid., p. 61 *et seq*.

[86] AMERICAN ASSOCIATION OF UNIVERSITY PROFESSORS. *1915 Declaration of Principles on Academic Freedom and Tenure*. Disponível em: <https://www.aaup.org/NR/rdonlyres/A6520A9D-0A9A-47B3-B550-C006B5B224E7/0/1915Declaration.pdf>. Acesso em: 10 nov. 2014.

esforço para demonstrar que não estão falando a serviço da instituição"[87] [trad. nossa]. O que isso significa é que professores, em quaisquer circunstâncias, devem estar atentos a certos padrões de integridade intelectual.[88] Isso demonstra que a técnica de proteção da liberdade de expressão extramuros nos referidos documentos é muito menos arrojada que temerosa.

Passados mais de vinte anos da Declaração de 1940, a AAUP editou o designado *Statement on Extramural Utterance*, tendo como finalidade esclarecer o sentido da liberdade de expressão docente como um cidadão. Do documento merece destaque a fixação do então chamado princípio controlador *(the controlling principle)*, nos termos do qual "a expressão da opinião de um membro do corpo docente como um cidadão não pode constituir motivo para sua demissão, a menos que demonstre claramente a incapacidade do docente para servir enquanto tal"[89] [trad.nossa]. Comparativamente às Declarações precedentes, o Estatuto deixa de adotar a estratégia de alerta a professores quanto às suas condutas como cidadãos e passa a requerer das Instituições que não demitam professores por suas falas, a não ser que elas atestem incompetência profissional. Um tal raciocínio ressalta a circunstância de que a proteção da expressão extramuros se afigura como condição de possibilidade do exercício das demais dimensões da liberdade acadêmica, isso é, que se protegendo o cidadão que é professor, ele poderá dar consecução às suas atividades curriculares. Post chama essa estratégia de "profilática proteção da liberdade de pesquisar e da liberdade de ensinar"[90] [trad. nossa].

O desdobramento do princípio controlador é a conclusão de que, ao contrário do que possa parecer, professores não possuem uma liberdade irrestrita enquanto cidadãos. Se as Universidades devem estar continuamente atentas à qualidade técnica do seu corpo docente, então é plenamente justificável que um professor sofra sanções por expressões que demonstrem incompetência, mesmo quando supostamente use de seu direito de cidadão no tangente ao debate de questões públicas.[91] Assim, exemplifica Cary Nelson, que "um professor de história, ao contrário de um engenheiro, que afirma que o Holocausto não aconteceu em um discurso [...], pode muito bem levantar dúvidas sobre sua competência profissional"[92] [trad. nossa]. Em síntese, a régua para a aferição da relação entre a fala e a competência docente é sempre a pertinência daquela em relação ao nicho de sua *expertise*.

---

[87] AMERICAN ASSOCIATION OF UNIVERSITY PROFESSORS. *1940 Statement of Principles on Academic Freedom and Tenure*. Disponível em: <http://www.aaup.org/report/1940-statement-principles-academic-freedom-and-tenure#4>. Acesso em: 10 nov. 2014.

[88] SHILS, Edward. The academic ethos. *The American Scholar*. v. 47, n. 2, 1978. p. 165-90.

[89] AMERICAN ASSOCIATION OF UNIVERSITY PROFESSORS. *1964 Statement on Extramural Utterance*. Disponível em: <https://portfolio.du.edu/downloadItem/153180>. Acesso em: 10 nov. 2014.

[90] POST, Robert C.; FINKIN, Matthew W. *For the common good*: principles of american academic freedom. New Haven: Yale University Press, 2009. p. 140.

[91] POST, Robert C. The structure of academic freedom. In. DOUMANI, Beshara (Ed.). Academic freedom after september 11. Brooklyn: Zone Books, 2006. p. 61 *et seq*.

[92] NELSON, Cary. *No university is an island*: saving academic freedom. New York: New York University Press, 2010. p. 12.

Por sua vez, a assim chamada dimensão intramuros da liberdade acadêmica, sobre a qual não se refere textualmente nem a Declaração de 1915, nem a subsequente de 1940 e seus princípios interpretativos posteriores, é produto da interpretação dos supracitados documentos e um acréscimo a que faz menção Robert Post quando do desenvolvimento do tema.[93] Da mesma maneira que ocorre quanto à dimensão extramuros, a faceta intramuros da liberdade acadêmica e as condutas por ela abarcadas não são definidas por um filtro geográfico, mas substancial. Por conseguinte, não diz respeito a quaisquer manifestações que demandem do professor especialização em sua área de atuação. Ela é a dimensão da liberdade acadêmica que acolhe o direito de participação docente nas decisões de envergadura administrativa, isso é, que permite ao professor que discuta as políticas institucionais e defenda seus interesses junto às Instituições de Ensino. De tal maneira, ela abarca o discurso que normalmente se dá dentro do estabelecimento de ensino e fora da sala de aula, em especial nas reuniões departamentais, comitês universitários e eventos patrocinados pelas Instituições,[94] no exercício do que se pode nomear governança compartilhada da educação.[95] No mais, é de assinalar que o discurso intramuros tem reflexos de alta monta no desenvolvimento das atividades principais das Instituições, quais sejam a pesquisa e o ensino, pois boa parte dos debates que se dão naquela seara dizem respeito às pautas que compõem a agenda dessas últimas.[96]

Nesse viés, o professor não é um mero funcionário da Universidade, devendo-lhe obediência. É, ele próprio, membro da Academia, e, por causa disso, peça fundamental nas suas repaginações. Embora não se tenha voltado precisamente a discutir essa dimensão, a Declaração de Princípios de 1915 contém a sua fórmula embrionária ao afirmar que professores não são empregados como outros, mas independentes e iguais membros da Universidade.[97]

Isso quer dizer que lealdade institucional não significa supressão da crítica e que professores não apenas podem, como devem, contribuir com a gestão universitária, na medida em que estão comprometidos com a promoção da educação para uma coletividade. Note-se que tal concepção relaciona-se de perto com a ideia de que as Instituições de Ensino estão imbuídas de dar consecução a uma atividade de interesse público, que visa, portanto, o bem comum, e "o bem comum não deve ser determinado por decreto arbitrário, privado ou

---

[93] Boa parte das posições do autor sobre o tema foram retiradas de POST, Robert C.; FINKIN, Matthew W. *For the common good*: principles of american academic freedom. New Haven: Yale University Press, 2009. p. 113 *et seq.*

[94] É a definição adotada por ROBERTS, Robert North. The deconstitutionalization of academic freedom after *Garcetti v. Ceballos?*. *Review of Public Personnel Administration*. n. 32, 2011. p. 45-61.

[95] MURRY, John W. Academic freedom and governance: An analysis of *Garcetti v. Ceballos* and its aftermath. *Journal of Research in Education*. v. 20, n. 1, 2010. p. 82-3.

[96] RABBAN, David. A functional analysis of "individual" and "institutional" academic freedom under the first amendment. *Law and Contemporary Problems*. v. 53, n. 3, 1990. p. 294.

[97] AMERICAN ASSOCIATION OF UNIVERSITY PROFESSORS. *1915 Declaration of Principles on Academic Freedom and Tenure*. Disponível em: <https://www.aaup.org/NR/rdonlyres/A6520A9D-0A9A-47B3-B550-C006B5B224E7/0/1915Declaration.pdf>. Acesso em: 10 nov. 2014.

pessoal de qualquer indivíduo isolado"⁹⁸ [trad. nossa], mesmo que seja de um componente dos órgãos gestores da Universidade. Assim é que, com perícia terminológica, Post recusa a noção de obediência à administração universitária, preferindo falar em deferência a parâmetros profissionais de criação de conhecimento, levando a crer, de maneira correta, que ocasionalmente as Instituições de Ensino podem se afastar desses últimos por alguma razão.⁹⁹

Como versado, o fato de professores estarem submetidos a regras compromissadas com a própria estabilidade da *praxis* educacional não acarreta seu emudecimento. Isso é o que dá à gestão do ensino um caráter democrático. Mais precisamente, o que se quer dizer é que a condição de criador e revisor das normas e decisões institucionais às quais está submetido faz do corpo docente, em alguma medida, autorregulador das suas condutas. E tal procedimento ocorre contínua e necessariamente, porque, num cenário como o educacional, a definição do que se coaduna com a finalidade coletiva é cambiante e renovável, motivo pelo qual, na síntese de Geoffrey Caston, trata-se de uma constante negociação para que as regras sejam aceitas pelas partes envolvidas.¹⁰⁰

Sobre a dimensão da liberdade acadêmica que preenche o núcleo desta análise, qual seja a liberdade de ensinar, a abordagem a que dá prosseguimento Robert Post igualmente embebe nas Declarações da AAUP, cuidando de delas extrair o seu fundamento. Em 1915, a Carta de Princípios reconhece a liberdade de ensinar como componente da liberdade acadêmica, ao passo que a Declaração de 1940, embora no mesmo seguimento, se vale de fórmula distinta e mais analítica enunciando que "professores têm direito à liberdade, na sala de aula, para discutir o assunto de sua incumbência"¹⁰¹ [trad. nossa]. Post a compreende como uma dimensão da liberdade acadêmica que se desdobra, naturalmente, da liberdade de pesquisar, embora tenha autonomia em relação a ela. Aquele que pesquisa se reveste do direito de disseminar os resultados de sua investigação não apenas por meio de publicações, mas, igualmente, em sala de aula. Ainda que essa relação seja verdadeira, não se pode dizer, contudo, que apenas pesquisadores gozam do direito de ensinar. Trata-se de uma liberdade de que dispõem mesmo aqueles que não estão vinculados a pesquisas institucionais.¹⁰²

A liberdade de ensinar supõe duas condutas principais: a possibilidade de deliberar sobre o conteúdo a ser ensinado e de fazer escolhas quanto ao método de ensino. Com isso se quer dizer que compete ao professor tomar decisões que tocam o teor da disciplina pela qual é responsável, bem como que

---

⁹⁸ POST, Robert C.; FINKIN, Matthew W. *For the common good:* principles of american academic freedom. New Haven: Yale University Press, 2009. p. 125.

⁹⁹ POST, Robert C. *Democracy, expertise and academic freedom.* Yale: Yale University Press, 2012. p. 78.

¹⁰⁰ CASTON, Geoffrey. Academic freedom: the third world. *Oxford Review of Education.* v. 15, n. 3, 1989. p. 308.

¹⁰¹ AMERICAN ASSOCIATION OF UNIVERSITY PROFESSORS. *1940 Statement of Principles on Academic Freedom and Tenure.* Disponível em: <http://www.aaup.org/report/1940-statement-principles-academic-freedom-and-tenure#4>. Acesso em: 10 nov. 2014.

¹⁰² POST, Robert C.; FINKIN, Matthew W. *For the common good:* principles of american academic freedom. New Haven: Yale University Press, 2009. p. 80.

dizem respeito ao procedimento de que lançará mão para transmiti-lo. É um tanto quanto claro que são condutas profundamente relacionadas. Coerentemente, escolher um método de ensino não é algo que se possa fazer sem tomar em conta o que será versado. Daí que à primeira deliberação, qual seja, a que diz com o conteúdo, se segue a segunda, que atine ao método de ensinar.

As controvérsias que ocupam a pauta do tratamento da liberdade de ensinar centram-se em algumas dificuldades principais. A primeira delas corresponde à delimitação do que constituiu o conteúdo próprio sobre o qual um professor tem competência profissional para lecionar. Tal problema deriva do fato de que o desenho de disciplinas e a composição de currículos carregam um quê insanável de compartimentalização do saber, dando vazão à suposição de que programas de ensino possuem margens bem definidas. Ocorre que, como de há muito afirmou Conrad Russell, todo conhecimento está relacionado a outros, e o juízo acerca do que é necessário para explicar algo depende da abordagem a que dará execução o professor.[103]

Em alguns casos parece fácil destacar do roteiro de ensino questões que não impactam o estudo de uma determinada matéria. Pense-se, por exemplo, na circunstância de um professor suspender o ensino de um tema para tratar de questões afinadas à sua vida pessoal. Soa óbvio que a sua expressão é irrelevante para o desdobramento do conteúdo da disciplina. Pois bem, mas suponha-se que a disciplina lecionada seja Bioética, e o recurso de que se vale o professor é a exposição de sua experiência pessoal enquanto paciente dependente de pesquisas científicas envolvendo células-tronco, seguida de uma crítica severa à política legislativa do país, que, a seu ver, obstrui o progresso científico nesse ponto. Seria válido depurar o ensino a ponto de ordenar que o docente, na prática, realize juízos contínuos de pertinência da fala, limitando-se ao estritamente protocolar?

Para Post, um juízo como esse não é só de difícil execução como também é inapropriado. Ao professor há que ser reservada uma margem de escolha sobre a forma de abordagem dos temas de sua especialização, de modo que o *campus* não se transforme em um espaço ortodoxo e contraditoriamente engessado. Se a relação de ensino é por natureza subjetiva (no sentido de que é executada por e para sujeitos), então a forma com que algo será ensinado em muito depende do tipo de relação que o professor trava com seus alunos e das opções de abordagem que faz, tendo em vista o objetivo de tornar o conteúdo mais compreensível. Nesse *iter*, um *standard* relevante para apurar o que é (e o que não é) relevante para o ensino de uma disciplina é o questionamento de quão importante um conhecimento transversal, formalmente pertencente a outro campo do saber ou simplesmente fora do domínio da disciplina curricular, pode melhorar a compreensão do objeto de estudo.[104] Se certo recurso temático aperfeiçoa o entendimento, então ele é justificável.

---

[103] RUSSELL, Conrad. *Academic freedom*. London: Routledge, 1993. p. 89.
[104] POST, Robert C.; FINKIN, Matthew W. *For the common good:* principles of american academic freedom. New Haven: Yale University Press, 2009. p. 92-3.

Uma segunda questão refere-se à clivagem entre ensino e doutrinação. Já se concebeu que a doutrinação é diametralmente oposta à educação na medida em que sufoca a crítica e a contraposição. Post corrobora o entendimento de que determinado conteúdo não constitui, *per si*, doutrinação ou educação. A diferença entre elas é comportamental e vincula-se ao cumprimento de normas profissionais.[105] Para esclarecer o que quer dizer Post, tome-se, comparativamente, a diferença entre ensinar como se calcula a intensidade da força a partir da aplicação de uma fórmula e a interpretação de um conjunto de normas jurídicas. No primeiro caso, dizer como se deve fazer – qual a fórmula, como aplicá-la e para qual fim – evoca afirmações que dão pouca margem à contraposição, mas isso não é doutrinação. De seu turno, ensinar, por exemplo, que a tutela jurídica da autonomia individual evoca o direito de escolher morrer por um procedimento de eutanásia, cerceando qualquer sorte de refutação argumentativa dessa assertiva, decerto caracterizaria o ato como doutrinação, não como ensino, porque há controvérsias silenciadas por tal afirmação em tom categórico.

O terceiro ponto sensível em relação à liberdade de ensinar é respeitante ao cabimento de professores exporem comentários controvertidos que possam afetar a sensibilidade política, ideológica ou religiosa do corpo discente. Dito de outra maneira, o que se questiona é se a liberdade de ensinar encontra limites nas convicções pessoais dos alunos ou pode-se dar a despeito delas. Isso é o mesmo que avaliar – do ponto de vista oposto – se alunos gozam dos direitos de não terem suas concepções postas à prova e de não se sentirem ofendidos pelo fato de o ensino ser conduzido sob uma perspectiva distinta do que realmente creem, especialmente sobre pautas turbulentas.

Post regula a extensão da liberdade de ensinar, nesse particular, fornecendo uma interpretação do que entende por vedação da criação de um ambiente hostil de aprendizagem. Para isso, cuida de demarcar a diferença entre ridicularizar ou discriminar discentes em razão das suas convicções próprias e divergir deles. Hostilizar alunos quando da prática do ensino é circunstância que ocorre somente na primeira hipótese. Isso importa aceitar que a ninguém é dado o direito de não ter as suas preferências e convicções abaladas, mas todos têm, no contexto educacional, o direito de serem respeitados enquanto sujeitos. Quer dizer, no gozo da liberdade de ensinar, não detém o professor o direito de desrespeitar seus alunos, mas isso não quer dizer que tenha o dever de anuir com suas ideias.[106]

Além de uma clara desvirtuação do próprio processo educacional no caso de professores se verem obrigados a não adotar posturas que ecoem impopulares ao público discente,[107] se uma tal limitação à liberdade de ensinar de fato existisse, ela incontornavelmente desaguaria em um problema prático, qual seja o de demandar do professor que diagnostique o que poderia soar ofensivo

---

[105] POST, Robert C.; FINKIN, Matthew W. *For the common good*: principles of american academic freedom. New Haven: Yale University Press, 2009. p. 83.
[106] Ibid., p. 104 *et seq*.
[107] Ibid., p. 107.

e para quem. Isso é, competiria ao corpo docente executar planos de ensino tomando em consideração as sensibilidades individuais, os graus de tolerabilidade e a probabilidade de ofender sujeitos componentes de uma pluralidade, que é o corpo discente, o que, além de requerer um psicologismo impraticável, é contraproducente, como dito antes. Além disso, é bem de ver que exatamente quando estão em foco ideias impopulares ou controversas é que ocorre a maior propensão para se negar a liberdade de ensinar, quando é precisamente nessas circunstâncias que mais se precisa dela.[108]

Especificamente acerca da dimensão da liberdade acadêmica em análise, a AAUP publicou, em 2007, um Relatório temático intitulado *Freedom in the Classroom*, o qual foi assinado por Matthew Finkin, Cary Nelson, Ernst Benjamin, Eric Combest, além do próprio Robert Post, membros de uma Subcomissão da AAUP composta para elaborá-lo. O Relatório apresenta-se como um balanço do entendimento acerca do significado e alcance da liberdade em sala de aula desde a publicação da Declaração de Princípios de 1940. A propulsão para a sua feitura foi o laudo de que, frequentemente, estatutos universitários proíbem que professores desafiem as crenças pessoais dos estudantes.

À partida, empenhada em distinguir educação e doutrinação, a Subcomissão sublinha não constituir doutrinação a hipótese de um professor exigir de seus alunos que estudem temas que compõem ordinariamente a narrativa de uma disciplina, ainda que eles sejam controversos (p. ex., o estudo do evolucionismo na Biologia), mas o será se o comportamento do docente resvalar na impossibilidade de contestar o conhecimento apresentado. No mais, nem mesmo a adoção de um material didático (p. ex., livros e textos diversos) que aponte a solução de questões controversas em uma linha, negando a oposta, pode ser considerada um ato de doutrinação, pois a "designação de um livro atesta apenas que o trabalho é digno de discussão"[109] [trad. nossa].

No mesmo seguimento da posição adotada particularmente por Post acerca da prefiguração de ambientes hostis de aprendizagem, o Relatório denota que a "instrução não pode se dar em uma atmosfera de medo, que seria produzida estando um professor sujeito à sanção administrativa com base na reação idiossincrática de um ou mais alunos"[110] [trad. nossa]. Sobre esse aspecto, nos anos 90, a AAUP já grafava a ideia de que, no processo de ensino, possivelmente concepções que soam de mau gosto ou ofensivas serão externadas. A despeito disso, "em um *campus* livre e aberto, nenhuma ideia pode ser banida ou proibida. Nenhum ponto de vista pode ser considerado tão odioso ou perturbador que não possa ser apresentado"[111] [trad. nossa]. A ideia a que se filia

---

[108] Nesse seguimento, MURPHY, William. Academic freedom – an emerging constitutional right. *Law and Contemporary Problems*. n. 28, 1963. p. 448.

[109] AMERICAN ASSOCIATION OF UNIVERSITY PROFESSORS. *2007 Freedom in the classroom* – report. Disponível em: <https://graduate.asu.edu/sites/default/files/freedo-classrm-rpt.pdf>. Acesso em: 10 jun. 2016. p. 55.

[110] Ibid., p. 58.

[111] AMERICAN ASSOCIATION OF UNIVERSITY PROFESSORS. *1992 On freedom of expression and campus speech codes*. Disponível em: <https://www.aaup.org/NR/rdonlyres/CCB4207F-81FA-4286-8E25-40185AD74519/0/OnFreedomofExpressionandCampusSpeechCodes.pdf>. Acesso em: 03 ago. 2016. p. 38.

a Associação é a de que, muito embora justificável o temor quanto à eclosão de tensões geradas pela franca abertura do discurso inclusive a expressões de cunho racista, sexista, homofóbico ou etnicamente degradante, o estabelecimento de regras com base no conteúdo do discurso contradiz a missão das Instituições de Ensino. Assim, mesmo que seja certa (e devida) a propagação do descabimento de expressões discriminatórias, é preciso ter tolerância, especialmente com as ideias com as quais não se concorda.

Em publicações anteriores, a Aaup já tangenciava o tema, porém muito timidamente. Destaca-se, no particular, a Declaração designada *Freedom and Responsibility*, datada de 1970. Na oportunidade, ficou assentado que professores são imbuídos de uma responsabilidade especial referente à profissão. Ela diz com o dever de promover um debate livre, congregando, ao mesmo tempo, a liberdade de enunciação de opiniões diferentes e o dever de que a contestação não se dê de forma a ferir as pessoas.[112] Mais arrojadamente, em 1967, quando publicou a Declaração Conjunta de Direitos e Liberdades dos Estudantes, a Associação registrou que "se o padrão de vida da sala de aula é autoritário, [isso será] reproduzido ao longo de toda a instituição"[113] [trad. nossa].

A sensação de um espaço anárquico para o qual essas premissas podem apontar é, contudo, refutada por Post, como também o é pela própria Aaup. O suporte no qual se seguram é o argumento de que a liberdade de ensinar está sujeita a regras, sofre o disciplinamento exigido pela profissão docente, porém nunca tomando em conta o conteúdo da expressão. Esse é o preço a pagar num microespaço democrático, como são as Universidades. É preciso, pois, conviver com a diferença.

A rigor, é importante questionar se o deliberado afrouxamento da extensão da liberdade de ensinar faria as Instituições educacionais vítimas de um silenciamento indesejado. É dizer, se ao invés de alimentar o debate entre sujeitos que partilham de crenças diversas, a liberdade subverteria a postura dos atores envolvidos na prática discursiva, quais sejam os alunos e professores, deturpando (quando não anulando) a participação de alguns, supostamente oprimidos pela proliferação de ideias com as quais divergem ou mesmo as quais têm o condão de diminuir-lhes enquanto sujeitos ou membros de um grupo. Ainda mais que isso, compete avaliar se tal grau de permissividade transcenderia a mera expressão, descambando num meio atroz de proliferação do ódio e incitação de condutas odiosas.

Considerando a relevância desse questionamento – que, ao fim e ao cabo, remete à contumaz discussão acerca do designado *hate speech* e do *political correctness* –, Post advoga a prevalência do entendimento de que o espaço público é uma arena em que competem ideias distintas, e o Estado tem o dever de se manter neutro perante as diferenças. Apesar disso, ele chama a atenção para o

---

[112] AMERICAN ASSOCIATION OF UNIVERSITY PROFESSORS. *1970 Freedom and responsibility*. Disponível em: <https://www.aaup.org/report/freedom-and-responsibility>. Acesso em: 03 ago. 2016.
[113] AMERICAN ASSOCIATION OF UNIVERSITY PROFESSORS. *1967 Joint statement on rights and freedoms of students*. Disponível em: <http://scholarship.law.duke.edu/cgi/viewcontent.cgi?article=4064&context=lcp>. Acesso em: 12 abr. 2016.

fato de que a interação crítica depende de condições para que dela resulte uma deliberação racional, e essas condições, no mais das vezes, importam ingerências estatais. Trata-se do que ele designou "paradoxo do discurso público"[114] – o debate exige, simultaneamente, a ausência e a ocorrência de intervenções. E, nesse labirinto, a posição que adota é a de que intervenções que tendam a conduzir a uma forma específica de vida em comunidade devem ser vedadas, enquanto que aquelas que não o façam são justificáveis.[115]

Atento ao impacto do contexto sobre a definição da extensão da liberdade de expressão (e da liberdade acadêmica e de ensinar, em específico), Post se diz certo de que a posição de neutralidade estatal é prevalente entre as interpretações da Primeira Emenda à Constituição norte-americana, e que uma postura refratária à regulação de tal monta não encontra equivalência em contextos constitucionais distintos daquele.[116] Sua suposição é a de que a partilha de valores como o individualismo, nos EUA, mescla-se a uma real desconfiança em relação à intervenção do Estado em esferas de liberdade. O contrário ocorre, por exemplo, na Europa, em que há um hábito de deferência à autoridade política,[117] de sorte que normas que limitam o teor do discurso parecem ser mais toleráreis. No fim das contas, a questão é quão negociável é a liberdade e, portanto, em que dimensão a filtragem do discurso é justificável para assegurar a solidariedade social, e isso é cambiante conforme a história de cada sociedade.[118]

A compreensão de que ingerências na liberdade configuram uma espécie de défice democrático e que a maturidade de uma democracia equivale à ampliação das possibilidades de coexistência de ideias opostas, independent do seu teor, possui uma aceitação alargada, pelo menos como ponto de partida, entre interpretações de relevo da Constituição norte-americana. Assim, em síntese, destaca Ronald Dworkin que "em uma democracia, ninguém, por mais poderoso ou impotente, pode ter o direito de não ser insultado ou ofendido", e acresce que, se minorias desejarem ser protegidas contra a discriminação e assim versarem as leis, "elas devem estar dispostas a tolerar quaisquer que sejam os insultos daqueles que se opõem a tal legislação [...], porque só uma comunidade que permita esse insulto como parte do debate público pode legitimamente adotar tais leis"[119] [trad. nossa]. Daí a sua preocupação no sentido

---

[114] POST, Robert C. El concepto constitucional de discurso público. In. ——. *El Estado frente a la libertad de expresión*. Buenos Aires: Universidad de Palermo, 2011. p. 223.

[115] Ibid., p. 120 e 167 *et seq*.

[116] É importante ressaltar que mesmo no direito norte-americano essa posição não é uníssona. Avaliando a atuação da Suprema Corte, Anthony Lewis, v.g., afirma que, embora os americanos sejam o povo mais livre para pensar e dizer o que pensam, "os tribunais quase nunca foram garantidores constantes da liberdade de expressão", LEWIS, Anthony. *Liberdade para as ideias que odiamos* – uma biografia da Primeira Emenda à Constituição Americana. São Paulo: Aracati, 2011. p. 131.

[117] Assim, comparando a tradição norte-americana a outras, BRUGGER, Winfried. Proibição ou proteção do discurso de ódio? – algumas observações sobre o direito alemão e americano. *Direito Público*. n. 15, 2007. p. 130.

[118] POST, Robert C. Hate speech. In. HARE, Ivan; WEINSTEIN, James (Ed). *Extreme speech and democracy*. Oxford: Oxford University of Press, 2009. p. 132-8.

[119] DWORKIN, Ronald. The right to ridicule. *The New York Review of Books*. march 23, 2006.

de que, não raramente, conclamar o respeito ou a contenção equivale a corroborar com a formação de uma doutrina oficial do Estado. Ainda mais, quando se reporta à Academia, parece apontar na direção de que um "viver sincero" tem como consequência natural que as pessoas se ofendam no desenrolar dos debates.[120] No mesmo compasso, e também se referindo propriamente ao ambiente acadêmico norte-americano, Cass Sustein entende que códigos de discursos acadêmicos são letais à democracia. Categoricamente, ele aduz que "discursos racista, homofóbico ou sexualista, mesmo se ofensivos e danosos, não seriam reguláveis enquanto forem parte do intercâmbio de ideias", então "'códigos de discurso' das Universidades públicas são predominantemente inconstitucionais".[121]

É especialmente nesse ponto que fica bastante clara a ligação entre a liberdade acadêmica – e, por conseguinte, a liberdade de ensinar – e o princípio democrático. A Academia, na lição de Robert Post, é entendida como local de qualificação do discurso público. A especialização obtida com a formação acadêmica é uma ponte para robustecer a deliberação democrática. Em seu entendimento, o cidadão, em uma democracia, é aquele que participa da composição da agenda pública e sobre ela delibera.[122] A participação dos cidadãos no arranjo da opinião pública é exatamente o *continuum* nomeado discurso público. A rigor, a qualidade da participação individual no debate público está profundamente aliada ao que é chamado de competência democrática (*democratic competence*). Ela consiste no empoderamento cognitivo dos cidadãos para a participação no discurso público. Aqueles que possuem conhecimento especializado são menos vulneráveis à persuasão pautada em argumentos débeis e, além disso, tornam-se mais eficientes na fiscalização da atividade governamental.[123] Assim é que, se a liberdade acadêmica é um meio para a aquisição de competência para otimizar o discurso público, em última linha, a justificativa para a proteção da liberdade é a concreção do princípio democrático.

---

[120] DWORKIN, Ronald. Por que liberdade acadêmica?. In. ——. *O direito da liberdade*. São Paulo: Martins Fontes, 2006. p. 414-5.

[121] SUSTEIN, Cass. O discurso no estado de bem-estar social: a primazia da deliberação política. In. ——. *A constituição parcial*. Belo Horizonte: DelRey, 2009. p. 321. Sustein defende, contudo, que algumas limitações à expressão são cabíveis para promover uma melhor deliberação pública. Post chama tal postura de "teoria coletivista da liberdade de expressão", denotando que ela elege uma justificativa externa para restringir a autonomia individual, v. POST, Robert C. El error de Meiklejohn: la autonomía individual y la reforma del discurso público. In. ——. *El Estado frente a la libertad de expresión*. Buenos Aires: Universidad de Palermo, 2011. p. 171-204.

[122] Nesse aspecto, vale lembrar que Post é comumente tratado como um representante do denominado constitucionalismo popular. A aderência às bases dessa perspectiva de compreensão da relação entre interpretação constitucional e Poder Público não tem reflexos de pequena monta aqui. Sob seu ponto de vista, a legitimidade das decisões políticas está proximamente relacionada ao impacto da opinião pública nas pautas do Estado. O caráter promissor das decisões dos poderes constituídos é algo que depende do fomento contínuo do debate público sobre aquilo que será pauta de decisão estatal. Muito embora os traços principais da discussão que promova se atenha a elaborar um suporte de fundamentação para a legitimidade dos tribunais quanto à tomada de decisões em matéria constitucional, seus argumentos mais gerais se expandem para além desse propósito, e servem enquanto apelo à consideração da opinião pública na definição dos rumos do Estado. Para a relação entre participação pública e legitimidade das decisões estatais em Robert Post, v. BATEUP, Christine. The dialogic promise: assessing the normative potential of theories of constitutional dialogue. *Brooklyn Law Review*. n. 71, 2006. p. 62.

[123] POST, Robert C. *Democracy, expertise, and academic freedom*. Yale: Yale University Press, 2012. p. 33.

A dignidade de sua proteção se encontra na capacidade de instrumentalizar a participação dos cidadãos no debate público de maneira qualificada. Dessa sorte, na medida em que Instituições de Ensino servem ao interesse público, elas promovem o bem comum – então, a proteção da liberdade acadêmica se dá *"for the common good"*.[124]

Se a síntese do discurso de justificação geral da liberdade acadêmica é essa, é também sobre ela que se alicerça a proteção do conjunto de liberdades que a compõe. Assim sendo, o fim para o qual se pede a tutela jurídica da liberdade de ensinar é o resguardo de uma margem de atuação ao professor na medida necessária à consagração do processo educacional como um fator relevante na preparação de cidadãos para a dinâmica do debate público. A sala de aula é um local – embora, obviamente, não o único – de desenvolvimento da competência democrática, e o professor tem a responsabilidade profissional de coordenar a produção de conhecimento especializado, cuja funcionalidade traspassa os portões da Universidade e o interesse da comunidade acadêmica, apresentando-se como autêntico interesse coletivo.

3. Linhas de oposição

O que se deseja a seguir é apresentar algumas das proeminentes críticas interpostas à tese apresentada no direito norte-americano. Do versado até esta etapa, pode-se dizer que tal tese consiste na compreensão de que a liberdade acadêmica corresponde a um plexo de liberdades profissionais que são juridicamente tuteladas por desempenharem um papel importante na formação dos cidadãos, os quais continuamente participam do debate público sobre questões relevantes à democracia. Assim sendo, considerar a existência de linhas de oposição a ela consiste em admitir o esboço de argumentos contrários a pelo menos um dos seus elementos caracterizadores.

As linhas de oposição foram traçadas retirando-se do teor das diversas abordagens referentes à liberdade acadêmica que com a tese da *"for the common good" school* dialogam – confessadamente, ou não – o argumento com maior aptidão para minar a adequação do modelo explicativo em análise. Com isso, formaram-se três categorias de oposição, as quais foram reunidas em grupos – a oposição ao fundamento da tutela jurídica da liberdade acadêmica, ao mapa de dimensões (ou tipos de liberdades) que a compõe e à existência de um autêntico direito à liberdade acadêmica.

Ao passo que supostamente afetam o tratamento até então conferido à liberdade acadêmica, o mesmo fazem em relação às suas dimensões. É por isso que as críticas a seguir devem ser entendidas como referentes à liberdade de ensinar, no modo em que aqui foi concebida, ainda quando seus reflexos sejam apenas mediatos.

---

[124] POST, Robert C.; FINKIN, Matthew W. *For the common good: principles of american academic freedom*. New Haven: Yale University Press, 2009. p. 215.

3.1. Oposição ao fundamento – a liberdade acadêmica não se justifica "for the common good"

Três principais vieses de fundamentação da liberdade acadêmica opõem-se à teoria aqui versada.

O primeiro deles é aquele que se pode chamar de tese do livre mercado de ideias, consagrado, no direito norte-americano, no voto dissidente do *Justice* Holmes, por ocasião do julgamento de *Abrams vs. United States*,[125] na Suprema Corte. Nele foi sedimentado o entendimento de que uma democracia constitui um verdadeiro mercado de ideias *(marketplace of ideas)*, de modo que restrições à expressão só se justificam perante perigo claro e iminente *(clear and present danger)*. Quer dizer, é preciso vigilância contra tentativas de reduzir a liberdade de expressão, cabendo intervir em seu exercício apenas a título excepcional. O nomeado *clear and presente danger test* surge, então, para demarcar as bases interpretativas da liberdade de expressão, determinando que o Estado somente deva interferir na liberdade quando o seu gozo incitar ou produzir uma ação violenta ou tiver potencial para produzir uma reação violenta por parte dos ouvintes, e essa violência não puder ser prevenida. A primazia da liberdade de expressão mostra-se, de então, redutora das possibilidades de contenção do discurso, e para a filtragem do que é (ou não) cabível, há que se considerar a diferença entre defender uma ideia, o que é permitido, e gerar, com a sua exposição, uma circunstância de perigo, hipótese não acobertada pela liberdade de expressão.[126]

Ainda em seu voto, Holmes alertou para o fato de que, quando se está convicto de uma posição, é natural defendê-la contra argumentos contrários, sendo que "o melhor teste de verdade é o poder do pensamento de ser aceito numa livre competição de mercado"[127] [trad. nossa]. Note-se nisso a convicção de que a concorrência de posições diferentes naturalmente resultará na seleção de boas ideias e afastará as indesejadas e, nesse jogo, a figura do Estado é não só supérflua, dado o potencial de regência própria do mercado, como é, para mais que isso, indesejada. Aceitá-la seria o mesmo que conceder a atores governamentais o poder de construir uma narrativa oficial do que convém, ou não, sobre assuntos diversos.

A expectativa de que seja possível alcançar a verdade arriscando-se ideias livremente encontra suas bases em John Stuart Mill. Em sua acepção, o correto é o que nasce em um ambiente de amplo debate social, em que os erros são retificados por ocasião do discurso. Não se pode dizer de algo, a princípio, que seja falso, e é precisamente por isso que eliminar uma ideia com o uso da força do Estado soa impróprio. Observe-se que a verdade constitui, pois, um valor,

---

[125] V. nota 59.
[126] Um percurso na jurisprudência da Suprema Corte norte-americana sobre a extensão da liberdade de expressão e o compassado erguimento dessa fórmula é encontrado em SARMENTO, Daniel. A liberdade de expressão e o problema do "hate speech". *Revista de Direito do Estado*. v. 4, 2006. p. 53-106.
[127] USA. Supreme Court of the United States. *Abrams vs. United States*, 250 U.S. 616, 1919. Disponível em: <http://www.law.cornell.edu/supremecourt/text/250/616>. Acesso em: 30 nov. 2014.

reveste-se da condição de fim, e persegui-lo é um hábito que consiste no "único fundamento estável para uma justa confiança [na própria opinião], porquanto, tendo consciência de que tudo pode ser dito contra si [...], e tendo tomado sua posição em relação a todos os contraditores [...], tem direito a pensar que o seu julgamento é melhor".[128]

Pois bem, o ponto de intersecção entre tal processo de procura da verdade desenhado por Mill e a tese do livre mercado de ideias é exatamente o pressuposto de que a liberdade de expressão é um instrumento de que depende o alcance da verdade. Se se pode dizer que, naquela primeira acepção, a verdade é um atributo das ideias advindas de um esclarecimento da razão, nessa última, ela é puramente o resultado de um confronto. Sua legitimidade se dá pelo procedimento, qualquer que seja o resultado a que ele leve,[129] daí serem as melhores ideias as sobreviventes de um jogo argumentativo.

Muito embora o caso *Abrams*, e, em particular, o voto do *Justice* Holmes, não se refiram propriamente à liberdade acadêmica, a remissão a eles como marcos relevantes da narrativa acerca do tema na Suprema Corte se dá pelo fato de que a pauta de julgamento, na oportunidade, é o significado e alcance da Primeira Emenda à Constituição norte-americana, na qual se encontra previsto o direito à liberdade de expressão, o qual, teoricamente, importa a proteção de qualquer tipo de discurso – portanto, inclusive, o acadêmico. Entende-se, pois, que a Emenda objetiva proteger o discurso enquanto tal, a própria prática comunicativa aonde quer que ela ocorra.[130] A justificativa para isso é que os processos comunicativos formam a opinião pública, tendo ela a potencialidade de ser vertida em legislação. Se isso é assim, faz-se fundamental reconhecer a todos – inclusive aos atores do processo educacional – legitimidade democrática, é dizer, habilitação para influenciar as instituições do Estado, tornando-as sensíveis a seus apelos.

O consenso quanto ao despropósito de interferências no discurso e a crença de que a dinâmica da comunicação a regula, dando-lhe continuidade, passam, assim, à condição de pressupostos interpretativos da liberdade acadêmica. Qualquer regulação do *campus* é inibitória do discurso, porque nele, tal como em outros fóruns públicos, tudo vale a pena ser dito. Apoiar a proteção da liberdade acadêmica na tese do livre mercado de ideias é considerá-la uma decorrência da Primeira Emenda e, ao mesmo tempo, aceitar que se trata de uma liberdade que dispensa a regência por normas. É exatamente com isso que Post não concorda.

---

[128] MILL, John Stuart. *Da liberdade de pensamento e expressão*. Lisboa: Dom Quixote, 1976. p. 20.

[129] Normalmente, a associação entre Mill e a tese do *marketplace of ideias* é feita sem ressalvas. A ressalva a qual se deu evidência é encontrada em Jónatas Machado, que prefere tratar "a procura da verdade" e "o livre mercado de ideias" como teses de fundamentação distintas da liberdade de expressão, afirmando, inclusive, que elas conduzem a resultados diferentes. Em se tratando de uma questão tangencial, sem impacto relevante aqui, o cabimento, ou não, dessa diferenciação não será discutido. Para mais, v. MACHADO, Jónatas E. M. *Liberdade de expressão*: dimensões da esfera pública no sistema social. Coimbra: Coimbra, 2002. p. 247.

[130] Apresentando essa perspectiva como a usual interpretação da Primeira Emenda à Constituição norte-americana e criticando-a, entre outras razões, por não se aplicar a todo espaço, cf. POST, Robert C. Recuperating first amendment doctrine. *Stanford Law Review*. v. 47, 1995. p. 1249-81.

Suas ressalvas em relação à aplicação do modelo do livre mercado de ideias à liberdade acadêmica se fundam em dois argumentos principais.[131] Em primeiro lugar,[132] a metáfora carrega problemas congênitos que dizem respeito à desconsideração do fato de que nenhuma arena de discurso é plana, de modo que assimetrias quanto às posições ocupadas pelos integrantes do debate resvalam numa maior ou menor capacidade de influenciarem na formação de opiniões. É parte da relação educacional algum desnivelamento, e isso se deve ao fato de que professores são profissionalmente responsáveis por conduzir o processo de criação de conhecimento. Por causa disso, ainda que se possa advogar que a educação é um empreendimento conjunto, também é certo que parte dos agentes nele envolvidos foram previamente treinados numa determinada área, o que lhes confere competência para dirigir o processo. Assim, é necessário assegurar tanto a responsabilidade profissional do professor no pertinente à execução de um plano disciplinar em relação ao qual tem especialidade, quanto a participação ativa dos alunos no processo de produção de conhecimento, de maneira que esses últimos não se sintam constrangidos a autocensurarem ideias, especialmente quando elas forem incompatíveis com as do corpo docente.[133]

O aspecto subsequente que desencoraja o uso da tese como justificativa para a proteção da liberdade acadêmica ata-se ao fato de que, ao contrário do que é tradicionalmente sustentado quando em causa a arena pública, nas Universidades, nem tudo merece ser dito. O conhecimento, para que seja confiável, é preciso estar submetido a padrões disciplinares. Ele depende de um rigoroso juízo quanto à sua pertinência em termos científicos. Além do mais, ele é construído por intermédio de métodos próprios e continuamente submetido à revisão. Isso é incompatível com a posição de neutralidade associada à interpretação da liberdade de expressão conforme a teoria do mercado de ideias.

Em síntese, como também conclui Frederick Schauer, a questão é que há uma diferença entre o fato de as Instituições de Ensino contribuírem para o mercado de ideias e serem, elas mesmas, um mercado de ideias.[134] Para que sejam efetivas na formação de cidadãos competentes para participarem do discurso público, elas requerem a regulação das suas atividades.

A segunda vertente de fundamentação da liberdade acadêmica distinta daquela aqui defendida é aquela que assenta a proteção do direito no designado individualismo ético. É o que faz, por exemplo, Ronald Dworkin.[135] Seu ponto de partida é, igualmente, a crítica à tese segundo a qual, na Academia, o confronto desregulado de ideias tem como consequência uma aproximação

---

[131] A tese do mercado de ideias recebe críticas herdadas da tese econômica do livre mercado, conforme INGBER, Stanley. The marketplace of ideas: A legitimizing myth. *Duke Law Journal*. n.1, 1984. p. 16-7.

[132] Para as críticas do autor, cf. POST, Robert C. *Democracy, expertise and academic freedom*. Yale: Yale University Press, 2012. p. 08 *et seq.*

[133] Assim também, MACFARLANE, Bruce. Re-framing student academic freedom: a capability perspective. *Higher Education*. v. 63, n. 6, 2012. p. 722.

[134] SCHAUER, Frederick. The permutations of academic freedom. *Arkansas Law Review*. v. 65, 2012. p. 201.

[135] O desenvolvimento a seguir é especialmente extraído de DWORKIN, Ronald. Por que liberdade acadêmica?. In. ——. *O direito da liberdade*. São Paulo: Martins Fontes, 2006. p. 390-415.

da verdade, contudo, a razão principal pela qual concebe insuficiente esse modelo explicativo é, em parte, distinta. Dworkin assinala que a justificativa pautada no livre mercado de ideias possui uma configuração instrumental, isso é, a proteção da liberdade acadêmica se dá em virtude do intuito de que seja alcançada uma espécie de verdade objetiva, sendo que tal argumento é falho por duas razões. Em primeiro lugar, ele gera uma expectativa falsa de que o confronto de ideias sem quaisquer tipos de condicionamentos produzirá um conhecimento inquestionavelmente verdadeiro e – mais que isso – útil. Nesse aspecto, aproxima-se da crítica empreendida por Post no sentido de que alguma restrição à liberdade acadêmica é condição para a gestação de conhecimentos academicamente relevantes. Aponta também que o argumento está fundado em bases inconciliáveis com certo relativismo que marca a concepção do que seja verdadeiro, quer dizer, se o que se crê verdadeiro é uma questão subjetiva, tal verdade objetiva é uma ficção que enfraquece o modelo. Em segundo lugar, entende que instrumentalizar a proteção da liberdade acadêmica significa desconsiderar que ela seja um valor cuja proteção decorre de sua condição enquanto tal.

O redesenho que propõe firma-se na compreensão de que a liberdade acadêmica desempenha um papel ético relevante tanto sobre aqueles afetados diretamente por seu exercício, quanto sobre a comunidade em geral. Ela garante que professores possam desempenhar suas atividades acadêmicas tomando em consideração as suas convicções e crenças próprias. A autorrealização plena dos docentes depende de uma esfera de liberdade dentro da qual possam fazer escolhas importantes, conformadas às suas acepções individuais de verdade. É por essa razão que, na sintonia do individualismo ético, professores possuem uma genuína responsabilidade de ensinar o que julgam verdadeiro. Trata-se, nas palavras de Dworkin, de uma "responsabilidade profissional que se aproxima o mais possível da responsabilidade ética fundamental, que, segundo os ideais do individualismo ético, incumbe a cada ser humano",[136] qual seja, a responsabilidade de conduzir a vida em harmonia com as percepções subjetivas de verdade.

Para que professores possam levar suas vidas da melhor forma possível, conforme as suas crenças pessoais, precisam ser livres para tomar decisões no âmbito da gestão do processo educacional da maneira que compreendem ser correto. Com isso, deliberações quanto ao conteúdo e ao método de ensino, por exemplo, ou acerca do objeto de uma pesquisa, são escolhas que corroboram a concretização da autonomia individual, ou seja, evocam a autodeterminação do sujeito, no exercício de sua profissão. Como consequência, o cerceio dessa dimensão da liberdade individual é provocador de danos imediatos ao sujeito, que tem sua capacidade de autodesenvolvimento tolhida e, para mais que isso, é prejudicial a toda a comunidade, na medida em que embaça a concreção de uma cultura de independência de ideias.

---

[136] DWORKIN, Ronald. Por que liberdade acadêmica?. In. ——. *O direito da liberdade*. São Paulo: Martins Fontes, 2006. p. 402.

A fundamentação para a tutela jurídica da liberdade acadêmica em Dworkin tem manifesta configuração neokantiana. Cabe lembrar que, em Kant, o esclarecimento é a saída do homem da minoridade para a maioridade intelectual. Isso ocorre quando o indivíduo passa a se valer de seu próprio entendimento, dispensando a tutela de outrem.[137] De então, goza da possibilidade (e do dever) de pautar a vida segundo convicções próprias. É isso que lhe assegura a autonomia. A vontade autônoma é a vontade livre, ou seja, a que obedece a lei moral criada para si mesmo,[138] quer dizer, não sofre constrangimentos práticos. No mais, guiar-se conforme leis autoimpostas é o que faz do homem autônomo, e é isso que lhe confere dignidade.[139] Nesse processo, a educação tem uma função essencial. Ela serve para formar sujeitos autônomos, quer dizer, que pensam por si mesmos. Dito de outra maneira, a educação coordena a razão, disciplina o indivíduo, de modo que suas deliberações sejam naquela fundadas.[140]

A liberdade de que trata é uma especial característica do uso público da razão. Cada indivíduo, quando "fala ao verdadeiro público [...] desfruta de uma liberdade ilimitada de servir-se de sua própria razão e de falar em seu próprio nome".[141] A par disso, quando do exercício de determinadas funções em virtude da ocupação de postos especiais na sociedade – tal como ocorre no caso dos professores –, o indivíduo goza apenas do uso privado da razão, ou seja, comporta-se nos termos de determinados condicionamentos para que os fins da atividade exercida sejam atingidos. Mesmo nesse caso, contudo, ele não age contrariamente à sua consciência, pois não diz de algo o que quer porque não pode, é sabido que tem de se manifestar em conformidade com a função que desempenha e, além disso, não lhe é suprimida a possibilidade de, à margem desse contexto, fazer o uso público da razão para discutir as mesmas questões sem constrangimentos.

Para mais que tudo isso, além de se conduzir segundo convicções próprias, cada um tem o direito de receber do outro aquilo que este crê ser verdadeiro. Em outras palavras, embora ninguém tenha direito a uma verdade objetivamente considerada, porquanto inexistente, é legítimo esperar de todos que se manifestem conforme suas verdades subjetivas. Ainda mais claramente, "o homem tem direito à sua própria veracidade *(veracitas)*, isto é, à verdade subjetiva na sua pessoa", e não poderia ser diferente já que "no plano objectivo, ter direito a uma verdade equivaleria a dizer que depende da sua vontade [...] que uma dada proposição deva ser verdadeira ou falsa".[142]

O diálogo que trava com Kant faz da fundamentação da liberdade acadêmica prosseguida por Dworkin compromissada, em sua gênese, com o

---

[137] KANT, Immanuel. Resposta à pergunta: O que é o esclarecimento?. In. ———. *Textos Seletos*. 3. ed. Petrópolis: Vozes, 2005. p. 63.

[138] WEBER, Thadeu. Autonomia e dignidade da pessoa humana em Kant. *Direitos fundamentais e Justiça*. n. 9, 2009. p. 243.

[139] Ibid., p. 239-41.

[140] KANT, Immanuel. *Sobre a pedagogia*. 2. ed. Piracicaba: UNIMEP, 1999, especialmente p. 11-36.

[141] KANT, Immanuel. Resposta à pergunta: O que é o esclarecimento?. In. ———. *Textos Seletos*. 3. ed. Petrópolis: Vozes, 2005. p. 71.

[142] KANT, Immanuel. Sobre o suposto direito de mentir por amor à humanidade. In. ———. *A paz perpétua e outros opúsculos*. Lisboa: Edições 70, 1988. p. 174.

corolário de que a autonomia é uma condição do indivíduo. Como se pode notar, o foco da tutela da liberdade acadêmica é o indivíduo que dela depende para se realizar plenamente. Não há um fim externo, uma finalidade instrumental em seu trato jurídico.

Post não dedica alargado empenho em contraditar essa tese. A energia que emprega é confessadamente maior para refutar a fundamentação da liberdade acadêmica fincada na acepção de Universidades como autênticos mercados livres de ideias. Tangencialmente, contudo, afirma que, se é verdade que o indivíduo se encontra estritamente pautado em suas convicções, então seria necessário aceitar que ele poderia (ou, ainda mais exatamente, deveria) professar algo mesmo que isso representasse uma ameaça à ordem política ou à qualidade do ensino,[143] como se não houvesse uma responsabilidade social envolvida na educação, que merecesse tanta consideração quanto a expectativa de autorrealização individual do professor.

Nesse sentir, é pertinente a observação de Jónatas Machado nos termos da qual uma dificuldade das "concepções radicalmente individualistas, atomistas e solipsistas [é] hipostasiarem a dimensão negativa dos direitos".[144] Pois bem, o compromisso de Dworkin é, francamente, com o erguimento de uma base de fundamentação da liberdade cujo distintivo é a atenção em assegurar aos indivíduos a realização de sua autonomia no exercício da profissão que desempenham. O ponto alto da fundamentação da liberdade acadêmica é pontilhar um círculo de incolumidade individual, ainda que o próprio autor aluda (secundariamente) à necessidade de criação de regras (portanto, a ações positivas) para a produção de conhecimentos científicos.[145]

A terceira oposição quanto ao fundamento da liberdade acadêmica evoca o diálogo porventura mais constante na doutrina norte-americana acerca desse direito, atualmente, que é o travado entre Robert Post e Stanley Fish. Segundo Fish, professores desenvolvem "apenas um trabalho",[146] quer dizer, eles são contratados para que desempenhem funções acadêmicas, sofrendo, portanto, condicionamentos exigidos pela profissão. Nesse ponto, sua tese se alinha àquela defendida por Post. Contudo, à diferença desse último, Fish não considera que a proteção da liberdade acadêmica de alguma forma sirva à democracia como finalidade essencial. A tarefa da educação, em geral, e da liberdade acadêmica, em particular, é formar profissionais, e como isso se dará é algo a ser definido "por contrato e [considerado o] catálogo de cursos, em vez de por uma visão de democracia ou a paz mundial"[147] [trad. nossa]. O ponto central da

---

[143] POST, Robert C. *Democracy, expertise and academic freedom*. Yale: Yale University Press, 2012. p. 10.

[144] MACHADO, Jónatas E. M. *Liberdade de expressão*: dimensões da esfera pública no sistema social. Coimbra: Coimbra, 2002. p. 287.

[145] Os administradores institucionais podem, por exemplo, decidir, dentro de limites, o currículo dos cursos, v. DWORKIN, Ronald. Por que liberdade acadêmica?. In. ——. *O direito da liberdade*. São Paulo: Martins Fontes, 2006. p. 394.

[146] A fonte principal de aporte, aqui, é FISH, Stanley. *Versions of academic freedom* – from professionalism to revolution. Chicago: The University of Chicago Press, 2014, especialmente, p. 20-36.

[147] FISH, Stanley. *Versions of academic freedom* – from professionalism to revolution. Chicago: The University of Chicago Press, 2014. p. 10.

tese de Fish é, pois, a perspectiva de que as Instituições de Ensino são executoras de um projeto de profissionalização, ou seja, elas existem para que formem profissionais dotados dos conhecimentos demandados pelo mercado.

Esse aspecto do plano de justificação da *"just a job" school* afeta, diretamente, a amplitude da liberdade acadêmica. Pode-se dizer que o seu efeito é um enxugamento do âmbito de proteção da liberdade, e as razões para isso são bem definidas. Fish compreende que a liberdade acadêmica abriga a possibilidade de discussão sobre assuntos que compõem a agenda política de uma maneira diferente daquela que Post acredita ser possível (e necessária). Ele crê que, em que pese qualquer tema possa ser discutido na Academia, incumbe ao professor apresentá-los pedindo aos alunos que os analisem sem tomar posição sobre as questões que os envolvem. O projeto de Fish é neutralizar a Academia, excluindo dela controvérsias políticas. Ora, se o fim da tutela da liberdade acadêmica é tão só a formação de profissionais – não, como quer Post, a participação qualificada de cidadãos no discurso público –, então a expectativa que se deposita no processo educacional não exige, *per si*, que alunos rascunhem suas posições sobre temas controversos, bastando (se isso for mesmo necessário) que os conheça.

Post chama essa visão de "demasiado estreita e paroquial do profissionalismo acadêmico"[148] [trad. nossa] e diz não acreditar que, concretamente, possa-se evitar controvérsias políticas nas salas de aula. Isso se deve à roupagem do ensino superior, que não envolve a mera transmissão de conhecimentos, mas, igualmente, a formação do caráter intelectual dos alunos, a saber, a sua maturidade.[149] Como ele próprio admite, o crédito de Fish é a tentativa de distinguir o trabalho acadêmico da doutrinação política. Ocorre que o passo que dá é largo demais.[150] Com o intuito de proteger a autonomia da profissão acadêmica, Fish acaba depositando uma expectativa muito modesta nas Instituições de Ensino, na educação e no papel desempenhado pelos professores. "Não faça o trabalho de outra pessoa",[151] escreve Fish para esses últimos, desejando que se limitem a transmitir conhecimentos sem emitir juízos.

A filtragem empreendida com vistas a eliminar controvérsias políticas da sala de aula não ocorre por outra razão que pelo entendimento de que as Universidades não são espaços relevantes para isso. O argumento de Fish de que a Academia não têm a função de "salvar o mundo"[152] proclama algo um tanto óbvio. Contudo, no ímpeto de delimitar as suas funções, restringe-as em demasia. A conclusão a que chega é a de que a *"for the common good" school* nega a existência de um conjunto de recursos à margem da Academia que contribui

---

[148] POST, Robert C. The job of professors. *Texas Law Review*. v. 88, n. 185, 2009. p. 190.

[149] Aparentemente, ele considera que esta é mais uma característica do ensino na graduação do que na pós-graduação, pois essa ultima configura um treino para o exercício de uma profissão, v. POST, Robert C. The job of professors. *Texas Law Review*. v. 88, n. 185, 2009. p. 188.

[150] POST, Robert C. Why bother with academic freedom?. *FIU Law Review*. v. 9, 2013. p. 20.

[151] FISH, Stanley. *Save the world on own time*. Oxford: Oxford University of Press, 2008. p. 08.

[152] Ibid., *en passant*.

para a formação dos cidadãos, o qual abrange desde a educação dada pelos pais até a impressa, daí adjetivar como elitista essa última tese.[153]

Ocorre que essa afirmação não só não é feita de forma manifesta por Post, como não parece mesmo ser uma inferência natural dos desdobramentos da sua teoria. A única coisa que certamente requer seja admitida é que as Universidades constituem as únicas instituições que produzem (e reproduzem) conhecimento especializado a partir de padrões disciplinares, e esse tipo de conhecimento, sistematicamente, só é desfrutado nelas, daí a sua relevância, o que, de longe, não quer dizer que se trata da única instância importante de obtenção de conhecimento.

Pelo que se pode notar, a objeção de Post se abre com a discordância no tocante à finalidade de proteção da liberdade acadêmica – que, segundo a escola, não há que ser externa às Instituições, sob pena de deturpar o trabalho acadêmico – e se espalha até a questão do alcance de tal direito, que é evidentemente menos generoso na visão de Fish por causa do modelo de justificação que adota.[154] Se o ponto de partida da objeção à escola há que ser mesmo as motivações que apresenta para a tutela da liberdade, é pertinente aduzir, por fim, com esteio em Lawrence Alexander, que o completo isolamento de expectativas externas do plano de justificação da liberdade acadêmica desejado por Fish é tão alegórico quanto insustentável. Se a Academia não servisse a qualquer finalidade social, sequer haveria razão para a sociedade apoiar o empreendimento acadêmico.[155]

Na expressão de Eric Barendt, a justificação da liberdade acadêmica se baseia em argumentos ora consequencialistas, ora não consequencialistas.[156] Ele chama de consequencialistas as vertentes que evocam a proteção da liberdade acadêmica como um instrumento para que se chegue a um fim distinto da satisfação pessoal. A tese da tutela da liberdade acadêmica para o bem comum, bem como as designadas *marketplace of ideas theory* e *"just a job" school* se inserem, cada uma a seu modo, nesse quadrante – a primeira tem como fim a concretização do princípio democrático, a segunda o avanço do conhecimento e a terceira a formação de profissionais. De outra banda, a tese do individualismo ético melhor se ajusta à vertente não consequencialista. Isso porque o argumento para a proteção da liberdade acadêmica é que ela muito mais constitui um valor intrínseco do que serve a um fim coletivamente relevante. Portanto, na tela de contraposições produzida, pode-se afirmar que a demarcação da teoria da proteção da liberdade acadêmica *"for the common good"* se dá em oposição a vieses de fundamentação das duas naturezas. Em face deles, a tese oferece razões de relevo no sentido de sua pertinência.

---

[153] FISH, Stanley. *Versions of academic freedom* – from professionalism to revolution. Chicago: The University of Chicago Press, 2014. p. 47.

[154] Stanley Fish responde às criticas de Post, na essência reafirmando o seu próprio posicionamento, em FISH, Stanley. My response. *FIU Law Review*. v. 9, 2014. p. 191-205.

[155] ALEXANDER, Lawrence. Fish on academic freedom: a merited assault on nonsense, but perhaps a bridge too far. *FIU Law Review*. v. 9, 2013. p. 08, que, apesar disso, não partilha a concepção de que o fim da Universidade seja produzir cidadãos bem informados, embora esse seja o que chama de "subproduto" das suas atividades.

[156] BARENDT, Eric. *Academic freedom and the law*: a comparative study. Oxford: Hart, 2010. p. 57-63.

3.2. Oposição ao mapa de dimensões – a liberdade acadêmica não é composta pela dimensão extramuros

Como se tem sustentando, a liberdade acadêmica abarca um conjunto de camadas bem definidas fundamentadas nas Declarações de Princípios produzidas pela AAUP, na primeira metade do século XX, e corroborada por Post. Ela é, assim, constituída pelas liberdades de ensinar, pesquisar e divulgar o pensamento e expressar ideias extramuros (contidas expressamente nos referidos documentos), assim como pela liberdade de expressar posições intramuros (implicitamente contemplada neles).

Parece haver algum consenso quanto ao pertencimento das liberdades de ensinar, de pesquisar e divulgar o pensamento e de manifestar opiniões intramuros ao âmbito de proteção geral da liberdade acadêmica, a despeito de, obviamente, isso não sugerir uma concordância generalizada quanto aos seus significados e alcances. *A contrario sensu*, reincidentemente levantam-se dúvidas quanto à composição da liberdade acadêmica pela dimensão extramuros. As objeções à referida dimensão se sustentam em uma afirmação específica, qual seja a de que ela pertence ao âmbito de proteção da liberdade de expressão, porque seu exercício não reclama a manifestação do professor enquanto profissional, mas enquanto cidadão.

Nesse sentido, Edward Shils aponta que conversas, reuniões ou debates que envolvam professores, mesmo quando ocorrerem nas instalações da Universidade mas não se relacionarem ao currículo, acaso cerceadas, não constituirão violações à liberdade acadêmica, mas à liberdade do cidadão. O mesmo ocorre com a "demissão de um professor que, fora da Universidade, na sua qualidade de cidadão, declara seu apoio a um partido político"[157] [trad. nossa]. Assim também, para Hunter, não só não há necessidade de se falar em liberdade acadêmica quando em pauta o que ele chama de *extracurricular speech*, como considerá-la só teria efeitos perversos para os professores, visto que a única forma de protegê-los contra ingerências institucionais quando se manifestam fora do contexto do *campus*, é considerá-los iguais a quaisquer cidadãos.[158] "Visto como um cidadão, o professor [...] deve ser protegido da mesma forma que está um falante na esquina da rua" [trad. nossa], destaca, no mesmo ritmo, Owen Fiss.[159]

Frederick Shaffer coloca-se na mesma condição de oposição. Ele sustenta que, ao contrário das liberdades de ensino e pesquisa, a manifestação extramuros não tem nenhuma relação natural com a Universidade. Nota, ainda, que as Declarações de 1915 e 1940 se referem a uma faculdade de fala do professor na condição de cidadão. Em resumo, seria ilógico que do exercício profissional surgisse um direito autônomo de participação na opinião pública.[160]

---

[157] SHILS, Edward. Do we still need academic freedom? *Minerva*. v. 32, 1994. p. 79-98.

[158] HUNTER, Howard O. The constitutional status of academic freedom in the United States. *Minerva*. v. 19, 1981. p. 519-68.

[159] FISS, Owen M. The democratic mission of the university. *Albany Law Review*. v. 76, 2013. p. 750.

[160] SHAFFER. Frederick P. A guide to academic freedom. *Journal of Collective Bargaining in the Academy*. n. 9, 2014. p. 1-53.

No mesmo seguimento, William Van Alstyne afirma que a percepção de que professores merecem uma proteção especial enquanto cidadãos encobre uma crença de que eles compõem uma elite excepcional, distinta dos demais participantes do discurso público, e o efeito adverso da tentativa de protegê--los de maneira qualificada é que esse empreendimento se mostra substancialmente mais inibidor das liberdades civis dos professores quando comparados a outros tipos de profissionais.[161] Suponha-se, como exemplo, que um professor de Psicologia Behaviorista, em um jornal local, afirme que a Astrologia é o fundamento determinante do comportamento humano. Posto que o teor da manifestação está associado à sua área de especialidade, é provável que recaia sobre o docente uma desconfiança quanto à sua *expertise* e da aplicação do chamado princípio controlador resulte a sua demissão legítima. Mas se se advoga que a expressão do cidadão nada diz com a sua condição de professor, então não existiriam razões válidas para que se empregue qualquer sorte de punição institucional em virtude do teor de sua fala.

Sob tais perspectivas, o conceito de liberdade acadêmica traçado em linhas gerais pela Declaração de Princípios de 1915 merece ser drenado. Elas apontam que as condutas associadas à liberdade extramuros são, ao fim e ao cabo, manifestações da liberdade de expressão. Inversamente, Robert Post não julga que as razões apresentadas sejam realmente persuasivas.

Numa avaliação dos contra-argumentos à cobertura da liberdade extramuros pela liberdade acadêmica, Post reforça que a proteção almejada tem caráter preventivo diante da insuperável dificuldade de distinguir quando professores falam na condição de profissionais e de cidadãos, sendo necessária a criação de condições para que tal dúvida não desemboque numa autocensura por parte dos docentes. É que, por não saberem em que circunstâncias se encontram, eles podem acabar optando por não exporem suas opiniões temendo subsequente punição institucional. Quer-se com isso dizer que é conveniente reduzir a vulnerabilidade característica das relações de emprego e criar uma atmosfera de confiança na Academia. Trata-se de uma estratégia para suportar que professores deem prosseguimento a suas atividades curriculares (entre as quais aquelas alinhadas ao ensino) sem temor.

3.3. Oposição no plano da existência – a liberdade acadêmica não é um direito subjetivo ou sequer é um direito

George Wright afirma haver uma ambiguidade irretorquível entre as liberdades individuais e institucionais na conjuntura da educação.[162] Esse conflito parece sinalizar para a necessidade de uma opção: ou bem a liberdade acadêmica é um direito subjetivo que protege o corpo docente ou ela é uma garantia da

---

[161] ALSTYNE, William W. Van. The specific theory of academic freedom and the general issue of civil liberty. *William & Mary Law School Scholarship Repository*. paper 792, 1972. p. 140-56.

[162] WRIGHT, George. The emergence of first amendment academic freedom. *Neb. L. Rev.* n. 85, 2007. p. 793-829, destacadamente, p. 805.

autonomia das Instituições de Ensino para a regência do processo educacional conforme as regras que criam. Diante de um desajuste entre a existência de um direito individual à liberdade acadêmica (e às suas dimensões) e um nicho de liberdade institucional, a solução poderia ser a anulação do primeiro.

Indo-se ainda mais longe, é de cogitar que esse conflito sequer seja real. Isso porque, qualquer que seja a hipótese, o resultado será sempre o mesmo – é a dimensão institucional que merecerá relevo. Esse argumento alvitra que a liberdade acadêmica não constitui um direito subjetivo.

No enfrentamento da questão, a referência obrigatória no direito norte-americano é *Gilmore vs. Urofsky*,[163] caso decidido pelo Tribunal de Apelação do Quarto Circuito, que teve, na expressão do *Judge* Wilkins, autor do voto que ergueu a posição majoritária da Corte, a incumbência de resolver a questão central de saber se os professores possuem um direito de determinação autônoma, quer dizer, sem ingerência da Universidade (e, inclusive, em sentido contrário às suas diretrizes) quanto ao objeto das suas pesquisas e o desempenho das funções de ensino, ou se, ao revés, é a Universidade que traça o diâmetro de atuação docente, sendo a liberdade um direito a ela inerente, não a professores individualmente considerados.[164] O recurso ao Tribunal de Apelação foi interposto em virtude da decisão precedente tomada pelo Tribunal Distrital do Leste da Virgínia, em 1998, em que ficou firmado que restrições às escolhas dos professores descambariam também sobre os alunos, que passariam a obter um entendimento editado das temáticas ensinadas. O Tribunal de Apelação reformou esse entendimento ancorando-se na leitura de que a Suprema Corte norte-americana, nas ocasiões em que se defrontou com o tema, não reconheceu um direito individual à liberdade acadêmica, mas, quando muito, "apenas um direito institucional de autogovernar em assuntos institucionais"[165] [trad. nossa]. Assim é que a definição do que pode, ou não, fazer um professor é uma consequência da relação de emprego, o que habilita o empregador, *i.e*, a Universidade, a controlar todos aqueles que se valem dos recursos institucionais para o trabalho. Em caráter conclusivo, o Tribunal de Apelação aplicou o assim chamado *pickering balancing test*,[166] aduzindo que vedações estipuladas a

---

[163] O caso enfrenta a constitucionalidade de dispositivos do *Code of Virginia* que instituem restrições de acesso a informações disponíveis na internet por parte de funcionários públicos do Estado da Virginia quando no exercício de suas atividades públicas. O cerne do problema é a proibição de que funcionários do Estado, incluindo os de Faculdades e Universidades estaduais, usem equipamentos de informática de propriedade estatal ou arrendados pelo Estado para manusearem informações com conteúdo sexualmente explícito, cf. USA. Fourth Circuit Court of Appeals. *Gilmore vs. Urofsky*, 216 F.3d 401, 2000. Disponível em: <http://caselaw.findlaw.com/us-4th-circuit/1434020.html>. Acesso em: 28 nov. 2014. Para uma abordagem mais detida do caso, v. TRAVINCAS, Amanda C. Thomé. Gilmore vs. Urofsky, 216 F.3d 401 (4th Cir. 2000): o conflito entre as dimensões individual e institucional da liberdade acadêmica. *Direitos fundamentais e Justiça*. v. 29, 2015. p. 158-68, de onde se extrai parte das considerações apresentadas aqui.

[164] USA. Fourth Circuit Court of Appeals. *Gilmore vs. Urofsky*, 216 F.3d 401, 2000. Disponível em: <http://caselaw.findlaw.com/us-4th-circuit/1434020.html>. Acesso em: 28 nov. 2014. p. 07.

[165] Ibid., p. 10.

[166] O *pickering balancing test* é a fórmula extraída do precedente *Pickering vs. Board of Education*, decidido pela Suprema Corte norte-americana. O caso envolveu a manifestação de um professor da *Township High School* que publicou em editorial uma crítica à arrecadação de receita do Conselho de Educação local para investimentos em programas educacionais e de desporto. O fato culminou com a demissão do professor sob o argumento de que cabia a ele um dever de lealdade aos seus superiores no condizente com os propósitos da

professores enquanto profissionais não afetam o seu discurso na qualidade de cidadãos privados, e continuam a poder tratar, sem refreamentos, de assuntos de interesse geral. Enquanto professores, de outra banda, submetem-se a todas as restrições que sofre qualquer funcionário do Estado.[167]

Se é verdade que a decisão apontou para um ortodoxo triunfo do coletivo com o preço da supressão do individual,[168] o caráter opositivo entre as duas searas nem sempre foi, sequer, uma constante. Segundo David Rabban, durante muito tempo, as liberdades individuais e institucionais no contexto acadêmico ensaiaram mais complementação que tensão. Foi a partir da década de 60, dado o crescimento de conflitos entre professores e alunos, que a dimensão institucional passou a ser encarada não como uma camada protetiva para os professores em face do Estado, mas como uma ameaça a seus direitos.[169] Quer dizer, na origem, a autonomia institucional servia como um autêntico instrumento de isolamento dos professores em face do Estado, e o que se prefigurou a seguir foi a suposição de que, no desejo de proteger os agentes responsáveis pela consecução das atividades acadêmicas, as Instituições, por meio do seu corpo gestor, passaram a significar, elas próprias, uma esfera de que se almeja isolamento. Os conflitos deixaram de ser puramente externos (professores-Estado) e passaram a ser internos (professores-corpo diretivo).[170]

Posto ser esse o cenário atual, para não recair na conclusão de que é inevitável que a autonomia institucional sufoque as liberdades individuais, urge reclamar uma possibilidade de equilíbrio entre a cobertura da expressão docente no exercício de suas atividades e o exercício das funções próprias das Universidades no pertinente à sua autonomia. Não faz sentido estimar que o início do exercício da docência coincida com o término da autonomia dos professores. Se o exercício de outra profissão não conduz a isso, com ainda mais razão não poderia ser este o caso aqui.

Chamando atenção para a relação entre a gestão coletiva das atividades acadêmicas pela administração universitária e a atuação dos docentes indi-

---

educação. A Corte decidiu que a expressão se deu em sua condição de cidadão, que dela não decorreu qualquer interferência no funcionamento das escolas em geral, nem mesmo dizia com a suas funções docentes diárias. Assim, descabida a punição por seu discurso, cf. USA. Supreme Court of the United States. *Pickering vs. Board of Education*, 391 U.S. 563, 1968. Disponível em: <http://caselaw.lp.findlaw.com/scripts/getcase.pl?navby=CASE&court=US&vol=391&page=563>. Acesso em: 10 nov. 2014.

[167] Em setembro de 2000, os professores universitários apresentaram uma petição de *writ of certiorari* à Suprema Corte norte-americana objetivando a revisão da decisão proferida pelo Tribunal de Apelação do Quarto Circuito. Em 2001, a Suprema Corte optou por não apreciar o caso amparada pelas diretrizes afixadas na *rule 10* da Corte, que define que a decisão pelo conhecimento do pedido de revisão é uma questão de apreciação judicial livre, desobrigada de qualquer justificação. A negativa do *certiorari* importou a manutenção integral da decisão do Tribunal de Apelação.

[168] RENDLEMAN, Doug. Academic freedom in Urofsky's wake: Post september 11 remarks on "Who owns academic freedom"?. *Wash. & Lee l. Rev.* v. 59, 2002. p. 363.

[169] RABBAN, David. A functional analysis of "individual" and "institutional" academic freedom under the first amendment. *Law and Contemporary Problems*. v. 53, n. 3, 1990. p. 229.

[170] Analisando a jurisprudência da Suprema Corte, Judith Areen afirma que quase todas as decisões do Tribunal, após a criação do *pickering test*, denotam disputas internas, não ameaças externas às atividades docentes, AREEN, Judith C. Government as educator: a new understanding of first amendment protection of academic freedom and governance. *Georgetown Public Law and Legal Theory Research*. v. 97, 2009. p. 976.

vidualmente considerados, Frederick Schauer afirma que a resposta-padrão e retórica a tal conflito é que a autonomia institucional não pode cercear, em qualquer hipótese, as liberdades individuais docentes, "mas em uma reflexão mais aprofundada, a resposta parece estar perto do oposto"[171] [trad. nossa]. Nada obstante o fato de o poder regulamentar ser parte do núcleo de atividades desenvolvidas pela administração institucional, há um conjunto de questões de resolução difícil que remete para o problema da definição da extensão de tal competência e que corrobora um dever de cautela. As Instituições de Ensino não estão imunes a críticas quando "exercerem [sua] autonomia imprudentemente"[172] [trad. nossa].

Ao abrigo de razões muito próximas a essas caminha Post. Como já se disse antes, a amplitude do âmbito de proteção da liberdade acadêmica que ele traça, influenciado pelas Declarações da AAUP, denota a liberdade enquanto um direito profissional de que gozam os professores enquanto sujeitos responsáveis de perto pela condução de tarefas acadêmicas, como a pesquisa e o ensino. Mas, de outra banda, Post não desconhece – ao invés disso, destaca – a existência da autonomia das Instituições de Ensino na fixação de normas disciplinares. A importância que confere ao poder de regência das administrações universitárias é em muito assentada no entendimento de que o gozo das dimensões da liberdade acadêmica depende da (e não repele a) fixação de normas que assegurem a estabilidade das relações. Para além disso, a própria caracterização da Academia como um espaço particular, distinto de outros porque voltado ao desenvolvimento da competência individual de seus atores para a participação no jogo democrático, exige uma tal regulação.

Mas sua percepção não obscurece o conflito. Post o reconhece como possível e, inclusive, insuperável – ele é parte da dinâmica relacional entre corpo diretivo e corpo docente, não uma exceção. Por isso, urge atribuir a esses últimos a possibilidade de que lancem críticas ao exercício inflacionário da autonomia institucional. Não é por outra razão que pertence à concepção geral de liberdade acadêmica a chamada dimensão intramuros. É notadamente ela que reclama o diálogo interno entre os membros institucionais, e desse diálogo não se pode dizer que o resultado há de ser necessariamente em desprestígio do corpo docente.

Uma acepção ainda mais cética a respeito da liberdade acadêmica aponta para o esvaziamento não apenas da noção de direito subjetivo, como também para qualquer resquício de liberdade no plano educacional. Essa desconstituição da ideia de liberdade acadêmica, no contexto atual, supostamente se deve ao progressivo aumento do impacto de alta intensidade operado pelo mercado sobre todas as relações sociais, entre as quais, por óbvio, situam-se as relações acadêmicas.[173] Ele é imbuído da capacidade de orquestrar a definição do perfil dos sujeitos relevantes às práticas mercadológicas, e, por isso mesmo, controla

---

[171] SCHAUER, Frederick. The permutations of academic freedom. *Arkansas Law Review*. v. 65, 2012. p. 198.
[172] SCHAUER, Frederick. Is there a right to academic freedom?. *University of Colorado Law Review*. v. 77, 2006. p. 927.
[173] Localizando a expansão desse fenômeno na primeira metade no século XX, SAHLINS, Marshall. The conflicts of the faculty. *Critical Inquiry*. v. 35, n. 4, 2009. p. 1006.

e coordenada a roupagem pedagógica dos cursos superiores, as decisões (apenas facialmente autônomas) da administração universitária e, ainda, o desempenho das atividades acadêmicas por parte dos professores.

Não se requer muito esforço para perceber os toques da ingerência dos interesses de mercado na Academia. A fixação de medidores de qualidade institucionais, a definição do que constituiu objeto relevante de ensino e pesquisa e a implementação de políticas de financiamento de investigações embasadas em interesses de mercado, muitas vezes divergentes daqueles que possuem os profissionais que as executam, são apenas exemplos corriqueiros. O não dito das decisões institucionais referentes à educação é que suas prioridades são definidas pela potencialidade comercial do conhecimento gerado,[174] ou mesmo, como assegura Andrew Jewett, que "o dinheiro corporativo coloca novas cepas substanciais sobre os investigadores"[175] [trad. nossa].

Tamanho é o peso que exerce sobre a educação, que o mercado parece perder a condição de fator externo relevante, a ser considerado quando da discussão acerca do perfil educacional das Instituições de um país, para ocupar a posição de fonte única da narrativa das relações sociais, inclusive as de cunho educacional. Tanto é assim que não se desconhece o profundo processo de empresarialização da educação, que deixa como lastro Instituições que funcionam como verdadeiras corporações movidas pelo intento lucrativo. É nesse sentir que Henry Etzkowitz fala de um empreendedorismo acadêmico, produto da retroalimentação de uma lógica relacional entre Academia e indústria, capaz de dar o tom do ensino e da pesquisa. Segundo entende, essa interação pugna uma reconfiguração da Academia para que desempenhe o papel de fornecedora de tecnologia e de pessoal qualificado para a ocupação de espaços de mercado.[176] Seus efeitos têm ampla largura atualmente, e o mais simbólico deles seja porventura a franca expansão das nomeadas Universidades coorporativas, criadas por empresas para a qualificação dos seus próprios empregados, conforme suas necessidades manifestas e o *core* de competências julgadas essenciais.[177]

Pari passu, no âmago dessas Instituições, é certo que, em alguma amplitude, o corpo docente é incentivado a conduzir escolhas correlatas à gestão das suas pesquisas e do ensino conforme o interesse coorporativo. Para além de uma flagrante ameaça geral às suas possibilidades de deliberação, é de aduzir também uma tendência a conceder privilégios reiterados a determinadas áreas do conhecimento em detrimento de outras, em especial por causa da sua capacidade de gestar respostas rápidas para questões de mercado.

---

[174] Assim, TURK, James. Protecting the integrity of academic work in corporate collaborations. In: ―――― (Ed.). *Academic freedom in conflict*: the struggler over free speech rights in the university. Toronto: James Lorimer & Company, 2014. p. 272.

[175] JEWETT, Andrew. Academic freedom and political change: american lessons. In. BARY, Brett de (Ed.). *Universities in translation*: The mental labor of globalization. Hong Kong: Hong Kong University Press, 2010. p. 276.

[176] ETZKOWITZ, Henry. The second academic revolution and the rise of entrepreneurial science. *IEEE Technology and Society Magazine*. v. 20, n. 2, 2001. p. 19-29.

[177] Falando acerca da expansão das Universidades corporativas, inclusive no Brasil, ALPERSTEDT, Cristiane. Universidades corporativas: discussão e proposta de uma definição. *Revista de Administração Contemporânea*. v. 5, n. 3, 2001. p. 149-65.

Uma conclusão que se poderia extrair desse cenário é a de que qualquer sinônimo de liberdade no espaço educacional seria retórico. Mas também é possível projetar um compromisso voltado a determinar como espaços livres podem ser mantidos nessa seara. Que as demandas de mercado são fatores importantes para a configuração da liberdade não restam dúvidas. A negação dessa interferência carregaria um quê ilusório. Mas isso não é o mesmo que dizer que Universidades não detêm autonomia e professores não possuem liberdade acadêmica.

A relação entre Academia e mercado é bidirecional – é sincero admitir que aquela seja tocada por esse último, mas o contrário também é verdadeiro. E esse desenho aponta para o cabimento de ajustes de interesses, muito mais que para a supressão das balizas que mantêm erguida qualquer uma das duas searas. Algum nível de isolamento das aspirações de mercado é condição *sine qua non* para a manutenção dos fins da educação e das Instituições educacionais em particular. Mas a produção de conhecimento não se dá à revelia da sociedade, ao revés, se dá para ela, daí não convir que o isolamento seja tal que a própria Universidade tenha seus fins subvertidos em virtude da ruptura dos canais de comunicação com o espaço no qual se inserem. Essa é a ponderação de Louis Menand quando esclarece que, em que pese Universidades sirvam à cultura pública, elas não são apenas um eco dessa última. O trabalho acadêmico serve à cultura pública exatamente porque se volta a enfrentar questões com as quais não se ocupa a sociedade em geral e o faz de uma maneira particular.[178] Para que sejam fiéis a esse fim, é preciso que possam decidir, em certo sentido, para além das demandas do entorno.

Esse posicionamento conciliatório é uma saída consistente para a hipertrofia dos efeitos do mercado no âmbito educacional. Post não se dedica largamente a desenvolver a questão da interação entre liberdade acadêmica e mercado, mas dá indícios de qual leitura dela é ajustada à sua teoria. O faz quando reitera que as Universidades constituem espaços que precisam ser regidos por normas próprias, portanto, não comandadas por variáveis externas. Ressalta, ainda, que esse disciplinamento é condição para a produção do conhecimento especializado apto a conferir competência aos cidadãos para que participem qualificadamente do debate público. Por essa razão, não parece ser outra a acepção que melhor se acomoda à tese.

3.4. Síntese conclusiva: a liberdade acadêmica (e a liberdade de ensinar) para o bem comum – primeira aproximação ao seu conteúdo

Até aqui, o que se quis foi construir um terreno suficientemente seguro para um desenvolvimento acerca do conteúdo e do alcance da liberdade de ensinar no Brasil. Como se pôde ver, a liberdade de ensinar corresponde a uma dimensão específica da liberdade acadêmica e não é por outro motivo que, de-

---

[178] MENAND, Louis. *The marketplace of ideas*: reform and resistance in the American University. London: W. W. Norton & Company, 2010. p. 158.

sejando firmar um marco discursivo a partir do qual se torne possível pensá-la, escolheu-se um suporte teórico – dentre as múltiplas abordagens do tema – que fornece uma justificativa para a proteção da liberdade acadêmica como um todo e, consequentemente, para as camadas que a compõe.

Robert Post, a quem se atribuem as maiores contribuições à escola abraçada, entende que a liberdade acadêmica, e, mais especificamente, a liberdade de ensinar, são condições para o desempenho das tarefas referentes ao processo educacional pelo fato de corroborarem com a consecução do fim principal para o qual são erigidas as Instituições, qual seja a produção de conhecimento especializado e sua disseminação. O desempenho das atividades acadêmicas, tal como o ensino, de maneira sistemática e embalada por normas disciplinares profissionais assegura, de seu turno, a formação de cidadãos aptos a participarem de maneira qualificada do discurso público. Por isso, no fim das contas, a liberdade acadêmica e suas dimensões servem à concretização do princípio democrático. Brevemente, para valorizar a expressão utilizada antes, a liberdade acadêmica e a liberdade de ensinar justificam-se juridicamente *"for the common good"*.

Um conjunto de críticas a essa tese foi erguido e, em sequência, rebatido, no *iter* da composição do capítulo, daí a razão de se dispensar retomá-lo. Por ora, realmente importante é agrupar os argumentos que passam, de então, a constituir pressupostos para os capítulos subsequentes. Eles são os seguintes: (a) a liberdade de ensinar é uma das dimensões da liberdade acadêmica; (b) trata-se de uma genuína liberdade profissional e, enquanto tal, está submetida a disciplinamentos, ou seja, a regras que, genericamente, objetivam assegurar a própria prossecução da atividade de ensino; (c) aqueles que possuem o direito à liberdade de ensinar são livres para gerenciarem o ensino em sala de aula, e isso significa, à partida, deliberar sobre o conteúdo a ser ensinado e acerca dos métodos a serem utilizados para esse fim; e (d) o exercício desse direito tem a finalidade de corroborar com a concretização do princípio democrático, garantindo que a formação daqueles que estão submetidos ao processo educacional será apta a gerar cidadãos competentes para debaterem assuntos públicos.

Dizer das razões para a tutela da liberdade de ensinar e compreendê-la enquanto parte da liberdade acadêmica é, contudo, dizer ainda muito pouco. Sabe-se que o conteúdo de um direito é algo que só se pode determinar, com precisão, a partir de um local de fala específico. O próprio Post reconhece que o modelo de fundamentação que esboça é profundamente afetado pelo contexto norte-americano. Por causa disso, o passo seguinte é compreender o estado de coisas acerca da liberdade de ensinar no Brasil, bem como em que termos se dá a compatibilidade do modelo no contexto pátrio.

Capítulo 2

O regime jurídico da liberdade de ensinar no Brasil

"A cátedra escrava, é a química, antes de Lavoisier; é a biologia antes de Pasteur; é a física, antes de Newton; é a astronomia, antes de Copérnico; é a sociologia antes de Comte" [sic.]

Pereira Lira,
Annaes da Assembléa Nacional Constituinte – 1933/1934.

1. Notas iniciais: uma proteção alinear e a ancoragem a partir de 1988

A compreensão da liberdade de ensinar no Brasil é ritmada por uma narrativa descontínua e marcada por paradoxos, que evidencia um fluxo de retesamentos e retrações. Nesse processo, demarcadores temporais exercem um papel ficcional, dos quais, contudo, convém fazer uso. Para ancorar a abordagem do tema no cenário de vigência da Constituição de 1988, há que ser considerada a rota protetiva da liberdade de ensinar no direito pátrio, quer de uma perspectiva formal, observando-se suas previsões constitucionais antecedentes (ou a ausência delas), quer desde um viés material, a partir do qual se revelam as interferências contextuais responsáveis pela transformação do seu conteúdo no tempo.

Os textos constitucionais de 1824 e 1891 foram silentes no que diz com a proteção da liberdade de ensinar ou, ainda, da liberdade acadêmica, em termos gerais. De sua banda, a Constituição imperial limitou-se a fixar o direito geral de liberdade (artigo 179), dispondo, precisamente no inciso IV, acerca do direito de comunicar os pensamentos, "com tanto que hajam de responder pelos abusos, que commetterem no exercicio deste Direito, nos casos, e pela fórma, que a Lei determinar" [sic.]. A ausência de uma atenção específica à liberdade de ensinar no texto constitucional é justificável, pelo menos no tocante ao ensino superior, dada a inexistência de Universidades, no Brasil, até o ano de 1909, quando a primeira é instalada no Estado do Amazonas, seguida das Universidades de São Paulo e do Paraná, criadas, respectivamente, em 1911 e 1912, e da Universidade do Rio de Janeiro, instituída em 1920.[179] Conta-se que

---

[179] Há certa dissonância entre os relatos relativos ao surgimento das Universidades brasileiras. Alguns autores, como Cunha, consideram que a Universidade do Rio de Janeiro é inaugural, porque foi a primeira formalizada enquanto tal, v. CUNHA, Luis Antônio. *A universidade crítica:* o ensino superior na república populista. 3. ed. São Paulo: UNESP, 2007. *en passant*. Aqui, todavia, foram tomados os ensinamentos de FAVÉRO, Maria Lourdes. A universidade no Brasil: das origens à reforma universitária. *Educar.* n. 28, 2006. p. 17-36.

a inexistência de Universidades, nesse contexto, decorreu de uma deliberada opção imperial por não submeter a educação a uma instituição medieval, tida como obsoleta.[180]

No mesmo sentido, sem qualquer remissão à liberdade de ensinar, comporta-se a primeira Constituição republicana. Repetindo a fórmula da Carta antecedente, ela previa apenas um direito geral de liberdade (artigo 72), acompanhado dos direitos à liberdade de manifestação do pensamento (§ 12) e da liberdade profissional (§ 24), mas sem nenhuma alusão direta à expressão no exercício da profissão docente. A par disso, há quem conceba que o texto constitucional já apontava para o propósito de garantir a liberdade de ensinar ao abraçar o ensino leigo, quer dizer, livre da confessionalidade. A liberdade de ensinar consistiria, então, no direito de exercer a docência sem o comando da Igreja.[181]

É, ainda, sob a vigência da Constituição de 1891, que o Decreto n° 19.851/1931, denominado Estatuto das Universidades Brasileiras, é promulgado. A norma dedicava tratamento específico aos assim chamados professores catedráticos, cuja seleção deveria ser "baseada em elementos seguros de apreciação do mérito científico, da capacidade didática e dos predicados morais do profissional a ser provido no cargo" (artigo 49). O professor que, após concurso de provas e títulos, fosse aprovado, assumiria uma cátedra pelo período de 10 (dez) anos, ao fim do que, se desejasse ser reconduzido ao cargo, deveria se submeter a novo concurso de títulos (artigo 58). Após a recondução, revestia-se de vitaliciedade e inamovibilidade, de que só era privado por abandono do cargo ou sentença judicial (artigo 59). Incumbia-lhe garantir a "eficiência do ensino de sua disciplina" (artigo 61), contando com a colaboração de auxiliares de ensino, livre-docentes e professores eventualmente contratados, os quais mantinham em relação ao catedrático uma relação de subordinação.

No Estatuto, as cátedras foram concebidas como unidades formativas da Universidade.[182] Conforme Maria Lourdes Favéro, "no Brasil, os privilégios do professor catedrático adquiriram uma feição histórica, apresentando-se o regime de cátedra como núcleo ou *alma mater* das instituições de ensino superior".[183] Em que pese a estrutura das cátedras revelasse a formação de autênticos espaços de exercício de poder, na prática, a liberdade de ensinar mostrou-se, por vezes, inconciliável com a configuração assumida pelo Estado. Especialmente desde a proeminência do Estado Novo, sucedeu-se um verdadeiro redimensionamento dos direitos conferidos aos docentes pelo Estatuto de 1931.

---

[180] LEITE, Denise. Brasil urgente! Procuram-se identidades da universidade. *Educación Superior y Sociedad*. v. 15, n. 1, 2010. p. 94-5.

[181] NADAI, Elza. A educação nas constituintes. *Revista da Faculdade de Educação da Universidade de São Paulo*. v. 12, n. 1-2, 1986. p. 225.

[182] CUNHA, Luiz Antônio. A cátedra universitária no Brasil: persistência, mudança e desaparecimento. *Anais do 18° Encontro Anual da Associação Nacional de Pós-Graduação e Pesquisa em Ciências Sociais (Anpocs)*. 1994. Disponível em: <http://www.portal.anpocs.org/>. Acesso em: 03 jan. 2016.

[183] FAVÉRO, Maria Lourdes. A universidade no Brasil: das origens à reforma universitária. *Educar*. n. 28, 2006. p. 24.

A Constituição de 1934, dando seguimento ao assentado no Estatuto, rompe o silêncio dos textos precedentes. A par da tradicional fixação do direito geral à liberdade (artigo 113), do direito à manifestação do pensamento (9) e à profissão (13), prevê o direito à educação, registrando a primeira menção à liberdade de ensinar ao dispor, em seu artigo 150, parágrafo único, alínea c, acerca da competência da União para a criação do Plano Nacional de Educação (PNE), que deveria assegurar a liberdade de ensinar em todos os graus e ramos, observadas as prescrições da legislação federal e estadual. Além disso, o artigo 155 da Carta cuidou de textualmente afirmar que "é garantida a liberdade de cátedra".

Um vivo debate antecedeu a inaugural previsão da liberdade de cátedra no texto constitucional de 1934. Do Anteprojeto da Constituição constava o artigo 111, no qual se lia que "são livres a arte, a ciência, e o seu ensino", em franca semelhança ao artigo 142 da Constituição de Weimar, de quem se alimentou, em termos gerais, o Constituinte brasileiro naquela ocasião.[184] Em sua grafia submetida à votação final, dizia-se ser "garantida a liberdade de cátedra, dentro do plano nacional de educação".

À partida, a controvérsia enviesou-se para o plano da justificativa para a tutela jurídica da liberdade de cátedra. No tocante a isso, a síntese do deputado Leví Carneiro foi incisiva: "o dispositivo, ou é desnecessário, ou está incompleto, porquê já foi assegurada a liberdade de manifestação de pensamento, embora com certas restrições votadas pela Assembléia" [sic]. E concluiu, interrogando: "a que vem dizer, agora, simplesmente, que é garantida a liberdade de cátedra?".[185] O argumento revela uma eventual redundância no que diz com a expressa garantia da liberdade de cátedra, tendo-se já atentado para a proteção de outras liberdades comunicacionais. É de cogitar que, ao menos na ocasião, sugestionou-se que a liberdade de cátedra constituiria simplesmente o exercício da expressão em locais de ensino, daí o porquê de superlativa a sua particularização. Nesse sentido pendeu também o deputado Fábio Sodré, para quem a tutela do direito remontava ao início da República, ainda que não pertencesse à Constituição.[186]

Com o fim de conferir sentido à sua proteção autônoma, Leví Carneiro propôs emenda ao texto em discussão visando acrescer que a liberdade haveria de ser protegida "respeitadas as convicções pessoais dos discípulos e excluída toda a doutrinação contrária à idéia ou ao sentimento de Pátria".[187] [sic] Tal redação foi criticada por Alcântara Machado, a quem se deve a redação finalmente aprovada pela Assembleia Constituinte. Para ele, acaso a garantia da liberdade de cátedra fosse condicionada nos termos pretendidos por Leví, redundaria em "uma regra absoluta, obrigando, como obriga, o professor, a

---

[184] POLETTI, Ronaldo. *Constituições do Brasil – 1934*. v. III, 3. ed. Brasília: Senado Federal, 2012. p. 17-8.
[185] BRASIL. *Annaes da Assembléa Nacional Constituinte 1933/1934*. v. XXII. Rio de Janeiro: Imprensa Nacional, 1937. p. 295.
[186] Ibid., p. 306.
[187] Ibid., p. 296.

não ir de encontro ao que pensem os alunos sôbre a matéria ensinada".[188] [sic.] Na mesma linha apontou o deputado Edgar Sanches, alertando que impor limites à ciência, à arte, à filosofia e à própria liberdade de pensar, criaria uma doutrina oficial do Estado.[189]

Em 1937, constou do texto constitucional a liberdade de ensino com a finalidade de assegurar aos estabelecimentos particulares igualdade de condições de promoção da educação conjuntamente aos estabelecimentos oficiais públicos (artigo 128), demarcando, nesse particular, uma ruptura em relação à Carta constitucional precedente, que previa a liberdade de ensinar em um sentido mais amplo, sugestionando a existência de um direito subjetivo do corpo docente, notadamente no supracitado artigo 155.

A Constituição de 1946, além de conter previsões tangenciais (direito geral à liberdade – artigo 141, *caput*; livre manifestação do pensamento – artigo 141, § 5º; liberdade profissional – artigo 141, § 14), determinou a regência da educação no Brasil fundada no princípio da liberdade (artigo 166) e inaugurou a positivação da liberdade de cátedra como princípio a orientar a legislação atinente ao ensino, recurso que, com adaptações, é usado no texto constitucional vigente. Assim, o artigo 168 da Carta de 1946 firmou que "a legislação do ensino adotará os seguintes princípios: [...] VII – é garantida a liberdade de cátedra". Os debates constituintes iniciados em 1945, se comparados com os precedentes, datados de 1933/34, ocorreram com menor controvérsia quanto à tutela da liberdade de cátedra.[190]

Já no que toca ao intervalo de sua vigência, cabe lembrar que o referido texto foi profundamente afetado, no ano de 1964, pelo Ato Institucional (AI) nº 1, consagrador do golpe ditatorial, e, posteriormente, pelo AI nº 2, datado de 1965. Esse último, aliás, previa a proibição de atividade ou manifestação sobre assunto de natureza política e a possibilidade de suspensão de direitos políticos e a aplicação de medidas de segurança para o descumprimento da ordem (artigo 16, II e IV). Tal modelo de liberdade vigiada foi repisado, em 1968, pelo AI nº 5, em seu artigo 5º, incisos III e IV, a. Os expurgos de professores por meio de demissões e aposentadorias forçadas, iniciados em 1964, passaram a ocupar a agenda do governo, configurando política articulada de punição dos seus opositores.

A subsequente Constituição de 1967 repetiu a técnica do texto anterior, aditando à positivação de direitos relacionados (direito geral à liberdade – artigos 150, *caput*, à livre manifestação do pensamento e à liberdade profissional – respectivamente, artigo 150, §§ 8º e 23) a liberdade de cátedra (artigo 168, § 3º, inciso VI), no contexto dos princípios e normas a serem observados pela legislação do ensino. De sinalar que, até a ocasião, as alusões à liberdade de cátedra nas Constituições estiveram aliadas à atividade de ensino, sem qualquer

---

[188] BRASIL. *Annaes da Assembléa Nacional Constituinte 1933/1934*. v. XXII. Rio de Janeiro: Imprensa Nacional, 1937. p. 298.

[189] Ibid., p.300-1.

[190] Não consta dos Anais discussão detida sobre o tema, cf. BRASIL. *Anais da Assembléia Nacional Constituinte 1945/1946*. v. XI. Rio de Janeiro: Imprensa Nacional, 1948. p. 439.

fiação, ao menos clara, com a realização de pesquisa, a despeito de alguma remissão à última, na Constituição de 1946, relacionada ao dever estatal de amparo à cultura (artigo 174, parágrafo único).

Foi igualmente a Constituição de 1967 que introduziu a figura do abuso de direito relacionado às liberdades expressionais, afirmando que aquele que abusasse dos referidos direitos para atentar contra a ordem democrática ou praticasse a corrupção teria declarada a suspensão dos seus direitos políticos, para além das medidas veiculadas civil e penalmente (artigo 151). Embora não traçada uma relação direta como a liberdade de cátedra, houve factual impacto da norma sobre o artigo 168 da Constituição, especialmente devido à relação entre liberdade de cátedra e direitos de expressão. Assim, em interpretação ao dispositivo, Raul Machado Horta[191] atentou que, para a configuração do abuso, não seria bastante a intemperança ou o passionalismo, mas um aliciamento conspiratório capaz de pôr entre aspas a ordem democrática. Para peneirar situações enquadráveis na hipótese normativa, sugere a fixação de um *standard* ao molde do *clear and present danger* norte-americano.[192]

É durante a vigência do texto constitucional de 1967 que ocorre a promulgação da Lei nº 5.540, revestida da responsabilidade de empreender a designada Reforma Universitária.[193] Para tanto, coube ao Decreto nº 62.937/1968 a criação do Grupo de Trabalho (GT) destinado a estudar as aspirações referentes ao ensino superior no país. O GT, presidido pela então Ministra da Educação e Cultura, Esther de Figueiredo Ferraz, iniciou suas atividades em julho de 1968, tomando por premissa a compreensão de que a reforma a ser realizada teria de se processar considerando três imbricações principais: a relação entre o Estado e a Universidade, aquela que se dá entre a Universidade e as múltiplas forças da comunidade, e, por fim, internamente, tendo em mira a relação entre professores e alunos.

Consta do Relatório Final das suas atividades o propósito do trabalho desenvolvido, qual seja, repensar a Universidade brasileira, considerando-a parte do contexto social. Para isso deveriam ser fixados objetivos afinados com a ideia de que IES constituem, ao mesmo tempo, centros de produção do saber científico e de cultura de um povo, além de *locus* de propulsão de desenvolvimento.[194] Tais fins sintonizavam-se, de um lado, à concepção de Universidade moderna consagrada por Humboldt, no início do século XIX. Em seu sentir, a Instituição universitária "se caracteriza pela combinação de ciência objetiva e

---

[191] HORTA, Raul Machado. Constituição e direitos individuais. *Revista de Informação Legislativa*. a. 20, n. 79, 1983. p. 161-2.

[192] v. capítulo 1, tópico 3.1.

[193] Situando-a como parte de um fenômeno de mobilização estudantil que transpassa as fronteiras do país, v. ARAÚJO, Caetano Ernesto Pereira de; MACIEL, Eliane Cruxên Barros de Almeida. A comissão de Alto Nível: história da Emenda Constitucional n º 1, de 1969. In. VIEIRA, Simone Bastos (Org.) *A constituição que não foi:* história da Emenda Constitucional n. 1, de 1969. Brasília: Senado Federal, 2002. p. 43.

[194] BRASIL. MEC. *Reforma Universitária:* relatório do grupo de trabalho criado pelo Decreto nº 62.937/68. 3. ed.,1983. *en passant*.

formação subjetiva"[195] – é, a um só tempo, local de busca do conhecimento sem "qualquer constrangimento"[196] e de realização do homem. De outro lado, conjugavam-se à compreensão funcionalista de Universidade, que a entende como centro formador de balizas para a otimização do espaço em que está alocada, atendendo às necessidades sociais e ao bem comum. Como lembram Dréze e Debelle, as Universidades se voltam a dois fins principais: o desenvolvimento do intelecto e a prestação de suporte à melhoria da comunidade.[197] A Reforma almejou dar conta dos dois propósitos.

No tocante ao regime empreendido pela lei, destacam-se dois pontos. Em um primeiro plano, é de notar, em seu artigo 2º, a tendência de deslocamento do eixo central da educação superior das atividades de ensino para as de pesquisa, de sorte a transformar essa última em precondição da primeira. Assim, determinou o dispositivo que "o ensino superior, indissociável da pesquisa, será ministrado em universidades...", coligando-se ao enunciado no artigo 1º, conforme o qual "o ensino superior tem por objetivo a pesquisa...". Mais que o aditamento de uma atividade a ser realizada no âmbito universitário, a Reforma tornou não facultável a relação entre ensino e pesquisa, de modo tal que ensinar se tornou não outra coisa senão o resultado de pesquisas precedentes. Dessa maneira, esteve presente no Relatório Final de estudos acerca da Reforma Universitária uma ínsita ideia de unificação da carreira universitária, conforme a qual "todo professor deve investigar e, de algum modo, criar e [...] todo pesquisador deve ensinar e, de alguma forma, transmitir diretamente ao estudante o resultado de sua investigação".[198]

O segundo aspecto a ser sublinhado é a reconfiguração da estrutura do ensino universitário, decorrente da conversão do regime de cátedras no regime de Departamentos. Já em nota acerca da Constituição de 1946, Pontes de Miranda afirmou que "a liberdade de cátedra não é um direito fundamental",[199] com isso denotando resistência à admissão de um genuíno direito subjetivo de caráter irrestrito atribuído a professores revestidos de vitaliciedade. Tendo-se considerado as cátedras como responsáveis pelo "enfeudamento do saber",[200] o seu arcadismo era simultaneamente um entrave à Direita, aspirante da modernização, e à Esquerda, defensora de uma Universidade popular, daí que quando a lei dispôs, em seu artigo 33, § 3º, que "fica extinta a cátedra ou cadeira na organização do ensino superior do País", de alguma maneira se pode dizer que ela planificou uma pauta comum.[201] Na prática, a supressão das cátedras significava a extinção de cargos professorais vitalícios, da possibilidade de controle

---

[195] HUMBOLDT, Wilhelm von. Sobre a organização interna e externa das instituições científicas superiores em Berlim. In. CASPER, Gerhard; ——. *Um mundo sem universidades?* Rio de Janeiro: EdUERJ, 1997. p. 79.

[196] Ibid., p. 197.

[197] DRÉZE, Jacques H.; DEBELLE, Jean. *Concepções da universidade*. Fortaleza: EdUFCE, 1983. p. 29.

[198] BRASIL. MEC. *Reforma Universitária*: relatório do grupo de trabalho criado pelo Decreto nº 62.937/68. 3. ed.,1983. p. 36.

[199] PONTES DE MIRANDA, Francisco Cavalcanti. *Comentários à Constituição de 1946*. v. IV. 3. ed. Rio de Janeiro: Borsoi, 1960. p. 114.

[200] BRASIL. MEC, op. cit., p. 38.

[201] MOTTA, Rodrigo Patto Sá. *As universidades e o regime militar*. Rio de Janeiro: Zahar, 2014. p. 67 *et seq*.

das estruturas decisórias administrativas e pedagógicas e da concessão de privilégios na escolha de professores auxiliares.[202] Ela implicou também a ruptura da relação entre curso e Departamento, o que quer dizer que, de lá até então, o Departamento deixou de ser formado pelo conjunto de professores que atuam em um determinado curso (o que, concretamente, fazia com que um mesmo professor pertencesse a distintos Departamentos, acaso ministrasse aulas em mais de um curso), passando a figurar como a unidade primacial da Universidade, dentro da qual passaram a se agrupar professores da mesma área de conhecimento,[203] formando, nas palavras de Darcy Ribeiro, uma reunião não episódica de especialistas.[204]

Nesse ponto, a Reforma não é de todo original. Logo em seguida à promulgação da Constituição de 1967, o Decreto n° 252/1967 foi instituído com o fim de fixar normas relativas à estrutura universitária brasileira. Ele gestou o embrião da Reforma de 1968 ao determinar, em seu artigo 2°, § 1°, que "o departamento será a menor fração da estrutura universitária para todos os efeitos de organização administrativa e didático-científica e de distribuição de pessoal". Mas é com a Reforma que ganha fôlego a departamentalização, a extinção da cátedra, tida como cargo público desde 1808.[205] e a transformação dos catedráticos em professores titulares, retirando-lhes igualmente prerrogativas percebidas como obstrutoras da aspiração de Universidade gestada pela Reforma. Entre elas, destaque-se a vitaliciedade, que só foi resguardada àqueles que dela já gozavam até 1967 (artigo 194 das Disposições Gerais e Transitórias, da Emenda Constitucional n° 1, de 1969).

É sintomático que a Reforma tenha decorrido de instigações que foram possíveis em virtude do próprio gozo da liberdade de ensinar. Luis Antônio Cunha lembra que alguns professores "procuravam colocar o ensino numa perspectiva crítica, isto é, voltado para o desvendamento da 'alienação' da sociedade brasileira e da universidade nela inserida",[206] isso tudo num contexto em que imperava o regime militar.[207] Assim agiam contorcendo-se entre medidas restritivas da liberdade, entre as quais, a fixação de infrações disciplinares decorrentes de atos considerados subversivos ao regime praticados por professores, alunos e funcionários – do que cuidava o Decreto n° 477/1967, não

---

[202] MOTTA, Rodrigo Patto Sá. *As universidades e o regime militar*. Rio de Janeiro: Zahar, 2014. p. 67.

[203] SAVIANI, Dermeval. *Ensino público e algumas falas sobre universidade*. São Paulo: Cortez, 1987. p. 27.

[204] RIBEIRO, Darcy. *A universidade necessária*. Rio de Janeiro: Paz e Terra, 1978. p. 223-4, que ressalta também que a estrutura organizacional das Universidades latino-americanas (a princípio não fundada em Departamentos) não foi o resultado de um projeto bem elaborado, mas de um conjunto de decisões erráticas.

[205] Segundo Maria Lourdes Favéro, as cátedras surgiram no Brasil com a chegada do Príncipe D. João VI, que inaugurou as cadeiras de Anatomia, no Rio de Janeiro, e de Cirurgia, naquele estado e na Bahia. Anos depois, o Imperador D. Pedro I sancionou a criação dos cursos de Direito de São Paulo e Olinda, e os Estatutos que os regiam previam que seus professores gozassem do poder de conduzir suas cadeiras, v. FAVÉRO, Maria Lourdes. Da cátedra universitária ao departamento nas universidades brasileiras. *Anais do V Congresso Ibero-Americano de História de la Educación Latinoamericana*. v. 1, 2001. p. 1-18.

[206] CUNHA, Luis Antônio. *A universidade crítica:* o ensino superior na república populista. 3. ed. São Paulo: UNESP, 2007. p. 210.

[207] Rodrigo Sá Motta assegura que tal espaço de crítica existia, apesar de minguado, porque a cultura de retaliação no Brasil já era personalista. Daí alguns docentes terem sido contemplados com certa esfera de liberdade, v. MOTTA, Rodrigo Patto Sá. *As universidades e o regime militar*. Rio de Janeiro: Zahar, 2014. p. 292.

por outra razão vulgarmente chamado de "AI nº 5 das Universidades" – e a proibição de professores exercerem suas atividades em estabelecimentos de ensino e fundações caso tivessem incorrido em faltas previstas nos Atos Institucionais, independente de prévia aplicação de pena (Ato Complementar nº 75, de 1969).

Em 30 de outubro de 1969, entrou em vigor a Emenda Constitucional nº 1 (também denominada Constituição Federal de 1969), instituída pela Junta Militar. Deixando para trás a referência à liberdade de cátedra, o texto dispôs, no artigo 176, § 3º, VIII, dentre os princípios e normas a serem adotados pela legislação de ensino brasileira, a liberdade de comunicação dos conhecimentos no exercício do magistério. É o próprio dispositivo que cuidou de condicionar o exercício da liberdade à proibição contida no artigo 154 da Emenda, conforme o qual quaisquer direitos poderiam ser suspensos acaso seu exercício redundasse em abuso. Já o artigo 179 dispunha que "as ciências, as letras e as artes são livres, ressalvado o disposto no parágrafo 8º, do artigo 153". Esse último vedava quaisquer atos subversivos ao Estado.[208] Por fim, o artigo 182 ratificou a vigência dos Atos Institucionais, conferindo-lhes estatura constitucional,[209] daí por que só se poder falar em uma liberdade meramente nominal nesse desenho de Estado.

Entre as estratégias de controle do professorado e da expressão nos *campi*, ressalta-se a instituição da Comissão de Investigação Sumária do Ministério da Educação (Cismec) – órgão responsável pela catalogação de dados de professores e funcionários considerados subversivos – pelo Ato Complementar nº 39/1969, e da Divisão de Segurança e Informações do Ministério da Educação (DSI/MEC), pelo Decreto nº 60.940, do mesmo ano, que, por meio de Assessorias Especiais de Segurança e Informações (Aesi), chefiadas por militares acomodados dentro das próprias Universidades, opunham vigilância contínua às atividades acadêmicas.[210] Ambas atuaram em colaboração ao Serviço Nacional de Informações (SNI), criado em 1964, a que incumbiu a tarefa de coletar dados gerais de cunho subversivo em todas as searas do Estado.[211]

Com a entrada em vigor da Constituição Federal de 1988, inaugura-se a tutela da educação fundada nos princípios agremiados em seu artigo 206.[212]

---

[208] Destaca-se que, na redação original da Proposta de Emenda Constitucional (PEC), a previsão do ensino livre não sofria qualquer condicionamento. O seu teor foi, contudo, revertido no texto final, v. VIEIRA, Simone Bastos. Quadro comparativo. In. —— (Org.) *A constituição que não foi:* história da Emenda Constitucional n. 1, de 1969. Brasília: Senado Federal, 2002. p. 535.

[209] VILLA, Marco Antonio. *A história das constituições brasileiras*. São Paulo: Leya, 2011. p. 74.

[210] MÜLLER, Angélica; FAGUNDES, Pedro Ernesto. O trabalho das comissões da verdade universitárias: rastreando vestígios da repressão nos *campi* durante a ditadura militar. *Ciência e Cultura*. v. 66, n. 4, 2014. *en passant*.

[211] Apenas para fim exemplificativo, ressalta-se um caso relativo à atividade de ensino catalogado na ocasião. Trata-se do registro da ocorrência do "curso Classes Sociais no Brasil, ministrado por Wladimir Ventura Torres Pomar, no Centro de Intercâmbio de Pesquisas e Estudos Econômicos e Sociais CIPES, em Belém (PA)". O Estado "[...] acus[ou] a entidade de ministrar aulas de capacitação política, organizando e aumentando os quadros do partido [PC do B]", cf. ALVES, Marcus Vinicius Pereira (Org.). *Divisão de segurança e informações do ministério da justiça (DSI/MJ):* inventário dos dossiês avulsos da série movimentos contestatórios. 2. ed. Rio de Janeiro: Arquivo, 2013. p. 158 e 185.

[212] Pelo menos desde a Reforma de 1968, que inseriu definitivamente a pesquisa como parte da educação, convém diferenciar ensino e educação. A educação é o gênero que abarca as espécies ensino e pesquisa (além

Tendo feito opção textual distinta de toda tradição constitucional pregressa, o Constituinte de 1987/88 lançou mão de formulação analítica, conjugando, no inciso II do dispositivo citado, as liberdades de "aprender, ensinar, pesquisar e divulgar o pensamento, a arte e o saber". Correlaciona-se à precedente liberdade de comunicação dos conhecimentos no exercício do magistério contida na Constituição de 1969 a (a partir de então designada) liberdade de ensinar, que, de seu turno, imediatamente partilha proteção jurídica com a liberdade de aprender, a ser titularizada pelo corpo discente, e as liberdades de pesquisar e divulgar o pensamento.

No Anteprojeto de Constituição Afonso Arinos constava, sob o título Direitos e Garantias, que "o direito de aprender e ensinar, na forma da lei, não fica sujeito a qualquer diretriz de caráter religioso, filosófico, político-partidário ou ideológico, sendo facultada a livre escolha de instituição escolar" (artigo 25, parágrafo único).[213] A existência de uma liberdade acompanhada de uma reserva de lei[214] era indicativa da prospecção de condições nas quais competiria ao legislador reduzir as expectativas de gozo do direito. Contudo, o texto não vingou.

Até a redação final aprovada pela Assembleia Constituinte, o tratamento da liberdade de ensinar conheceu diferentes configurações, para além da constante do Anteprojeto. Nesse compasso, cabe destacar a Emenda nº 9.072,[215] apresentada no âmbito da Comissão de Sistematização, que sugeria, como princípio do ensino no Brasil, a "liberdade de aprender, ensinar, pesquisar e divulgar o pensamento, a arte e o saber, dentro desse critério é assegurada a ministração da teoria criacionista, nas matérias afins, em todos os níveis de escolaridade". Além dela, registre-se a Emenda nº 803, apresentada à Comissão da Família, da Educação, Cultura e Esportes, da Ciência e Tecnologia e da Comunicação, segundo a qual cabia ao Estado garantir a "liberdade de aprender, ensinar, pesquisar e divulgar as descobertas feitas". De sua vez, a Emenda nº 115, apresentada à mesma Comissão, dispunha que "docentes e discentes têm iguais direitos à liberdade acadêmica". Por fim, no âmbito da Comissão, merecem destaque as palavras de seu Relator, o Constituinte Artur da Távola, que alertou ser a liberdade de ensinar "o velho direito do proselitismo, [...] o velho direito da pregação. É o direito pelo qual, ao longo dos séculos, morreram pregadores, avatares, santos, pensadores, apóstolos, escritores".

Consideradas as propostas apresentadas, julga-se que a mais relevante decerto é a constante da Emenda nº 115. Sua rejeição – que se deu exclusivamente com base no argumento de que o texto se referia à autonomia universi-

---

da extensão, na CF de 1988). Contudo, mesmo em 1988, o Constituinte incorreu em impropriedade técnica ao se referir a ensino, no *caput* do artigo 206, quando, em verdade, está a tratar de educação. A par disso, o termo é mantido em atenção à expressão original do texto.

[213] BRASIL. Anteprojeto de Constituição. *Diário Oficial*. Suplemento Especial ao nº 185 de 26 de setembro de 1986. Disponível em: <http://www.senado.gov.br/publicacoes/anais/constituinte/ AfonsoArinos.pdf>. Acesso em: 01 jun. 2016.

[214] A reserva legal é entendida como uma autorização constitucional para o trato infraconstitucional da matéria, assim, cf. capítulo 3, tópico1.

[215] Todos os dados da Assembleia Constituinte de 1988 foram colhidos de BRASIL. *Bases da Assembleia Nacional Constituinte 1987-1988*. Disponível em: <http://www6g.senado.gov.br/apem/ search?smode=simple>. Acesso em: 01 jun. 2016.

tária, matéria já aprovada em dispositivo próprio – não trouxe maior prejuízo protetivo à liberdade de ensinar (bem como às demais dimensões da liberdade acadêmica), dada a atenção que lhe conferiu o texto final.

Após a promulgação do texto constitucional de 1988, e com base em seu artigo 22, XXIV, segundo o qual compete à União fixar as diretrizes e bases da educação nacional, foi promulgada, em 1996, a Lei n° 9.394, designada Lei de Diretrizes de Bases da Educação Nacional (LDB). A equivalência entre a Constituição e a norma infraconstitucional no tangente à liberdade de ensinar se dá no artigo 3°, II, dessa última, no qual o texto do artigo 206 é integralmente reproduzido, com a adição da liberdade de divulgar a cultura. De destacar, ainda, entre os princípios do ensino no Brasil acrescidos pela LDB, o respeito à liberdade e apreço à tolerância (artigo 3°, IV). No mais, convém atentar que a LDB antecipa à previsão da liberdade de ensinar, o dever de a educação ser "inspirada nos princípios de liberdade..." (artigo 2°).

Este capítulo compromete-se com o tratamento da liberdade de ensinar no Brasil, tendo como base, na dimensão teórica, a dogmática dos direitos fundamentais, e, na normativa, a Constituição de 1988 e a legislação correlata em vigor. Não o faz – e nem poderia – desatento ao que se encontra para além do texto constitucional. E é por essa razão que o processo de ajustamento da liberdade de ensinar às balizas da teoria dos direitos fundamentais se apresenta poroso às interferências do contexto brasileiro. Dessa maneira, o produto obtido tem limitações, à partida, decorrentes dos condicionantes enunciados.

Ocupa-se, assim, primeiramente, de justificar a autonomia da liberdade de ensinar em relação a outros direitos fundamentais. A questão aqui é: por que a liberdade de ensinar merece uma tutela jurídica autônoma, descabendo concebê-la como mero exercício de uma profissão em um local determinado, a saber, a Universidade? Trata-se de explicitar os motivos em virtude dos quais a natureza da profissão, somada às características do espaço de seu exercício, ao invés de constituírem variáveis de pequena monta, são verdadeiramente determinantes na demarcação de um direito particular. Ficará claro que esse propósito em parte coincide com o problema da fundamentação da liberdade acadêmica que foi discutido no capítulo 1, e não é outro o motivo de se ter reservado esta etapa para fiá-los.

Uma vez assentada essa premissa, definem-se os seus titulares e destinatários. Quem goza do direito à liberdade de ensinar e quem possui deveres em virtude disso é do que se cuida. A seguir, versa-se sobre a natureza multifuncional do direito, do que é extraído um plexo de condutas positivas e negativas a ele relacionadas.

Na sequência, traça-se a amplitude do artigo 5°, § 1°, da CF, no tocante à liberdade de ensinar. Discutir que tipo de eficácia possui a norma que a prevê é o objetivo dessa etapa. Feito isso, aporta-se no § 3°, do mesmo dispositivo, a cujo texto foi dada interpretação conforme a qual tratados internacionais de direitos humanos ganham estatura constitucional ou supralegal a depender do rito de internalização submetido. Nesse ponto, deseja-se atentar para normativas originárias do Direito Internacional com impacto na definição do conteúdo protegido pela liberdade de ensinar. O que daí se segue é a ambientação da liberdade de ensinar nas esferas pública e privada, suas particularidades e os pontos de convergência.

Ao final, ao modo de síntese, repercorre-se o caminho traçado até aqui. A definição da liberdade de ensinar firmada no capítulo 1 é retomada para, conjuntamente ao dissertado neste capítulo, preparar a premissa de que depende o capítulo 3, qual seja: a de que há um direito fundamental à liberdade de ensinar que está sujeito a um complexo regime de limites e restrições.

2. A liberdade de ensinar como direito autônomo e materialmente fundamental

Sendo certo que a liberdade de ensinar possui *status* constitucional no ordenamento brasileiro, a sua positivação não afasta – ao revés, gera – dois problemas principais. O primeiro é pertinente à sua condição de direito autônomo. Tendo em vista um feixe de direitos igualmente protegidos constitucionalmente que guardam com a liberdade de ensinar algum tipo de relação, convém avaliar se a suposta sobreposição de condutas protegidas em seus respectivos âmbitos de proteção torna desnecessária a tutela específica dessa liberdade. A segunda questão diz com a natureza da norma constitucional que a prevê. A dúvida é se se trata (ou não) de um direito fundamental, já que, na cartografia constitucional, o enunciado normativo de que se extrai o direito se localiza fora do catálogo de direitos fundamentais. Há uma nítida relação entre os pontos enunciados, de forma que só compete argumentar em proveito da fundamentalidade da liberdade de ensinar se se tem o direito como digno de uma tutela própria, e não expressão de mera redundância textual do Poder Constituinte. Em outras palavras, do sucesso do empreendimento de responder à primeira questão depende a consecução da segunda, havendo entre elas uma relação lógica.

No artigo 5° da Constituição de 1988 encontra-se um conjunto de direitos fundamentais que forma com a liberdade de ensinar uma rede de relações. Dele pertencem a liberdade de manifestação do pensamento (inciso IV), a liberdade de expressão da atividade intelectual, científica e de comunicação, independente de censura ou licença (inciso IX) e a liberdade de profissão (inciso XIII). Os dois primeiros revestem-se do caráter de direitos comunicacionais, ou, em outras palavras, são direitos que se prestam a assegurar a possibilidade de comunicar algo a partir da linguagem, aqui considerada em termos amplos, isso é, abarcando a expressão verbal oral ou escrita, mas também a não verbal de tipo visual, por exemplo. Já a liberdade de profissão, que diz com o exercício de atividade para a qual se disponha de alguma qualificação, envolve, ela própria, algum tipo de expressão, daí que, em última análise, se está a tratar sempre – em distintos graus – da proximidade entre a conduta em causa e aquelas referidas nos incisos IV e IX do artigo 5° da CF.

Considerando o teor do *caput* do artigo 5º, nota-se a atenção constitucional em proteger a liberdade enquanto direito geral e nos termos arrolados nos incisos subsequentes. Disso se infere que os direitos elencados no dispositivo constituem espécies do gênero liberdade. Assim, ao mesmo tempo em que prevê liberdades específicas, o texto constitucional não descarta a positivação de um direito geral de liberdade, que, ao fim das contas, além de reforçar a proteção das liberdades em espécie, funciona, nas palavras de Ingo Sarlet, como autêntica "cláusula de abertura constitucional para liberdades fundamentais não nominadas",[216] extinguindo brechas que um rol de liberdades em espécie pode deixar. Conforme ensina, ainda, a concomitância da liberdade gênero e das liberdades em espécie impõe uma metodologia interpretativa da Constituição nos termos da qual só se deve recorrer à liberdade geral quando a conduta não puder ser relacionada ao âmbito de proteção de uma liberdade específica, sob pena de comprometer a própria razão de ser dos direitos em espécie.[217]

Dessa maneira, se da liberdade geral decorre a liberdade de expressão da atividade intelectual, científica e de comunicação, bem como o direito de manifestação do pensamento, destes últimos (imediatamente) e daquela primeira (mediatamente), poder-se-ia deduzir um direito de expressão no contexto do ensino, a dizer, a liberdade de ensinar. Ainda de cogitar que do direito geral de liberdade provém a liberdade de expressão, que, de sua vez, gera a liberdade de expressão científica e nessa última estaria abarcada a conduta garantidora da liberdade de ensinar. Essa última hipótese é adotada por Leonardo Martins, que, embora observando outra conjectura constitucional que não a brasileira, afirma que a liberdade científica é "abrangente das (não autônomas, portanto) liberdades de pesquisa e de ensino".[218] O escalonamento importa-lhe, portanto, não uma mera dedução de direitos do mais geral ao mais específico, mas o próprio desmanche do conteúdo de uma liberdade no conteúdo de outra.

Se esse for o caso, a liberdade de ensinar é uma conduta que compõe o conteúdo protegido de um (ou mais de um) dos direitos referidos, submetendo-se ao seu regime de tutela. Em perspectiva oposta, a liberdade de ensinar afiguraria um direito genuíno, com âmbito de proteção próprio e uma sistemática particular de limites e restrições. Recomenda-se a adoção da segunda postura na circunstância de a atividade de ensino implicar um tipo de comunicação ou expressão distinta das demais abrigadas no artigo 5º. A questão, por conseguinte, é saber se a liberdade de ensinar é apenas a externalização de conhecimentos em espaços educacionais, ou se, ainda que o seja, o tipo de comunicação que dá efeito contém elementos diferenciadores relevantes que convidam a um tratamento específico.

---

[216] SARLET, Ingo Wolfgang. Direitos fundamentais em espécie. In. ——; MARINONI, Luiz Guilherme; MITIDIERO, Daniel. *Curso de direito constitucional*. 4. ed. São Paulo: Saraiva, 2015. p. 478.

[217] Ibid., p. 478.

[218] Cuidando do contexto alemão, MARTINS, Leonardo (Coord.). *Bioética à luz da liberdade científica*. São Paulo: Atlas, 2014. p. 108.

Para Jónatas Machado, a liberdade de expressão constitui um tipo de direito abrangente,[219] a partir do qual são escalonadas outras liberdades. Mesmo em ordenamentos jurídicos em que sequer há a previsão de um direito geral de expressão, como no Brasil, a afirmação é elucidativa. Com ela reforça-se a ideia de que a liberdade de ensinar é também sempre uma liberdade de expressar algo. Mas dizê-lo não é o mesmo que concordar que seja apenas isso. A relação de aderência entre a liberdade de ensinar e a liberdade de expressão[220] reforça a possibilidade de decodificação de liberdades,[221] mas, de longe, não permite a conclusão de que cabe a dissolução do conceito de uma na outra.[222] O cerne da controvérsia é, portanto, o que há na atividade docente que faz professores merecerem uma liberdade diferenciada se comparados a outros titulares do direito de dizer algo?

A começar, no caso específico da liberdade de ensinar, só com ressalvas caberia atribuir o sentido comumente relacionado às liberdades expressionais, qual seja, a possibilidade de fazer (liberdade positiva) ou não fazer (liberdade negativa) algo. Isso porque, aquele a quem compete ensinar, cuja atividade é previamente firmada em termos contratuais, não pode optar por não fazê-lo. Da mesma forma, não comporta se falar em um direito à liberdade de ensinar previamente à firmação do contrato de prestação de serviço. Ou seja, não há direito de ser contratado para ensinar, à revelia de pré-requisitos. Disso se extrai que a liberdade de ensinar é um direito cujo exercício precede o cumprimento de exigências, além do que, revestindo-se dele, o titular não tem o direito de não exercê-lo, o que lhe confere uma feição de direito-dever. Ainda impende considerar que, se a liberdade de expressão é, simplificadamente, o direito de dizer algo conforme se deseja, e independente da concepção de terceiros sobre questões controversas, o direito de ensinar comporta o expressar algo tendo quem o subsidie por detrás, e que, porventura, discorda frontalmente do dito.[223] Por fim, observe-se que a faculdade de manifestação, em um espaço público, no uso da liberdade de expressão, em muito se distancia do dever de se manifestar de acordo com as competências exigidas em uma área do conhecimento, daí o fundamento de a liberdade de ensinar não abarcar a conduta de ensinar sem bases técnicas – vale recordar, com Robert Post, que é preciso ter conhecimento especializado para ensinar.[224]

Apesar disso, pode-se deduzir que tais distinções são precárias, pois, levadas ao extremo, acarretariam o dever de reconhecimento de um direito autônomo se existente algum mínimo elemento diferenciador da conduta em causa

---

[219] MACHADO, Jónatas. *Liberdade de expressão*: dimensões constitucionais da esfera púbica no sistema social. Coimbra: Coimbra, 2002. p. 370.

[220] Assim, mas se referindo à liberdade acadêmica em termos gerais, SHEPPARD, Steve. Academic freedom: a prologue. *Arkansas Law Review*. v.65, 2012. p.186.

[221] SARLET, Ingo Wolfgang. Direitos fundamentais em espécie. In. ——; MARINONI, Luiz Guilherme; MITIDIERO, Daniel. *Curso de direito constitucional*. 4. ed. São Paulo: Saraiva, 2015. p. 488, fazendo, inclusive, a decodificação da liberdade de ensinar e pesquisar a partir da liberdade de expressão.

[222] POST, Robert C. Discipline and freedom in the academy. *Arkansas Law Review*. v. 65, 2012. p. 205.

[223] Essa última distinção está em DWORKIN, Ronald. Por que liberdade acadêmica? In. DWORKIN, Ronald. *O direito da liberdade*. São Paulo: Martins Fontes, 2006. p. 395.

[224] POST, Robert C. Discipline and freedom in the academy. *Arkansas Law Review*. v. 65, 2012. p. 04.

se comparada à liberdade de expressão em termos gerais, o que, obviamente, originaria uma inflação de direitos. Mas extrair um direito a partir de outro dotado de feição geral não é, em si, um problema. O que é propriamente questionável é que isso ocorra desacompanhado de um processo argumentativo efetivo. Isso porque, tendo em conta a função racionalizadora que exerce, é só por meio da argumentação, aliançada aos fins para os quais se prospecta a proteção das condutas em questão, que a concepção de um direito autônomo é dotada de legitimidade.

O mesmo ocorre em relação ao direito de liberdade profissional previsto no artigo 5º, XIII, da CF. É de cogitar que sua previsão imponha algum esvaziamento à proposta de autonomização da liberdade de ensinar. Assim sendo, a liberdade de ensinar, ao fim e ao cabo, compreenderia o direito de acesso à formação profissional na área que se almeja ensinar, a escolha do espaço para o seu exercício entre aqueles a que se destina a educação formal, bem como a forma de exercê-lo. Tal ajustamento do âmbito de proteção da liberdade profissional, dando-se em relação a qualquer profissão, se perfaz também quando em causa a profissão docente. Por conseguinte, nas palavras de James Turk, a liberdade de ensinar afigura-se como um direito profissional especial, que é atribuído aos docentes para que possam atender à missão da Universidade.[225] Uma ameaça à liberdade de ensinar é, naturalmente, uma ameaça profissional.[226]

Contudo, é o caráter de especialidade da conduta que indica a presença, nesse caso, do que se chama de concorrência de direitos. Uma tal ocorrência se dá quando determinado ato ocupa o âmbito de proteção de mais de um direito, quer dizer, normas distintas simultaneamente se prestam a resguardar uma ação ou omissão, recaindo-lhe múltiplas camadas de proteção.[227] Não é nada incomum que uma conduta tenha merecido atenção constitucional por distintas vias, e isso é assim porque, normalmente, coexistem em textos constitucionais direitos mais e menos abrangentes, escalonados em gênero e espécies. É o que acontece com a liberdade de ensinar em relação às liberdades de expressão e profissão. A liberdade de expressão no ensino e a liberdade de profissão no ensino são recortes da expressão e profissão genericamente consideradas – essas últimas são gêneros dos quais aquelas são espécies. Quando do exercício do ensino, aciona-se, ao mesmo tempo, a cobertura constitucional de ambos os direitos-gênero, além do próprio amparo do direito-espécie, sintetizado no termo liberdade de ensinar. Ou seja, a ocorrência da conduta traz à evidência uma espécie de reforço protetivo por parte da ordem constitucional.

Catálogos de liberdades reflexivos, como o que consta da CF de 1988, são indicativos de potencial concorrência de direitos. Quanto mais minudente o

---

[225] TURK, James L. Protecting the integrity of academic work in corporate collaborations. In. —— (Ed.). *Academic freedom in conflict*: the struggler over free speech rights in the university. Toronto: James Lorimer & Company, 2014. p. 272.

[226] WATERS, Malcolm J. The institutionalization of academic freedom: implications of some findings from the Third World. *The Journal of Educational Thought*. n. 13, v. 3, 1979. p. 150-62.

[227] O conceito de concorrência utilizado é o de CANOTILHO, Jose Joaquim Gomes. *Direito constitucional e teoria da constituição*. 7. ed. Coimbra: Almedina, 2003. p. 1268.

rol de direitos, maior a probabilidade de justaposição de normas a incidirem em uma situação de fato. Mas relações concorrenciais como as elucidadas acima costumam ser entendidas como aparentes, porque encontram solução imediata no *standard* hermenêutico *lex specialis derogat lex generalis*. Embora não importe efetiva derrogação da norma geral, como quando aplicado para a solução de antinomias jurídicas, o método decerto afasta sua incidência no caso. Dá-se espaço ao direito específico em atenção ao seu já mais restrito âmbito de proteção.[228]

Mas é possível que se formem relações de concorrência também de outro tipo. Vista da perspectiva do sujeito, a faculdade de exercer certa conduta pressupõe uma acumulação de direitos, entre os quais não existe uma relação de especialidade, mas de complementariedade. A consecução da liberdade acadêmica como um todo evoca, por exemplo, a liberdade de reunião (5°, XVI), de associação (5°, XVII) e o direito de utilização, publicação ou reprodução de obras autorais (5°, XXVII). Enquanto os dois primeiros relacionam-se mais proximamente à designada dimensão intramuros da liberdade acadêmica, que habilita o docente à participação na gestão universitária, há pontes nítidas entre a liberdade de pesquisar e divulgar o pensamento e os nomeados direitos do autor.

Quanto à liberdade de ensinar, especificamente, seu titular é também simultaneamente portador dos direitos de autoria, na já firmada posição do Superior Tribunal de Justiça (STJ), no sentido de que recai sobre o material didático produzido pelo professor a proteção concedida pela Lei de Direitos Autorais (Lei n° 9.610/1998).[229] A concorrência analisada da posição do sujeito deixa nítido, também, que o titular da liberdade de ensinar pode acumular a titularidade dos direitos acomodados nas demais dimensões da liberdade acadêmica. Àquele que tem liberdade de ensinar reconhece-se a liberdade de pesquisar e divulgar o pensamento, a liberdade de ação e elocução extramuros e a liberdade de manifestação intramuros. Assim, há uma acumulação de direitos interna e externamente ao diâmetro do âmbito de proteção da liberdade acadêmica.

Até aqui, foram avaliadas as condições de existência de um direito autônomo à liberdade de ensinar. O que se notou é que o direito forma relações de concorrência com outros, e que isso não é razão para negar-lhe autonomia. Cabe agora inquirir a que regime jurídico está submetido: se àquele de tutela das normas de *status* constitucional, genericamente consideradas, ou ao regime qualificado dos direitos fundamentais, aos quais se estimou uma atenção especial por parte do Constituinte pátrio.

Na Constituição Brasileira, nota-se o parcelamento da proteção de direitos fundamentais em um alongado conjunto de enunciados normativos. É assim que os artigos 5° ao 17 da CF afiguram o bloco constitucional de direitos fundamentais, do qual fazem parte os denominados direito de liberdade, os

---

[228] MARTINS, Leonardo. *Liberdade e estado constitucional*. São Paulo: Atlas, 2012. p. 292, [n. 25].

[229] BRASIL. STJ. *REsp 1201340*. Rel. Min. Maria Isabel Gallotti. Quarta Turma. Julgado em: 03/11/2011. DJe: 02/08/2012.

direitos sociais, os direitos de nacionalidade e os direitos políticos. O regime jurídico que consta dos parágrafos do artigo 5º aplica-se a toda a tipologia dos direitos fundamentais aludida, muito embora a sua latitude constitucional, à primeira vista, tenda à inferência de um regramento reservado aos assim chamados direitos de liberdade, contidos nos incisos do mesmo dispositivo.

Por essa ocasião, o que pontualmente importa é o que grafa o artigo 5º, § 2º, designado cláusula de abertura.[230] Trata-se de dispositivo que sustenta um processo contínuo de acumulação de direitos fundamentais[231] ao assegurar que "os direitos e garantias expressos [na] Constituição não excluem outros decorrentes do regime [democrático] e dos princípios por ela adotados, ou dos tratados internacionais em que a República Federativa do Brasil seja parte". Ela se firma na premissa de que o tempo é fator decisivo na configuração e reconfiguração do que se fala quando se fala em diretos fundamentais. Isso quer dizer que, sendo a Constituição muito mais que um texto – porque e na medida em que é sensível ao contexto –, ela sofre continuamente reedições formais (nos termos do rito de emenda constitucional, do qual trata o artigo 60) ou informais (via interpretação constitucional), tornando o processo constituinte – com evidente necessidade de cautela – uma espécie de *continuum* a que dá causa os seus intérpretes.

A cláusula, que faz do bloco de direitos fundamentais um tecido vazado, não é inaugurada pela Constituição de 1988. Todas as Constituições Brasileiras,[232] à exceção da Constituição imperial de 1824, previram o acoplamento de direitos assim não considerados em sua gênese. Esse nicho de direitos aos quais se atribui uma qualidade à revelia da decisão do Poder Constituinte Originário é dos ditos direitos apenas materialmente fundamentais. O que lhes falta é a fundamentalidade formal, isso é, a tipificação expressa enquanto direitos fundamentais, daí ser a cláusula de abertura um álibi para que se assuma a sua fundamentalidade por outra via, qual seja, o conteúdo. Pode-se falar em dois tipos de direitos apenas materialmente fundamentais: naqueles que carecem apenas de fundamentalidade formal e naqueles desprovidos simultaneamente de fundamentalidade e constitucionalidade formal. Os primeiros, embora pertencentes ao texto constitucional, não o são do rol de direitos fundamentais; os últimos não pertencem sequer à malha constitucional, podendo estar expressos em outros documentos normativos (no plano internacional, por exemplo) ou serem implícitos.[233]

---

[230] O termo, que é o de maior uso no Brasil, encontra-se em SARLET, Ingo Wolfgang. *Eficácia dos direitos fundamentais*. 12. ed. Porto Alegre: Livraria do Advogado, 2015. p. 75 *et seq*.

[231] Referindo-se à Constituição portuguesa, ANDRADE, José Carlos Vieira de. *Os direitos fundamentais na Constituição Portuguesa de 1976*. 2. ed. Coimbra: Almedina, 2001. p. 47 *et seq*.

[232] Constituição de 1891, artigo 78; Constituição de 1934, artigo 114; Constituição de 1937, artigo 123; Constituição de 1946, artigo 144; Constituição de 1967, artigo 150, § 35; Constituição de 1969 (EC nº 1), artigo153, § 36.

[233] Com isso, identificam-se dois tipos de direitos fundamentais: aqueles que são formal e materialmente fundamentais e os que são apenas materialmente fundamentais. Mas há também quem cogite a existência de um terceiro tipo, o dos direitos apenas formalmente fundamentais, que, portanto, pertencem ao rol constitucional de direitos fundamentais, mas não possuem matéria fundamental, normalmente porque apenas instrumentalizam a proteção de bens jurídicos fundamentais (ex. artigo 5º, XXIX – a lei assegurará aos auto-

Destaca-se, quanto ao primeiro grupo, que nele estão os direitos fundamentais fora do catálogo que compõem concomitante a Constituição formal e material,[234] isso é, são texto solene e núcleo da decisão constituinte positivada. Jorge Bacelar Gouveia, referindo-se a eles, no direito português, chama-os de direitos fundamentais típicos não enumerados, "positivados no texto constitucional, mas que por razões várias se localizam fora da arrumação sistemática".[235]

No tocante ao segundo grupo, é de advertir a necessidade de uma fundamentação reforçada, que se inicia na atribuição do caráter materialmente constitucional à norma. Para esse fim, entende-se por Constituição material o conjunto de normas que "tratam de temas considerados como de natureza essencialmente constitucional – notadamente a organização do Estado *e os direitos fundamentais* –, não importa onde estejam positivadas"[236] [grifo nosso]. A rigor, o passo seguinte, em considerável medida, é eivado de subjetividade, no sentido de que imprescinde de um sujeito (intérprete) capaz de manusear argumentos que justifiquem a elevação do direito à categoria de direito fundamental. Para tanto, considera-se a estratégia de relacionar um direito de fora do catálogo com um (ou mais) direito(s) de dentro do catálogo, sob o fundamento de que o(s) último(s) só se realiza(m) se e na medida da eficácia e efetividade do direito não catalogado.[237] Sendo esses direitos do tipo meio, a conferência de igual proteção à recebida pelos direitos que compõem o rol constitui um dever implícito, que, caso não verificado, implica o comprometimento da normatividade dos direitos fundamentais tipificados.

De logo, observa-se que a liberdade de ensinar ata-se com os direitos dos quais já se fez uso para demonstrar as relações de concorrência solvidas pelo critério da especialidade, isso é, com a liberdade de expressão (e suas espécies) e com a liberdade profissional. A invulgar necessidade de atribuir fundamentalidade à liberdade de ensinar é, assim, um reflexo da demanda de conferir eficácia e efetividade aos sobreditos direitos catalogados.

Para além do marco dos costumeiramente denominados direitos de liberdade, forma-se também uma relação de mesma natureza entre a liberdade de ensinar e o direito à educação, positivado sob a rubrica de direito social no artigo 6º da CF. Tal relação é induvidosa no texto constitucional brasileiro, que abrange um analítico tratamento do direito à educação entre os artigos 205

---

res de inventos industriais privilégio temporário para sua utilização, bem como proteção às criações industriais...). Entende-se oportuno considerar, a partida, que direitos fundamentais são todos aqueles que assim foram valorados pelos Poder Constituinte, pelo que se nega a pertinência dessa última categoria. O contrário – quer dizer, admitir que haja um conjunto de direitos dentro do catálogo que não merece a mesma guarida jurídica – fragilizaria por demais a proteção conferida aos direitos fundamentais, e não seria estranho que se deflagrasse um esforço argumentativo às avessas, qual seja o de negar a fundamentalidade de determinados direitos, gerando-se um inconteste estado de insegurança. Para mais, cf. SARLET, Ingo Wolfgang. *Eficácia dos direitos fundamentais*. 12. ed. Porto Alegre: Livraria do Advogado, 2015. p. 143-4.

[234] Ibid., p. 117.

[235] GOUVEIA, Jorge Bacelar. *Manual de direito constitucional*. v. II, 3. ed. Coimbra: Almedina, 2009. p. 1085.

[236] SOUZA NETO, Cláudio Pereira de; SARMENTO, Daniel. *Direito constitucional*: teoria, história e métodos de trabalho. Belo Horizonte: Fórum, 2012. p. 50.

[237] ALEXY, Robert. *Teoria dos direitos fundamentais*. São Paulo: Malheiros, 2008. p. 69 *et seq*.

e 214, estando entre eles a liberdade de ensinar na condição de princípio do ensino no Brasil. Dessa maneira, pensando a educação em sentido amplo, enquanto direito dotado de facetas positivas e negativas, há que conceber a liberdade de ensinar como um direito de liberdade associado ao âmbito de proteção de um direito social em espécie.

Se tal ligadura dispensa maiores esforços argumentativos dada a relação já esboçada pelo Constituinte, cabe, de outra banda, atentar para a teia de relações que se forma entre a liberdade de ensinar e outros direitos também não catalogados componentes do plexo constitucional de tutela da educação. Isso porque, atrelados à liberdade de ensinar, ora são condições para a sua eficácia e efetividade, ora é ela que constitui meio para a sua concretização. Entre eles, destacam-se os direitos subjetivos que, juntamente à liberdade de ensinar, compõem as balizas norteadoras da educação, firmando com ela relações de cunho estreito.[238] Entre os contidos no artigo 206, é de ressaltar o direito à liberdade de aprender (inciso II), o direito de pesquisar e divulgar o pensamento, a arte e o saber (inciso II), o direito ao pluralismo de ideias e de concepções pedagógicas (inciso III), o direito de valorização dos profissionais do ensino e o piso salarial profissional (incisos V e VIII) e o direito à gestão democrática do ensino público (inciso VI).

De todos, é certo que o que se ajunta mais proximamente à liberdade de ensinar é a designada liberdade de aprender. Mesmo a AAUP, em 1967, deixou claro que "a liberdade de ensinar e a liberdade de aprender são facetas inseparáveis da liberdade acadêmica".[239] A relação educacional que se firma entre professores e alunos põe estes últimos na condição de titularidade do referido direito, e já que a ideia de ensino remete naturalmente à noção de aprendizagem, há mesmo quem, expandindo o conceito de liberdade acadêmica, considere que alunos são também seus titulares, posto investidos da liberdade de aprender. Nesse sentido, admite Walter Metzger[240] que estudantes estão muito menos atrelados à história da liberdade acadêmica que os professores, mas isso não é razão para ignorá-los.

De sublinhar que a liberdade de aprender coaduna-se com os fins promocionais do direito à educação grafados no *caput* do artigo 205 da CF. Ali está dito que a educação visará "ao pleno desenvolvimento da pessoa, seu preparo para o exercício da cidadania e sua qualificação para o trabalho". Ao dirigir a prestação em matéria educacional,[241] a Constituição torna os educandos

---

[238] Afirmando-os como "direitos de natureza instrumental" à educação, v. RANIERI, Nina. O direito educacional no sistema jurídico brasileiro. In. ABMP. *Justiça pela qualidade na educação*. São Paulo: Saraiva, 2013. p. 78.

[239] AMERICAN ASSOCIATION OF UNIVERSITY PROFESSORS. *1967 Joint statement on rights and freedoms of students*. Disponível em: <http://scholarship.law.duke.edu/cgi/viewcontent.cgi?article=4064&context=lcp >. Acesso em: 12 abr. 2016.

[240] METZGER, Walter P. *Academic freedom in the age of the university*. New York: Columbia University Press, 2013. p. 123 *et seq.*, referindo-se à tradição norte-americana.

[241] Ressaltando o caráter diretivo na norma, MALISKA, Marcos Augusto. *O direito à educação e a Constituição*. Porto Alegre: Sérgio Fabris, 2001. p. 160-1.

também sujeitos passivos de expectativas de atingimento dos objetivos nacionais aliados à participação política enquanto cidadãos.[242]

Prévia à relação Instituição-aluno, a liberdade de aprender abarca a autonomia para escolher a IES, que é temperada pelo atendimento dos requisitos exigidos para o ingresso. No mais, a imbricação entre a liberdade de aprender e o direito à igualdade de condições de acesso e permanência (206, inciso I) evoca uma interpretação da CF afinada à igualdade material, havendo-se de falar em um direito à consecução de políticas públicas de supressão de desigualdades fáticas. Uma vez firmada a relação entre aluno e IES, a liberdade abarca o direito de, em sala de aula, receber uma educação compromissada com o pluralismo de ideais, que dê vazão à possibilidade de discordância de manifestações externadas por outros alunos ou pelos professores sem quaisquer retaliações; o direito de realizar atividades de pesquisa e extensão, atendidas às exigências institucionais; o direito de aquisição de grau e aprovação, conforme o desempenho individual; o direito de frequentar aulas, obter certidões e realizar atividades avaliativas, ainda que não adimplente, se a IES for particular;[243] o direito a obter um ensino que atenda aos padrões legais de qualidade; o direito de acessibilidade às instalações institucionais e de gozo das áreas de uso comum, como laboratórios e bibliotecas; o direito de participação em órgãos representativos e deliberativos, como centros acadêmicos e colegiados, nos quais se discute a formatação das atividades educacionais promovidas pela Instituição, inclusive para, em alguma medida, questionar os regramentos institucionais; e, ainda, o direito de se expressar livremente enquanto cidadão, fora do espaço acadêmico, sem o risco de sobrevir, nesse último, qualquer punição.

De outro viés, não abarca o direito de, a princípio, não se submeter às regras internas; o direito de não cumprir os componentes curriculares e de ser avaliado; o direito à aprovação à revelia da satisfação do exigido e o direito de não ser submetido a um procedimento disciplinar, na hipótese de atentado às regras institucionais. Ademais, como já dito, há uma distinção entre respeitar a liberdade discente e não contraditar suas ideias.[244] Não é correto que as opções docentes atinentes ao ensino obstem o exercício da liberdade dos alunos. Ao mesmo tempo, a liberdade discente não é apta a estabelecer a pauta de conduta docente, de sorte que não existe um direito de não ser ensinado sobre pontos vistas divergentes dos seus próprios.[245]

A natureza cooperativa do empreendimento impede tais extremos.[246] Assim já apontava a Declaração Mundial sobre Educação Superior no Sécu-

---

[242] RANIERI, Nina. O direito educacional no sistema jurídico brasileiro. In. ABMP. *Justiça pela qualidade na educação*. São Paulo: Saraiva, 2013. p. 56.

[243] BRASIL. STJ. *REsp 660.439*. Rel. Min. Eliana Calmon. Segunda Turma. Julgado em: 02/06/2005. DJ: 27/06/2005.

[244] POST, Robert C.; FINKIN, Matthew W. *For the common good*: principles of american academic freedom. New Haven: Yale University Press, 2009. p. 105.

[245] Assim, BRIGHOUSE, Harry. *Sobre educação*. São Paulo: Unesp, 2011. p. 03.

[246] Aparentemente em sentido contrário, dando prioridade à liberdade de aprender em detrimento da liberdade de ensinar, num contexto educativo centrado no aluno, v. PINTO, Mário. Liberdades de aprender e de ensinar: escola privada e escola pública. *Análise Social*. v. xxviii, 1993. p. 764.

lo XXI,[247] firmada na oportunidade da Conferência Mundial sobre Educação Superior ocorrida em 1988, em Paris. Em seu artigo 10º, ela assentou que as decisões no plano educacional "devem colocar os estudantes e as necessidades dos mesmos no centro das preocupações, devendo considerá-los como os parceiros e protagonistas essenciais responsáveis pela renovação da educação superior". Na prática, o que isso acarreta é o envolvimento de estudantes em questões tocantes ao "processo de avaliação, [à] renovação de métodos pedagógicos e programas curriculares no marco institucional vigente, [à] elaboração de políticas e [à] gestão institucional".

Sobre a relação entre pesquisa e ensino, já advertido o seu liame enquanto dimensões da liberdade acadêmica. Como visto, no Brasil, essa aliança foi uma averbada intenção da Reforma Universitária de 1968, tendo sido ratificada pela Constituição de 1988. Nesse segmento, denota-se a criação de políticas públicas voltadas ao fim de acasalar ensino e pesquisa, ou, ainda mais pontualmente, de qualificar aquele por meio dessa. Foi assim a política instituída pelo Decreto nº 7.642/2011 (Programa Ciência sem Fronteiras), exemplificativamente.

No mais, registra-se que a Carta brasileira reserva espaço exclusivo para a pesquisa científica quando, em seu artigo 218, § 1º, incorpora o seu compromisso com o bem público e o progresso da ciência, da tecnologia e da inovação. Soma-se à disposição constitucional a recente Lei nº 13.243/2016, denominada Código Nacional de Ciência, Tecnologia e Inovação, que alterou a Lei nº 10.973/2004 (Lei de Inovação), estabelecendo um conjunto de normas reguladoras da pesquisa científica e condicionando-a particularmente à promoção de inovação.

A despeito disso, não é demais questionar quão efetiva é tal ligadura, considerando-se tanto o plano normativo, quanto o plano fático. Na malha normativa, denota-se o reconhecimento de três tipos de regimes de trabalho docente: integral, no qual pelo menos 20 h (vinte horas) de trabalho, do total de 40 h (quarenta horas), são dedicadas à pesquisa; parcial, em que pelo menos 25% (vinte e cinco por cento) da carga horária total deve ser dedicada à pesquisa; e horista, em que professores são contratados exclusivamente para o ensino em sala de aula, sem compromisso institucional com a prossecução de pesquisas prévias (Decreto nº 5.773/2006, artigo 69, parágrafo único). É bem verdade que a legislação exige percentuais mínimos de professores em regime integral,[248] de modo a conformar o propósito de aliançar pesquisa e ensino, mas a figura, por si só, do professor horista, demonstra que essa aproximação não é cogente, em que pese devida.

Além disso, observando-se as modalidades de Instituições de Ensino Superior de que fala o artigo 12 do Decreto nº 5.773/2006 – Universidades (em sentido estrito), Centros Universitários e Faculdades –, tem-se que a pesquisa

---

[247] UNESCO. *Declaração Mundial sobre Educação Superior no Século XXI: Visão e Ação*. 1998. Disponível em: <http://www.direitoshumanos.usp.br/index.php/Direito-a-Educa%C3%A7%C3%A3o/ declaracao-mundial -sobre-educacao-superior-no-seculo-xxi-visao-e-acao.html>. Acesso em: 03 jun. 2016.

[248] Assim, na LDB, artigo 52, III, há que as Universidades terão "um terço do corpo docente em regime de tempo integral".

é atividade primordial apenas nas primeiras. Assim, "as universidades são instituições pluridisciplinares de formação dos quadros profissionais de nível superior, de *pesquisa*, de extensão e de domínio e cultivo do saber humano..." [grifo nosso] (LBD, artigo 52). Para além delas, fala-se de pesquisa também nos Centros Federais de Educação Tecnológica (equiparados aos Centros Universitários), que possuem a finalidade de promover pesquisa aplicada (Decreto n° 5.224/2004, artigo 2°), e nos Institutos Federais (equiparados às Universidades), que têm por fim realizar e estimular a pesquisa aplicada (Lei n° 11.892/2008, artigo 6°, VIII). Quanto aos Centros Universitários (genericamente considerados) e às Faculdades, a legislação não se refere expressamente à pesquisa como elemento caracterizador (LDB, Decreto n° 5.773/2006 e Decreto n° 5.786/2006).

Se tal relação demonstra alguma fragilidade, é preciso ressalvar que isso ocorre especialmente na esfera da graduação e da pós-graduação *lato sensu* (especializações, inclusive MBA). Por definição, na etapa da pós-graduação *stricto sensu*, o ensino se desenvolve em programas de mestrado e doutorado, os quais firmam compromisso com o desenvolvimento da pesquisa e a formação de pesquisadores. Mas, ainda nesse último campo, a relação entre pesquisa e ensino passa longe da superação de um verdadeiro fosso. Muito embora se deva reconhecer a existência de políticas de incentivo à pesquisa no ensino superior a contemplar alunos e professores, o que ainda se nota é algum comprometimento da efetividade do direito, seja porque a ele não é devotado o investimento almejado, seja porque, quando existentes, as pesquisas são, na prática, cerceadas por interesses diversos daqueles dos próprios pesquisadores, notadamente de cunho estatal e econômico-empresarial, o que refreia a basilar liberdade de escolha do objeto de pesquisa e macula, no eixo final da relação, o ensino do objeto pesquisado em sala de aula.[249]

Sobre o tema, é eloquente Andrew Jewett[250] ao discorrer a respeito da liberdade de pesquisar nos EUA afirmando que, idealmente, o trabalho acadêmico é subserviente ao povo. Contudo, o que se vê é um servilismo da investigação acadêmica ao Estado – com destaque para o regime de financiamento da Guerra Fria, que reconfigurou a pesquisa no país – e, atualmente, de maneira especial ao mercado, que a concebe uma mina de propriedade intelectual e funcionários qualificados, formados conforme suas necessidades próprias.

O inciso II do artigo 206 fala, ainda, em liberdade de divulgação da arte, o que está correlacionado diretamente com a liberdade de expressão artística, de que trata o artigo 5°, inciso IX. Quanto à convergência entre a liberdade acadêmica, em geral, e a liberdade artística, é Robert O'Neil quem realça que, quando Instituições fornecem seu espaço para exposições ou *performances* ao público, os expositores não podem sofrer restrições pelo fato de o público acadêmico sentir-se ofendido em virtude de algum trabalho exposto, sendo o

---

[249] v. capítulo 1, tópico 3.3.
[250] JEWETT, Andrew. Academic freedom and political change: american lessons. BARY, Brett de. *Universities in translation*: The mental labor of globalization. Hong Kong: Hong Kong University Press, 2009. p. 263-78.

caso de a participação ser optativa.²⁵¹ Se se pensar exclusivamente na faceta da liberdade de ensinar, pode-se conceber a hipótese de o docente utilizar uma exposição artística para abordar determinada temática contida no plano da disciplina, havendo, aí, aproximação entre os dois direitos. Além disso, sendo o curso superior de artes plásticas ou cênicas, por exemplo, cabe reconhecer ao docente a faculdade de ensinar valendo-se de suas próprias produções, fazendo-as constituir parte do seu material didático.

O direito ao pluralismo de ideias e de concepções pedagógicas (artigo 206, inciso III) sintoniza-se à refutação da ortodoxia nos estabelecimentos educacionais. No que toca à educação superior, o *campus* e, em particular, a sala de aula, tem que se mostrar aberto à interação dialógica e ao dissenso, avizinhando tendências e concepções opostas. No mesmo tom, a liberdade de ensinar aproxima-se da gestão democrática do ensino (artigo 206, inciso VI) na medida em que esta, ao garantir a participação docente em órgãos colegiados deliberativos,²⁵² contempla, em alguma extensão, a autorregulação do exercício da atividade de ensino, permitindo a sua formatação tendo em consideração as demandas do corpo de professores na criação ou modificação de regulamentos e nas tomadas de decisões, de um modo geral, nos termos a que se propõe a já versada dimensão intramuros da liberdade acadêmica. Ainda por fim, os incisos V e VIII do artigo 206 dispõem, respectivamente, a respeito do direito de valorização dos profissionais do ensino e do direito ao piso salarial profissional, sem os quais, sabidamente, não se pode conceber a liberdade de ensinar, posto constituírem a contraprestação ao exercício da profissão docente.

A educação, de um modo geral, e a liberdade de ensinar, em particular, aludem, além do mais, à concreção do princípio democrático, que inaugura o texto constitucional brasileiro (artigo 1º), em sua íntima (embora não exclusiva) relação com o artigo 14 da CF, no qual se encontra instituído o direito fundamental de sufrágio ativo. Nesse compasso, observa-se a condição de direito--meio da liberdade de ensinar no tocante à formação de cidadãos capacitados para influírem no processo democrático deliberativo. Cabe ao professor orquestrar a produção de conhecimentos, contribuindo para robustecer o debate no espaço público. A relação entre democracia e liberdade de ensino, tal como propaga Post, encontra, assim, aporte manifesto na Constituição Brasileira, seja por causa da concomitante proteção da liberdade e da democracia no patamar constitucional, seja porque de forma bastante límpida o texto constitucional relaciona ambos ao insistir que a educação serve ao preparo para o exercício da cidadania, em seu artigo 205. Esse nó serve de realce à afirmação de que uma leitura adequada da liberdade de ensinar no Brasil perpassa a sua relação com o princípio democrático, conforme prospectado ao final do capítulo 1.

Bem, o fluxo existente entre a liberdade de ensinar e os direitos formal e materialmente fundamentais torna inconteste o seu caráter de direito funda-

---

²⁵¹ O'NEIL, Robert M. Artistic freedom and academic freedom. *Law and Contemporary Problems*. v. 53, n. 3, 1990. p. 177-193.

²⁵² Segundo a LDB, artigo 56, parágrafo único, "em qualquer caso, os docentes ocuparão setenta por cento dos assentos em cada órgão colegiado e comissão, inclusive nos que tratarem da elaboração e modificações estatutárias e regimentais, bem como da escolha de dirigentes".

mental. Tendo-se superado essa etapa, a próxima consiste em conhecer as implicações dessa condição.

3. Titulares e destinatários do direito fundamental à liberdade de ensinar

Considerando a extensão do âmbito de proteção da liberdade acadêmica assentado no capítulo 1, convém destacar que a identificação dos seus titulares e destinatários há que ser feita separadamente para cada uma das suas dimensões. Daí o porquê de o versado a seguir relacionar-se, tão somente, à liberdade de ensinar.

Embora o titular da liberdade de ensinar possa ser o mesmo de outra dimensão da liberdade acadêmica, tal coincidência não é necessária. A título de exemplo, observe-se que um pesquisador pode não ensinar em sala de aula, daí exercer exclusivamente a dimensão da liberdade de pesquisar. Além disso, tem quem considere que a titularidade da liberdade acadêmica abarca outros profissionais do contexto do ensino que não são professores, como os bibliotecários, já que de alguma sorte estão envolvidos no processo de produção de conhecimento.[253] Além disso, lembra-se do reconhecimento de diretores e alunos como titulares da liberdade acadêmica, pelo fato de representarem a autonomia institucional e gozarem da liberdade de aprender, respectivamente.[254]

Na distinção consolidada na doutrina constitucional, titulares de direitos fundamentais são os sujeitos ativos da relação jurídica formada em decorrência da existência de um direito fundamental. São os investidos do direito subjetivo de fazer ou não fazer algo em virtude da proteção juridicamente conferida a eles. Ocorre que, ter direito a algo, pressupõe alguém de quem se possa exigi-lo. Assim, o polo passivo da relação é ocupado pelos destinatários, a quem incumbem deveres de respeito, promoção e proteção dos direitos.[255]

A titularidade do direito à liberdade de ensinar é imediatamente atrelada à figura do professor. Na conjuntura da educação formal, o professor é aquele de quem se espera o exercício do direito. Tendo sido escolhido para a atividade de ensino, o ato de posse (nas IES públicas) ou de contratação (nas IES privadas) inaugura a relação entre professor e Instituição. Com o início do semestre letivo ou das atividades para as quais foi designado em caráter extraordinário

---

[253] TURK, James L. *Academic freedom for librarians:* what is it, and why does it matter?. Disponível em: <https://www.mcgill.ca/maut/files/maut/2010.08.25_mcgill_librarians.pdf>. Acesso em: 02 maio 2016.

[254] O ponto remete à titularidade de direitos fundamentais por pessoas jurídicas (inclusive de direito público, se em questão Universidades públicas). A questão é relativamente arrefecida no Brasil pelo fato de a CF, em seu artigo 207, prever que Instituições de Ensino são dotadas de autonomia. De toda sorte, importa lembrar, com Sarlet, que "a extensão da titularidade de direitos fundamentais às pessoas jurídicas tem por finalidade maior a de proteger os direitos das pessoas físicas". SARLET, Ingo Wolfgang. *Eficácia dos direitos fundamentais.* 12. ed. Porto Alegre: Livraria do Advogado, 2015. p. 231. Por causa disso, deve-se entender que (em certa medida, pelo menos) a autonomia institucional é reconhecida para resguardar os direitos dos agentes educacionais, especialmente os alunos e os professores.

[255] SARLET, Ingo Wolfgang. *Eficácia dos direitos fundamentais.* 12. ed. Porto Alegre: Livraria do Advogado, 2015. p. 215.

(disciplinas ou minicursos em período de recesso, por exemplo), dá-se o gozo do direito fundamental.

Ao tratar da titularidade dos direitos no *caput* do artigo 5°, a Constituição Brasileira diz que tal atributo é reservado aos brasileiros e estrangeiros residentes no país. Quanto aos primeiros, há que pôr em relevo a indistinção entre brasileiros natos e naturalizados, cuja diferenciação é vedada pelo § 1°, do artigo 12 da CF, à exclusão dos casos expressos, não sendo nenhum deles hipótese cabível aqui.[256] Por conseguinte, são titulares do direito à liberdade de ensinar os brasileiros natos (12, inciso I) e aqueles que obtiveram a nacionalidade brasileira por um processo de aquisição, isso é, os naturalizados (12, inciso II).

A respeito dos estrangeiros, é contumaz a interpretação de que, muito embora o Constituinte tenha se referido exclusivamente àqueles que residem no país, a titularidade dos direitos fundamentais se alarga aos não residentes em trânsito no Brasil, particularmente em virtude do princípio da universalidade – em razão do qual, na hipótese de dúvida, deve-se atribuir a titularidade a todas as pessoas –, além do dever constitucional de, nas relações internacionais, considerar-se a prevalência dos direitos humanos (artigo 4°, inciso II).[257] Nesse seguimento, é elucidativo o artigo 207, § 1°, da CF, segundo o qual é facultado às Universidades admitir professores estrangeiros, na forma da lei.

A reserva legal acomodada no dispositivo obriga a sua conjugação à legislação infraconstitucional própria. Nesse ponto, cabe observar o que diz a Lei n° 8.112/1990, que instituiu o regime jurídico único dos servidores públicos federais. Apesar de prefixar que cargo público é o conjunto de atribuições e responsabilidades acessível a todos os brasileiros (artigo 3°, parágrafo único) e elencar, entre os requisitos para a investidura no cargo, a nacionalidade brasileira (artigo 5°, I), a norma discorre que as Universidades poderão prover seus cargos com professores estrangeiros (artigo 5°, § 3°).

De seu lado, a Lei n° 8.745/1993, regulamentando a hipótese de contratação por tempo determinado para atender à necessidade temporária de excepcional interesse público, refere-se à possibilidade de admissão de professor substituto e professor visitante (artigo 2°, inciso IV) e à admissão de professor visitante estrangeiro (artigo 2°, inciso V) para aquele fim. A leitura conjunta dos dispositivos remete a duas conclusões possíveis. A primeira é a de que estrangeiros podem exercer o cargo de professor visitante, mas não de professor substituto. A segunda é a de que o inciso V supracitado é redundante, ressaltando uma das modalidades de exercício do direito à liberdade de ensinar por parte de professores estrangeiros, entre outras possíveis.

O Estatuto do Estrangeiro – Lei n° 6.815/1980 –, em seu artigo 13, inciso V, diz que será concedido visto temporário ao estrangeiro que pretenda vir ao

---

[256] Os casos, porque excepcionais, hão de ser expressos na Constituição. Compreende-se que taxativamente se referem ao exercício de determinados cargos (artigo 12, § 3°), ao exercício de funções (artigo 89, inciso VII), à propriedade de empresa jornalística (artigo 222), à perda de nacionalidade (artigo 12, § 4°) e à extradição (5°, inciso LI).

[257] SARLET, Ingo Wolfgang. Comentário Título II – dos direitos e garantias fundamentais. In: CANOTILHO, José Joaquim Gomes *et al*. (Coords.). *Comentários à Constituição do Brasil*. São Paulo: Saraiva/Almedina, 2013. p. 191-2.

Brasil na condição de professor sob regime de contrato ou a serviço do governo brasileiro. Tal visto pode se tornar permanente passados 2 (dois) anos de residência no país (artigo 37, § 1º). Ao fazê-lo, não alude a uma modalidade de contratação específica. Assim sendo, ao que parece, a melhor interpretação do artigo 5º, § 3º, da Lei nº 8.112/1990, coaduna-se ao entendimento de que estrangeiros podem ser professores visitantes ou substitutos, tratando-se o inciso V de um excesso legal.

Professores substitutos e visitantes são habilitados para o exercício do ensino em caráter precário por causa da existência de um termo demarcatório do término da atividade.[258] Por professor substituto entenda-se aquele contratado para licenças e afastamentos de professores efetivos, conforme o artigo 14 do Decreto nº 7.485/2011. É o mesmo instrumento normativo que determina que o percentual reservado aos professores substitutos não pode ser maior que a proporção de 20% (vinte por cento) dos docentes efetivos em cada Universidade (artigo 3º), sendo a sua contratação limitada ao regime de 20 (vinte) a 40 (quarenta) horas semanais (artigo 3º, § 3º). Em adição, o professor visitante recebe da Lei nº 8.745/1993 a incumbência de contribuir para o aprimoramento de programas de ensino (artigo 2º, § 5º), além de outras atividades relacionadas à pesquisa e à extensão.

No que se refere aos professores efetivos, o exercício da liberdade de ensinar decorre da ocupação de cargo pertencente ao quadro de pessoal permanente da IES, resguardado o direito de estabilidade após 3 (três) anos de efetivo exercício, conforme o artigo 41 da CF.

Registra-se, ainda, a figura dos designados professores temporários, contratados para suprir demandas decorrentes do Programa de Apoio a Planos de Reestruturação e Expansão das Universidades Federais (Reuni), criado pelo Decreto nº 6.096/2007 e extinto em dezembro de 2012. A Portaria Interministerial nº 149/2011 disciplinou o regime aplicável aos professores temporários, considerando que o contrato com eles firmado teria a duração de 1 (um) ano e a duração máxima de 2 (dois) anos, nos termos do seu artigo 4º.

A rigor, a contratação de professores é condicionada à prévia realização e aprovação em processo seletivo mediante concurso público de provas e títulos, que pode ou não ter caráter simplificado. A exceção, contida no artigo 3º, § 2º, da Lei nº 8.745/1993, refere-se à possibilidade de efetivar a contratação havendo notória capacidade técnica ou científica do profissional, mediante análise do *curriculum vitae*. Da aprovação em concurso público, segue-se a nomeação e sua publicação, a partir do que se pode falar em um direito líquido e certo à posse. A posse é o que consagra a manifesta adesão do professor nomeado às atribuições e deveres referentes ao cargo docente. A partir da posse, conta-se o prazo de até 15 (quinze) dias para que o docente entre em exercício em Instituição pública (Lei nº 8.112/90, artigo 15, § 1º).

---

[258] Assim, a Lei nº 8.745/1993, artigo 4º, inciso II, diz que o prazo é de 1 (um) ano para professores substitutos e visitantes, sujeito à prorrogação que não exceda 2 (dois) anos (parágrafo único, I), e de 4 (quatro) anos no caso dos professores visitantes estrangeiros (inciso V), desde que o prazo total não exceda 4 (quatro) anos (parágrafo único, III).

A organização da carreira docente é feita pela Lei n° 12.772/2012. Em seu artigo 1°, §§ 1° e 2°, são fixadas denominações para os cargos efetivos de magistério no ensino superior, quais sejam: professor auxiliar, professor assistente, professor adjunto, professor associado e professor titular. Sua redação acompanha a extinção das cátedras e, por conseguinte, da nomenclatura professor catedrático, que passa a equivaler ao professor titular.

A diferenciação de classes, na prática, pode ser determinante das dimensões da liberdade de ensinar, de modo tal que, embora todos os professores sejam titulares do direito, ele se afigurará expandido ou reduzido a depender do enquadramento do docente. A arquitetura em degraus, bem como as exigências referentes à titulação para a ocupação dos cargos feita pela legislação – título de Doutor para titular, associado e adjunto; de Mestre para assistente e de Graduado ou Especialista para auxiliar (Lei n° 12.772/2012, artigo 1°, IV, § 2°) –, são ao menos indicativas da existência de uma maior esfera de deliberação sobre as atividades de ensino por parte de professores titulares quando comparados a professores auxiliares, por exemplo.

Para além da ocupação ordinária da posição de titularidade do direito à liberdade de ensinar por parte de professores, importa advertir para a abertura dada pelo artigo 84 da LDB ao exercício das tarefas de ensino por parte do corpo discente, ato que cria a figura do monitor. Se a monitoria abre uma brecha para a ocupação contingente da posição docente, não se pode deixar de reconhecer que entra em causa a liberdade de ensinar. Ocorre que a condução da disciplina ordinariamente pelo professor é natural elemento restritivo da liberdade quando exercida por ocasião da monitoria. Ao mesmo tempo em que compete ao professor orientar o aluno monitor no sentido de antever a necessidade de abordagem plural das temáticas envolvidas, incumbe-lhe também não cercear escolhas referentes ao conteúdo e ao método de ensino, desde que compatíveis com os compromissos institucionais e legais. Observe-se que a monitoria, enquanto instituto destinado à preparação para a docência, é formativa de um corpo docente futuro, o que coloca o aluno monitor em posição dúplice: ao mesmo tempo em que requer aprender a conduzir uma disciplina, é responsável por ministrar aulas, ainda que temporariamente. Seja porque investido da liberdade de aprender, na primeira hipótese, ou da liberdade de ensinar, na segunda, convém seja-lhe assegurada uma margem de desenvoltura. Ainda mais precisamente, não compete ao professor orientador determinar como algo há de ser dito pelo monitor, mas sim coordenar as opções prévias do aluno, aparando o que se mostrar incompatível com a atividade.

Recolocando em questão a relação jurídica firmada em razão do ensino sob a perspectiva dos destinatários do direito à liberdade de ensinar, nota-se uma paleta de deveres sem os quais a efetividade do direito é posta entre aspas. Considerando-se que tal direito localiza-se na categoria de direito de liberdade, aos destinatários da liberdade de ensinar – que são o Estado e os particulares, no compasso do que se concebe como eficácia pública e privada dos direitos fundamentais – compete não intervirem na sua consecução. Porém, como ensina António Sousa Franco, a liberdade de ensinar efetiva "pressupõe 'condições de liberdade', 'libertação', 'intervenção libertadora do Estado e da sociedade'",²⁵⁹ e é esse o motivo de também competirem aos seus destinatários os deveres de proteção e promoção do seu exercício por meio de ações positivas. Da tela de direitos e deveres que põe em linha os titulares e os destinatários da liberdade de ensinar se trata na sequência.

4. A liberdade de ensinar como direito multifuncional

Uma rede de relações entre titulares e destinatários se forma em virtude da existência de um direito fundamental. Se se quer refinar o sentido da liberdade de ensinar, então é preciso cartografar o conjunto de posições juridicamente tuteladas que se relacionam ao direito. O ponto de partida dessa projeção é o de que o direito em questão costuma ser tratado como um direito de liberdade. Assim sendo, adorna seus titulares da faculdade de fazer ou não fazer algo sem ingerência dos seus destinatários. A imagem primeira que se pode traçar da liberdade de ensinar é, então, de professores circunscritos num espaço juridicamente blindado contra intervenções.

Não fosse certo anacronismo das teses que polarizam direitos fundamentais a partir da criação de subcategorias, essa descrição seria bastante. Quando o local de fala teórico é outro, dizer que a liberdade de ensinar é um direto de liberdade é compor apenas o início da narrativa.

Na perspectiva de uma dogmática unitária dos direitos fundamentais, todos os direitos evocam, a um só tempo, posições de não intervenção, de proteção e promoção.²⁶⁰ Seus titulares demandam o resguardo de um espaço de liberdade e, da mesma forma, exigem que sejam protegidas e promovidas condições de gozo do direito. Aplicada à liberdade de ensinar, essa síntese redunda na conclusão de que professores detêm o direito de não sofrer cerceamentos em seu círculo de liberdade, além da faculdade de exigir que ele seja protegido e promovido. A relação entre titulares e destinatários é, então, dúplice: tem uma feição negativa – no sentido de determinar omissões – e positiva – quando requer ações.

No plano das expectativas negativas, a liberdade de ensinar impõe que os destinatários do direito não dificultem ou impeçam o seu exercício. Em miúdos, isso significa dizer que os seus titulares desejam um insulamento contra interferências. Desenha-se, aqui, uma relação opositiva: é uma liberdade contra o Estado e os atores privados da cena educacional. A esses últimos, por sua vez, são atribuídos deveres de abstenção, pois a concretização da liberdade se dá pela inércia do destinatário. Já na seara das expectativas positivas, o que se ambiciona são ações comissivas. Tais ações ocorrem no plano concreto ou na esfera normativa, isso é, significam prestar algo fática ou normativamente com o fim de promover ou proteger a liberdade de ensinar.

---

²⁵⁹ FRANCO, António L. de Sousa. Para uma fundamentação da liberdade de ensino. *Direito e justiça*. v. IV, 1989. p. 92.
²⁶⁰ Na doutrina brasileira, SARLET, Ingo Wolfgang. *Eficácia dos direitos fundamentais*. 12. ed. Porto Alegre: Livraria do Advogado, 2015. p. 161 *et seq.*

Para que esse feixe de relações fique visível, serão considerados dois planos de observação. Um que se chamará de plano interno, no qual se situam os atores que dialogam dentro das Instituições de Ensino. Outro que se nomeará plano externo, no qual estão agentes (destinatários imediatos, ou não, da liberdade de ensinar) que se comunicam, em diferentes distâncias, com os titulares do direito. No primeiro plano, estão posicionados os professores, o corpo diretivo institucional em sua hierarquização (reitor, diretores de centro, chefes de Departamento, coordenadores de curso), os alunos e os profissionais de áreas das quais imprescinde o funcionamento de uma IES (secretários, recursos humanos etc.). No segundo, destacam-se o Estado (por meio dos seus Poderes constituídos), a sociedade (imediatamente representada pelos pais/família dos alunos) e também o mercado, cujas demandas catalisam, não em pouca monta, o perfil pedagógico do curso e o ensino realizado em seu interior.

As relações que se dão dentro do microssistema Universidade (plano interno) sofrem impacto do entorno (plano externo). Por essa razão, o sentido da liberdade de ensinar tem de ser traçado a partir de um processo interpretativo da cenografia educacional que começa na sala de aula, mas nela não se esgota.

O ponto de observação são os professores, que são os titulares do direito. O exercício de sua liberdade sofre perturbações das externalidades (Estado, mercado e sociedade). No tocante à interação entre os planos interno e externo, fixa-se atenção, aqui, na relação entre professores e Estado. De sua vez, no plano interno, a liberdade de ensinar é impactada pela coexistência com aspirações discentes e aquelas que detêm outros atores institucionais, especialmente o seu corpo diretivo. A relação a que se dá relevo, entre aquelas travadas internamente, é a firmada entre professores e outros atores institucionais, precisamente o corpo diretivo.[261]

A figura abaixo ilustra a composição dos planos de observação considerados, bem como as relações destacadas.

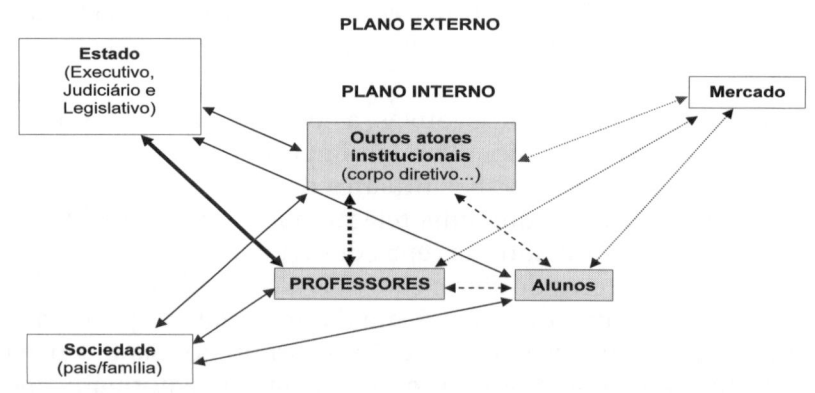

Figura 1 – Planos interno e externo de observância da liberdade de ensinar e fluxos relacionais entre agentes.

---

[261] Ressalva-se que mesmo sendo a IES de natureza pública, e, por isso, um braço do Estado, a imagem é conveniente. Ela separa o que é interno e o que é externo à estrutura institucional, então serve para isolar essas Instituições das demais esferas de poder do Estado.

Recordando-se que titulares e destinatários dos direitos fundamentais comunicam-se de maneira múltipla, isso significa, quanto à liberdade de ensinar, que o Estado e os atores institucionais possuem deveres de ação e de abstenção em face dos titulares do direito. O passo seguinte é esquadrinhá-los.[262]

Quanto aos deveres positivos, realça-se que eles podem evocar prestações de cunho normativo ou fático.[263]

Relativamente aos deveres normativos, é fácil depreender que consistem na criação de normas. Eles são assim concebidos na medida em que a fruição do direito demanda um determinado aporte normativo. No caso específico da liberdade de ensinar, convém uma mirada sobre o complexo normativo-constitucional relativo às competências para legislar em matéria de educação. Nesse ponto, do disposto no artigo 24, inciso IX, da CF, combinado com as regras de interpretação das competências concorrentes fixadas pelos §§ 1º ao 4º do mesmo dispositivo, retira-se a atribuição da União para a edição de normas gerais afeitas à educação e o poder concorrente dos Estados, DF e Municípios no campo da suplementação complementar ou supletiva, se for o caso, em relação à matéria. Recorda-se que o equacionamento da atuação dos entes federativos é realizado a partir da premissa da predominância do interesse,[264] cabendo à União o pertinente ao interesse geral, aos Municípios o que se aproxima do interesse local, e aos Estados os assuntos de afetação regional ou residual.

A par disso, registra-se que também o artigo 22 da CF, em seu inciso XXIV, referente às competências privativas da União, remete ao ente o poder de edição das diretrizes e bases da educação nacional, e, no mesmo sentido, o artigo 214, enuncia a competência da União para estabelecer o Plano Nacional de Educação, de duração decenal, arrimado em regime de colaboração entre os entes federativos. Nesse contexto, comporta remeter à promulgação da Lei nº 13.005/2014, que instituiu o PNE vigente fixando, entre as 20 (vinte) metas multidimensionais e suas respectivas estratégias de concretização, as metas 12 (doze) a 14 (quatorze), que se referem à educação superior, silentes, contudo, em relação à liberdade de ensinar.[265]

Ainda amuradas no processo legislativo, é de evidenciar as proposições sensíveis ao tema da liberdade de ensinar que tramitam no Congresso

---

[262] Ressalta-se – embora pareça elementar – que o empreendimento é meramente exemplificativo, não havendo o intento de filtrar toda e qualquer norma, ato ou decisão que beire o tema em análise, optando-se sempre por explicitar o que conforme juízo próprio for mais relevante.

[263] ALEXY, Robert. *Teoria dos direitos fundamentais*. São Paulo: Malheiros, 2008. p. 201 *et seq.*

[264] BARACHO JÚNIOR, José Alfredo de Oliveira *et al*. O Estado Democrático de Direito e a necessária reformulação das competências materiais e legislativas dos Estados. *Revista de Informação Legislativa*. a. 47, n. 186, 2010. p. 157.

[265] Meta 12: elevar a taxa bruta de matrícula na educação superior para 50% (cinquenta por cento) e a taxa líquida para 33% (trinta e três por cento) da população de 18 (dezoito) a 24 (vinte e quatro) anos, assegurada a qualidade da oferta e expansão para, pelo menos, 40% (quarenta por cento) das novas matrículas, no segmento público e Meta 13: elevar a qualidade da educação superior e ampliar a proporção de mestres e doutores do corpo docente em efetivo exercício no conjunto do sistema de educação superior para 75% (setenta e cinco por cento), sendo, do total, no mínimo, 35% (trinta e cinco por cento) doutores e Meta 14: elevar gradualmente o número de matrículas na pós-graduação stricto sensu, de modo a atingir a titulação anual de 60.000 (sessenta mil) mestres e 25.000 (vinte e cinco mil) doutores.

Nacional (CN). Entre elas, ressaltam-se o PL 1.258/2003, que cuida de instituir o sistema nacional de avaliação de docentes, destinado a aferir o conteúdo mínimo necessário para o ensino das disciplinas pelas quais eles forem responsáveis,[266] e o PL 4.212/2004, que determina que as atividades de ensino comportam aquelas desenvolvidas em grupo, as que configuram iniciação científica, aquelas que demandam o domínio de métodos de investigação, as que estimulam o uso de novas tecnologias, as de interação com as empresas e com a comunidade, além daquelas que incentivam a apreensão e disseminação do saber.[267] Enquanto o primeiro define instrumentos de aferição da competência docente para o exercício do direito à liberdade de ensinar, esse último reconceitua a atividade de ensino, de modo a esticá-la para além daquela que se dá em sala de aula.

Já o PL 7.200/2006 envolve o tema da liberdade de ensinar por meio da proteção generalizada à liberdade acadêmica.[268] Nesse sentir, dispõe, em seu artigo 4°, que "a função social do ensino superior será atendida pela instituição mediante a garantia de: [...] III – liberdade acadêmica, de forma a garantir a livre expressão da atividade intelectual, artística, científica e de comunicação, [...] [e] XIII – liberdade de expressão e associação de docentes, estudantes e pessoal técnico e administrativo", e, adiante, em seu artigo 11, diz que "as instituições de ensino superior deverão observar as seguintes diretrizes: [...] V – proteção da liberdade acadêmica contra o exercício abusivo de poder interno ou externo à instituição". O projeto visa a constituir o marco regulatório da educação superior no país. Tramitando conjuntamente a ele, o PL 5.175/2009 ressalta, também, que "na universidade prevalecerá o princípio da indissociabilidade entre ensino-pesquisa-extensão, bem assim a garantia de liberdade de pensamento, produção e circulação do saber" (artigo 3°).[269]

De toda relevância para o tema em virtude do caráter especialmente controvertido são, ainda, o PL 867/2015,[270] que cria o "Programa Escola sem Partido", e o PL 1.411/2015,[271] que tipifica o crime de assédio ideológico. O primeiro quer proibir, em sala de aula, a doutrinação "política e ideológica bem como a veiculação de conteúdos ou a realização de atividades que possam estar em

---

[266] BRASIL. CÂMARA DOS DEPUTADOS. *PL 1.258/*2003. Altera a Lei n° 9.131, de 24 de novembro de 1995. Explicação: Cria Sistema Nacional de Avaliação de corpo docente das universidades através de exame de títulos, publicações e prova que afira o conteúdo mínimo para o ensino da disciplina pela qual o professor é responsável. Paulo Magalhães. Apresentação em: 12/06/2003.

[267] BRASIL. CÂMARA DOS DEPUTADOS. *PL 4.212/2004*. Altera dispositivos da Lei n° 9.394, de 20 de dezembro de 1996, que estabelece as Diretrizes e Bases da Educação Nacional, e dá outras providências. Átila Lira. Apresentação em: 06/10/2004.

[268] BRASIL. CÂMARA DOS DEPUTADOS. *PL 7.200/2006*. Estabelece normas gerais da educação superior, regula a educação superior no sistema federal de ensino, altera as Leis n°s 9.394, de 20 de dezembro de 1996; 8.958, de 20 de dezembro de 1994; 9.504, de 30 de setembro de 1997; 9.532, de 10 de dezembro de 1997; 9.870, de 23 de novembro de 1999; e dá outras providências. Poder Executivo. Apresentação em: 12/06/2006.

[269] BRASIL. CÂMARA DOS DEPUTADOS. *PL 5.175/2009*. Estatui marco regulatório para a Educação Superior. Comissão de Legislação Participativa. Apresentação em: 06/05/2009.

[270] BRASIL. CÂMARA DOS DEPUTADOS. *PL 867/2015*. Inclui, entre as diretrizes e bases da educação nacional, o "Programa Escola sem Partido". Izalci. Apresentação em: 23/03/2015.

[271] BRASIL. CÂMARA DOS DEPUTADOS. *PL 1.411/2015*. Tipifica o crime de Assédio Ideológico e dá outras providências. Rogério Marinho. Apresentação em: 06/05/2015.

conflito com as convicções religiosas ou morais dos pais ou responsáveis pelos estudantes" (artigo 3º), interditando o professor do uso "da audiência cativa dos alunos, com o objetivo de cooptá-los para esta ou aquela corrente política, ideológica ou partidária", do favorecimento ou prejuízo dos "alunos em razão de suas convicções políticas, ideológicas, morais ou religiosas, ou da falta delas" e da realização de "propaganda político-partidária em sala de aula", obrigando-o a abordar questões políticas, socioculturais e econômicas "de forma justa" (artigo 4º, incisos I, II, III e IV, respectivamente).

De seu turno, o PL 1.411/2015 tipifica o delito de assédio ideológico em ambiente de ensino, com ênfase para o aumento da pena (em 1/3) na hipótese em que tal ato é praticado por professor, coordenador, educador, orientador educacional, psicólogo escolar, ou no âmbito de estabelecimento de ensino, público ou privado. Considera assédio ideológico a prática que induz o aluno a adotar um viés político, partidário ou ideológico (artigo 2º) e, em sua justificativa, destaca que os alunos (sem distinção entre os graus de ensino) são vulneráveis, pois não gozam de maturidade intelectual bastante para julgar os posicionamentos do professor.

Com um fundamento comum, qual seja o de insular as Instituições de Ensino da doutrinação ideológica, as proposições açoitam a liberdade de ensinar, descambando em sua própria negação. Além do fato de que toda expressão carrega alguma marca ideológica (o que já macula a efetividade de uma futura norma), não é sustentável, num contexto plural, o direito a só ser ensinado sobre o que se entende correto ou melhor. Na arguta defesa das convicções individuais dos alunos, os projetos esvaziam a própria finalidade da educação, pelo que evidenciam a potencial interferência do Poder Legislativo na liberdade de ensinar.

Em continuidade, sublinha-se que, ainda que predominantemente a atividade normativa se dê no cerco do Poder Legislativo, não é pequena a atuação no Poder Executivo no tangente à regulamentação do ensino.

No que se refere ao Poder Executivo, destaca-se a atuação do Conselho Nacional de Educação (CNE), órgão colegiado integrante do Ministério da Educação (MEC). O CNE, criado pela Lei nº 9.131/1995, é composto pelas Câmaras de Educação Básica (CEB) e de Educação Superior (CES), sendo que a essa última compete analisar questões relativas à aplicação da legislação referente à educação superior, emitir pareceres e criar resoluções (LDB, artigo 1º, § 2º). Sinteticamente, a LDB realça que o Conselho terá funções normativas e de supervisão (art. 9º, § 1º).

No uso das funções normativas, sublinha-se a criação, pelo Conselho, das nomeadas Diretrizes Curriculares Nacionais (DCN). Elas constituem matrizes normativas para a estruturação curricular dos cursos de graduação. Servem para balizar a criação dos projetos pedagógicos dos cursos, cartografando as linhas principais de suas matrizes curriculares. Sua criação em muito sintoniza--se ao entendimento consolidado na redação do Parecer nº 776/97[272] emitido

---

[272] BRASIL. MEC. CNE/CES. *Parecer nº 776/97*. Orientação para as diretrizes curriculares dos cursos de graduação. Disponível em: <http://portal.mec.gov.br/setec/arquivos/pdf_legislacao/superior/legisla_superior_parecer77697.pdf>. Acesso em: 13 jan. 2016.

pelo Conselho. Nele consta o intuito de substituir o modelo de grade curricular mínima por direcionamentos que permitam mobilidade institucional, "atendendo à crescente heterogeneidade tanto da formação prévia como das expectativas e dos interesses dos alunos", o que importaria "abandonar as características de que muitas vezes [os cursos] se revestem, quais sejam as de atuarem como meros instrumentos de transmissão de conhecimento e informações". A alternância de concepção em muito se sintoniza com a liberdade de ensinar.[273]

Apenas à forma de exemplo, ressaltam-se as Resoluções do CNE/CES n⁰ˢ 3/2014[274] e 9/2004,[275] que versam, respectivamente, sobre os cursos de Medicina e Direito. Em comum, elas assinalam os conteúdos de formação básica, profissional e prática dos referidos cursos (artigos 4º e 5º, na ordem), sempre ressaltando que os projetos e organizações curriculares terão de prever o domínio dos temas elucidados. Especificamente sobre a atividade de ensino, a Resolução do CNE/CES nº 9/2004, em seu artigo 9º, parágrafo único, dita a formatação dos planos de ensino das disciplinas curriculares, os quais deverão conter "além dos conteúdos e das atividades, a metodologia do processo de ensino-aprendizagem, os critérios de avaliação a que [os alunos] serão submetidos e a bibliografia básica". De seu lado, a Resolução do CNE/CES nº 3 dispõe, em seu artigo 26, que a graduação em Medicina terá seu projeto pedagógico "centrado no aluno como sujeito da aprendizagem e apoiado no professor como facilitador e mediador do processo...". Finalmente, é de observar que a fixação de eixos também é feita pelo Conselho às vezes de forma analítica, como no caso do artigo 6º da Resolução do CNE/CES nº 11/2002,[276] que versa sobre o curso de Engenharia, e é composta por um rol esmiuçado de tópicos de ensino; enquanto noutras é realizada de maneira mais breve, como o são as Resoluções do CNE/CES n⁰ˢ 7 e 9/2002,[277] respeitantes aos cursos de Ciências Biológicas e Física, que aludem à existência de conteúdos básicos e complementares, mas deles não trata (em ambas, o artigo 2º).

Também no âmbito do Poder Executivo, sublinha-se a atuação da Capes, constituída como fundação do MEC.[278] A função normativa que detém

---

[273] Para uma comparação entre Currículos Mínimos e Diretrizes Curriculares Nacionais, v. BRASIL. MEC. CNE/CES. *Parecer nº 67/2003*. Referencial para as Diretrizes Curriculares Nacionais – DCN dos Cursos de Graduação. Disponível em: <http://portal.mec.gov.br/cne/arquivos/pdf/CES0067.pdf>. Acesso em: 13 jan. 2016. p. 5-6.

[274] BRASIL. MEC. CNE/CES. *Resolução nº 3/2014*. Institui Diretrizes Curriculares Nacionais do Curso de Graduação em Medicina e dá outras providências. Disponível em: <http://portal.mec.gov.br/index.php?option=com_docman&view=download&alias=15874-rces003-14&Itemid=30192>. Acesso em: 13 jan. 2016.

[275] BRASIL. MEC. CNE/CES. *Resolução nº 9/2004*. Institui as Diretrizes Curriculares Nacionais do Curso de Graduação em Direito e dá outras providências. Disponível em: <http://portal.mec.gov.br/cne/arquivos/pdf/rces09_04.pdf>. Acesso em: 13 jan. 2016.

[276] BRASIL. MEC. CNE/CES. *Resolução nº 11/2002*. Institui Diretrizes Curriculares Nacionais do Curso de Graduação em Engenharia. Disponível em: <http://portal.mec.gov.br/cne/arquivos/pdf/CES112002.pdf>. Acesso em: 13 jan. 2016.

[277] BRASIL. MEC. CNE/CES. *Resolução nº 7/2002*. Estabelece as Diretrizes Curriculares para os cursos de Ciências Biológicas. Disponível em: <http://portal.mec.gov.br/cne/arquivos/pdf/rces07_02.pdf>. Acesso em: 13 jan. 2016.

[278] Nesse ponto, optou-se por afastar a análise da atuação do CNPq, agência do Ministério da Ciência, Tecnologia e Inovação (Mcti), posto direcionar-se ao desenvolvimento da pesquisa no Brasil, o que denota um reflexo apenas tangencial no ensino.

potencialmente interfere na liberdade de ensinar, em especial na esfera da pós-graduação, campo de suas ações principais. É o que faz, de maneira indireta, a Portaria n° 81/2016.[279] Ao definir as categorias de docentes em cursos de pós-graduação *stricto sensu*, determinando que "a atuação como docente permanente poderá se dar, no máximo, em até 3 (três) [programas de pós-graduação] PPG" (artigo 4°), ela condiciona a definição do espaço de atuação do professor e, por conseguinte, circunscreve o *locus* do exercício da liberdade de ensinar.

Entre as autarquias federais, ressalta-se o Instituto Nacional de Estudos e Pesquisas Educacionais Anísio Teixeira (Inep), vinculado ao MEC. O Inep, responsável pelo Sistema Nacional de Avaliação da Educação Superior (Sinaes), se volta a avaliar as IES, seus Cursos e estudantes. Para cada um dos elementos, define indicadores próprios. São eles, respectivamente, o Índice Geral de Cursos Avaliados da Instituição (IGC), o Conceito Preliminar de Curso (CPC) e o Exame Nacional de Desempenho de Estudantes (Enade). Ao fazê-lo, o Instituto observa, especialmente, o cumprimento das Diretrizes Curriculares Nacionais.

Entre os documentos norteadores da avaliação das IES, marca-se a relevância do Instrumento de Avaliação de Cursos de Graduação presencial e a distância.[280] Em caráter genérico, o Instrumento estabelece conceitos para as IES no tocante a distintas dimensões, das quais duas merecem realce. Na dimensão didático-pedagógica, quanto ao indicador "estrutura curricular", avaliam-se, por exemplo, a flexibilidade e a interdisciplinaridade, enquanto no que toca ao indicador "componentes curriculares", pontua-se a observância das necessidades locorregionais, a adequação da bibliografia e a abordagem de conteúdos pertinentes às políticas de educação ambiental, de educação em direitos humanos, de educação das relações étnico-raciais e ao ensino de história e cultura afro-brasileira, africana e indígena. No que se refere à metodologia, o Instrumento considera a existência de métodos ativos de ensino-aprendizagem, que privilegiam o senso crítico, e aqueles que são aplicados em grupos e/ou com equipes interprofissionais. Ao fazer isso, o Instrumento condiciona mediatamente a liberdade de ensinar, submetendo-a a um padrão nacional firmado em termos genéricos.

Especialmente em relação ao Enade, observa-se que o seu caráter de avaliação externa é também formatador das opções institucionais e docentes no propósito de atender aos padrões de qualidade antevistos. Por meio de Portarias, o Inep prefixa, de forma mais ou menos genérica, os conteúdos curriculares a serem avaliados quanto ao componente específico da área. Na primeira linha, por exemplo, a Portaria n° 237/2014,[281] referente ao curso de Ciências

---

[279] BRASIL. MEC. Capes. *Portaria n° 81/2016*. Define as categorias de docentes que compõem os Programas de Pós-Graduação (PPG's) *stricto sensu*. Disponível em: <http://www.capes.gov.br/images/stories/download/legislacao/06062016-PORTARIA-N-8-De-3-DE-JUNHO-DE-2016.pdf>. Acesso em: 16 jun. 2016.

[280] BRASIL. MEC. Inep. *Instrumento de Avaliação de Cursos de Graduação presencial e a distância*. Disponível em: <http://portal.inep.gov.br/superior-condicoesdeensino-manuais>. Acesso em: 10 jan. 2016.

[281] BRASIL. MEC. Inep. Portaria n° 237/2014. Disponível em: <http://download.inep.gov.br/educacao_superior/enade/legislacao/2014/diretrizes_cursos_diplomas_bacharel/diretrizes_bacharel_ciencias_sociais.pdf>. Acesso em: 01 mar. 2016.

Sociais, alude amplamente à avaliação quanto às teorias clássicas e contemporâneas da antropologia, ciência política e sociologia e aos seus métodos e técnicas (artigo 7º). Da mesma forma o faz a Portaria nº 239/2013,[282] em seu artigo 7º, quanto ao curso de Educação Física, referindo-se à avaliação quanto aos conhecimentos sobre o ser humano nos aspectos morfológicos, fisiológicos, biomecânicos, além daqueles relativos aos processos de ensino-aprendizagem das atividades específicas. Já as Portarias nos 261/2014,[283] 244/2014[284] e 263/2014,[285] que tratam dos cursos de Matemática, Engenharia Civil e Pedagogia, nomeiam expressamente os conteúdos curriculares de avaliação. Se, ao que parece, tais medidas em nada tocam a atuação do professor em sala de aula, a verdade é que cadenciam sua conduta, que não se aparta do propósito de preparar o corpo discente para um desempenho satisfatório no Exame.

Ainda no círculo do Poder Executivo, não se pode deixar de realçar a atuação dos Conselhos profissionais. Eles foram reconhecidos como autarquias pelo Supremo Tribunal Federal (STF),[286] por exercerem funções tipicamente administrativas, dentre as quais a de regulação, impondo obrigações a terceiros.[287] No mais, ressalta-se a tendência de que atuem conjuntamente às Universidades na elaboração curricular, o que, com ainda mais razão, justifica a observância dos reflexos potenciais de suas atividades sobre a liberdade de ensinar.

Quanto à tônica da relação entre a atuação dos Conselhos e a liberdade de ensinar, destacam-se, apenas a título exemplificativo, os trabalhos do Conselho Federal de Medicina (CFM). Na Resolução nº 1.931/2009,[288] o órgão vedou as condutas de ensinar sem prezar pela veracidade, clareza e imparcialidade, e sem esclarecer possíveis relações com a indústria de medicamentos ou materiais (artigo 109) e de usar paciente para fins de ensino sem o seu consentimento e desprezando a sua dignidade e privacidade (artigo 110). De outro lado, no

---

[282] BRASIL. MEC. Inep. Portaria nº 239/2013. Disponível em: <http://download.inep.gov.br/educacao_superior/enade/legislacao/2013/diretrizes_areas/educacao_fisica_portaria_n_239_10052013.pdf>. Acesso em: 01 mar. 2016.

[283] BRASIL. MEC. Inep. Portaria nº 261/2014. Disponível em: <http://download.inep.gov.br/educacao_superior/enade/legislacao/2014/diretrizes_cursos_diplomas_bacharel/diretrizes_bacharel_matematica.pdf>. Acesso em: 01 mar. 2016.

[284] BRASIL. MEC. Inep. Portaria nº 244/2014. Disponível em: <http://download.inep.gov.br/educacao_superior/enade/legislacao/2014/diretrizes_cursos_diplomas_bacharel/diretrizes_bacharel_engenharia_civil.pdf>. Acesso em: 01 mar. 2016.

[285] BRASIL. MEC. Inep. Portaria nº 263/2014. Disponível em: <http://download.inep.gov.br/educacao_superior/enade/legislacao/2014/diretrizes_cursos_diploma_licenciatura/diretrizes_licenciatura_pedagogia.pdf>. Acesso em: 01 mar. 2016.

[286] Na ADI 1.717/DF, o STF, por maioria, decidiu que os Conselhos Regionais de Fiscalização Profissional possuem personalidade jurídica de direito público, estando submetidos às exigências constantes no art. 37 da CF. O art. 58 da Lei 9.649/98, que conferia natureza jurídica de direito privado as entidades de fiscalização de profissões, permitindo a contratação direta de pessoal, foi declarado inconstitucional, BRASIL. STF. *ADI 1.717/DF*. Rel. Min. Sydney Sanches. Tribunal Pleno. Julgado em: 07/11/2002. DJ: 28/03/2003.

[287] ARAGÃO, Alexandre Santos de. *Curso de direito administrativo*. 2. ed. Rio de Janeiro: Forense, 2013. p. 119.

[288] BRASIL. CFM. *Resolução nº 1.931/2009*. Disponível em: <http://www.cremego.cfm.org.br/index.php?option=com_content&view=article&id=21000>. Acesso em: 04 jun. 2016.

Parecer nº 5/2014,[289] o Conselho concluiu pelo descabimento da delegação da supervisão de estudantes de Medicina a outras categorias profissionais, como os enfermeiros, reservando a atividade aos professores médicos. Veja-se, quanto à primeira, a constituição de um condicionante à escolha de métodos de ensino por parte de professores, e, quanto à segunda, o intento de salvaguardar a titularidade do direito à liberdade de ensinar aos formados médicos, tudo a margear o âmbito de proteção da liberdade nesse domínio.[290]

Referente à atuação da Ordem dos Advogados do Brasil (OAB), vale lembrar que, a despeito de não pertencer à Administração pública indireta, constituindo pessoa jurídica de direito privado *sui generis*, conforme entendimento do STF,[291] ela exerce atividade determinante na configuração da liberdade de ensinar dos professores da área. Isso ocorre notadamente com a definição dos conteúdos exigidos no Exame Nacional que é precondição para o exercício da advocacia. É certo que, em alguma medida, a disposição de conteúdos nos cursos de graduação em Direito buscará atender ao demandado na prova, em especial num contexto em que o índice de aprovação de alunos no Exame figura como um medidor externo da qualidade dos cursos, como ocorre atualmente.

Ainda cabe sinalizar a desenvoltura do Poder Judiciário enquanto destinatário do direito à liberdade de ensinar, o qual, no exercício de sua função ordinária, cria normas concretas para a solução de controvérsias jurídicas afeitas à matéria.

Antes de 1988, no HC 40.910/PE, o Tribunal defrontou-se com a questão da liberdade docente e sua relação com as opções político-ideológicas individuais dos professores. O caso que deu ensejo à impetração do *habeas corpus* é o de um Professor de Ciências Econômicas da Universidade Católica de Pernambuco (Unicap) que havia distribuído panfletos contrários à situação política do país, à época, com remissões ao Partido Comunista. O Tribunal decidiu, por unanimidade, que a circunstância não configurava incitamento à subversão da ordem. A síntese da posição da Corte, contida no voto do Min. Evandro Lins, foi a de que "o paciente é professor de uma cadeira cujas vinculações com a política são inarredáveis",[292] daí a razão de não se poder exigir do docente que silencie sobre temas de envergadura política. Já no RE 85.999/RS, em que um Professor de Música foi designado para lecionar disciplina estranha àquela para a qual foi admitido na IES, o Tribunal entendeu que a Constituição (no

---

[289] CFM. *Parecer nº 5/2014*. Disponível em: <http://www.portalmedico.org.br/pareceres/CFM/2014 /5_2014.pdf>. Acesso em: 04 jun. 2016.

[290] Embora transcenda os objetivos aqui traçados, sinaliza-se para um componente inovador nas Resoluções do Conselho, o que suscita a questão da possibilidade de restringir direitos fundamentais por norma infralegal, tema ainda a merecer análise.

[291] BRASIL. STF. *ADI 3.026/DF*. Rel. Min. Eros Grau. Tribunal Pleno. Julgamento em: 08/06/2006. DJ: 29/09/2006.

[292] BRASIL. STF. *HC 40.910/PE*. Rel. Min. Min. Hahnemann Guimarães. Tribunal Pleno. Julgamento em: 06/12/1978. DJ: 16/06/1978.

contexto, a de 67/69) não impedia o Departamento de designar a disciplina a ser ensinada, apenas impedia-o de determinar o modo de ensinar.[293]

Socorrendo-se da Constituição de 1988, o Tribunal decidiu pela admissibilidade do RE 631.053/DF[294] face à existência de repercussão geral do tema das dimensões do "direito potestativo [do empregador] de promover a dispensa sem justa causa [diante do] direito do empregado professor à liberdade de cátedra e à livre pesquisa".[295] O recurso extraordinário, que aguarda decisão de mérito, fixará diretrizes de relevância no tocante às relações entre Instituições de Ensino e professores. A questão, cuja solução é ainda enevoada no direito pátrio, é de como impedir que o direito de dispensa do empregador constitua uma válvula permissiva para o desligamento de professores em virtude de suas convicções quando elas não estiverem de acordo com aquelas partilhadas pelo estabelecimento educacional.

Já no RE 888.815/RS, o Tribunal reconheceu a repercussão geral das discussões referentes ao chamado ensino domiciliar *(homeschooling)*. Na legislação brasileira, ao mesmo tempo em que é reconhecida a obrigação da família de prover educação aos filhos (artigos 205 e 227 da CF), firma-se o dever dos pais de matricular os filhos na rede regular de ensino (artigo 55 da Lei nº 8.069/1990). Para o reconhecimento da repercussão geral, o Min. Luis Roberto Barroso advertiu que o caso se refere à "liberdade dos pais na escolha dos meios pelos quais irão prover a educação dos filhos, segundo suas convicções pedagógicas, morais, filosóficas, políticas e/ou religiosas".[296] Ainda que, à primeira vista, se cogite da dilação do ensino para além do cerco das Instituições apenas à nomeada educação básica, a hipótese de declaração da constitucionalidade dessa modalidade de ensino tem potencial de ressignificar a titularidade do direito à liberdade de ensinar ao exigir uma releitura da designada educação formal, motivo pelo qual merece ser observada.

Os deveres elencados acima têm uma feição positiva de viés normativo. Juntam-se a eles os deveres de natureza fática.

Nos termos do artigo 23, inciso V, da CF, cabe à União, aos Estados, ao DF e aos Municípios proporcionar os meios de acesso à educação. Trata-se de competência comum, de natureza administrativa, que realça um federalismo cooperativo, como se tem designado o modelo de Estado brasileiro. Digna de nota, nesse ponto, é a lição de Raul Machado Horta no sentido de que "a competência comum condensa preceitos e recomendações dirigidas à União, aos Estados, ao Distrito Federal e aos Municípios, traduzindo intenções programáticas do constituinte"[297] a serem executadas na medida da colaboração entre os

---

[293] BRASIL. STF. *RE 85.999/RS*. Rel. Min. Cordeiro Guerra. Segunda Turma. Julgamento em: 15/06/2012. DJe: 30/10/2014.

[294] BRASIL. STF. *RE 631.053/RG/DF*. Rel. Min. Ricardo Lewandowski, para acórdão Min. Celso de Mello. Julgamento em: 15/06/2012. DJe: 30/10/2014.

[295] BRASIL. STF. *RE 631.053/RG/DF*. Rel. Min. Ricardo Lewandowski, para acórdão Min. Celso de Mello. Julgamento em: 15/06/2012. DJe: 30/10/2014. .

[296] BRASIL. STF. *RE 888.815 RG/RS*. Rel. Min. Luis Roberto Barroso. Julgamento em: 04/06/2015. DJe: 15/06/2015.

[297] HORTA, Raul Machado. *Direito constitucional*. 4. ed. Belo Horizonte: DelRey, 2003. p. 355.

entes federativos, com vistas ao equilíbrio do desenvolvimento e do bem-estar social.

Ressalte-se que, na linha do artigo 211 da CF, a colaboração entre os entes federativos se dará pela atribuição de responsabilidade à União quanto à organização do sistema federal de ensino, aos Municípios quanto ao fomento do ensino fundamental e da educação infantil e aos Estados e ao Distrito Federal (DF) quanto à promoção do ensino fundamental e médio, tudo na condição de esfera de responsabilidade principal, mas não exclusiva, sob pena de contradição em face do dever de cooperação. Ainda quanto à matéria educacional, grifa-se o dever de empregar os mínimos constitucionais para o fomento da educação (CF, artigo 212), além daqueles deveres traduzidos na legislação infraconstitucional, entre os quais se destacam o de organizar e manter em funcionamento IES que atendam aos padrões de qualidade exigidos pelo MEC; autorizar o funcionamento de IES; renovar e reconhecer cursos; manter o ensino nos níveis de graduação e pós-graduação; assegurar o processo nacional de avaliação das Instituições de Ensino e supervisionar as IES privadas, todos dispostos no artigo 8º da LDB.[298]

Além de ações positivas de caráter promocional como as descritas acima, os deveres estatais traduzem-se, por vezes, em autênticas ações protetivas. Isso quer dizer que cabe ao Estado agir para obstar que a liberdade de ensinar sofra interferências de terceiros. O compromisso com a consecução desses deveres está aliado à dimensão objetiva do direito. Nas palavras de Daniel Sarmento,[299] ela corresponde à função irradiante dos direitos fundamentais, que compele o Estado a estender uma manta sobre os seus titulares. A liberdade de ensinar carrega consigo, então, um imperativo de tutela estatal. Os deveres de proteção do Estado em virtude do direito à liberdade de ensinar são um desmembramento do fato de que não há espaço em que direitos fundamentais não incidam, daí por que o Estado tem sempre a incumbência de resguardar os seus titulares, independente da existência de direitos subjetivos correlatos. É por isso que se pode assegurar, p. ex., que sobre as relações educacionais que se dão na esfera privada, recai, igualmente, a proteção estatal. Na lição de Claus--Wilhelm Canaris, a atuação do Estado, nesse particular, deverá observar tanto a proibição de afetações excessivas ao âmbito de proteção do direito (proibição de excesso), como também haverá de considerar a proibição de satisfação insuficiente ou deficitária do direito (proibição de défice), isso tudo porque "a Constituição proíbe que se desça abaixo de um certo mínimo de proteção".[300]

Por fim, é bem de ver que os agentes institucionais (notadamente o corpo diretivo) afiguram-se destinatários da liberdade de ensinar. Eles são revestidos da responsabilidade de assegurar a efetivação do direito contra ingerências externas e criar condições internas de atuação docente. O que particulariza a

---

[298] Essa listagem, tal como as demais, não é (e nem poderia ser) exaustiva. Ela investe em denotar os deveres que se entende serem principais.

[299] SARMENTO, Daniel. A dimensão objetiva dos direitos fundamentais: fragmentos de uma teoria. *Arquivos de direitos humanos*. v. 4, 2002. p. 63-102.

[300] CANARIS, Claus-Wilhelm. *Direitos fundamentais e direito privado*. Coimbra: Almedina, 2003. p. 60.

condição das Universidades, representadas por seus agentes institucionais, é que, além de destinatárias, elas são titulares da assim designada autonomia institucional, e, sob o manto dessa última, podem atentar contra a liberdade de ensinar, em vez de garanti-la. A forma que isso se dá é um ponto versado à frente.

No que diz ao plexo de deveres positivos normativos e fáticos relacionados à Universidade, representada por seus gestores, destacam-se os deveres de administrar seu pessoal e seus recursos materiais e financeiros; assegurar o cumprimento dos dias letivos e horas-aula estabelecidas; velar pelo cumprimento do plano de trabalho de cada docente; elaborar e executar sua proposta pedagógica (todos agrupados no artigo 12 da LDB); além de conferir graus, diplomas e outros títulos, fixar os currículos dos seus cursos e programas e elaborar e reformar os seus estatutos e regimentos em consonância com as normas gerais (todos elencados no artigo 53 da LDB), realçando-se, no tocante aos últimos dois, a aproximação aos designados direitos de participação na organização e no procedimento, que fazem dos professores em parte integrantes da gestão institucional.[301] A mais que isso, merecem relevo os deveres de dar publicidade ao projeto pedagógico do curso[302] e exigir competência profissional dos docentes em sua área de atuação.[303]

No que diz com as abstenções requeridas do Estado, pode-se afirmar a existência de um dever abrangente de não intervir, por meio dos seus Poderes constituídos, na liberdade de ensinar. Respeitar a liberdade do professor consiste em não executar atos, criar normas ou emitir decisões judiciais que rompam a placenta do direito.

Ainda no cerne das expectativas negativas, há a vedação de retroagir quanto à satisfação da liberdade de ensinar, atentando contra o seu estado de concretização. A proibição de retrocesso consiste no impedimento de regressão dos graus de satisfação dos direitos fundamentais alcançados. O que intenta é reforçar o propósito de garantir segurança jurídica e proteger a confiança que os cidadãos depositam no Estado quanto à manutenção dos ganhos e das expectativas em relação ao direito. Do ponto de vista de uma dogmática unitária dos direitos fundamentais, embora a proibição de retrocesso esteja comumente relacionada aos chamados direitos sociais, é defensável a sua extensão

---

[301] Direitos à organização e ao procedimento são aqueles que objetivam a estruturação de uma determinada ordem e a criação ou interpretação de normas procedimentais asseguratórias do exercício de direitos fundamentais, no entender de ALEXY, Robert. *Teoria dos direitos fundamentais*. São Paulo: Malheiros, 2008. p. 472-4. Fala-se em um direito à participação na organização e no procedimento quando se considera que professores contribuem para a tomada de decisões institucionais referentes ao ensino, principalmente por meio da participação em órgãos colegiados. É o que mais de perto se relaciona à assim chamada dimensão intramuros da liberdade acadêmica.

[302] Em parecer, o CNE já reconheceu o "direito de informação, por parte dos alunos de cursos de ensino superior, e ao dever de dar publicidade adequada, por parte das IES, quanto aos aspectos englobados pelos planos de ensino", cf. BRASIL. MEC. CNE/CES. *Parecer nº 236/2009*. Disponível em: <http://portal.mec.gov.br/dmdocuments/pces236_09_homolog.pdf>. Acesso em: 05 maio 2016. p. 03.

[303] Segundo o CNE, essa hipótese não acoberta cobrar a inscrição do professor em órgão de regulamentação profissional, cf. BRASIL. MEC. CNE/CES. *Parecer nº 242/2006*. Disponível em: <http://portal.mec.gov.br/cne/arquivos/pdf/pces242_06.pdf>. Acesso em: 10 maio 2016.

àqueles que são designados direitos de liberdade, como a liberdade de ensinar.[304] Aplicada à liberdade de ensinar, a vedação de retrocesso impede que o Estado suprima as conquistas alcançadas quanto ao exercício do direito, ainda que não se deva desconsiderar a presença de eloquentes críticas na doutrina constitucional – plenamente aplicáveis no Brasil – no que diz com o efeito limitado desse recurso jurídico-dogmático, que, para alguns, serviria, ao fim e ao cabo, apenas "como um mote de luta política", extremamente comprometedor de uma prerrogativa do Poder Legislativo, qual seja o "princípio da auto-revisibilidade" das suas decisões.[305]

Ainda nessa quadra – e para finalizar – ressalta-se que, em relação às abstenções requeridas do corpo diretivo institucional, é dever da IES não se imiscuir na escolha dos métodos de ensino e na desenvoltura do conteúdo programado. É dizer, as Instituições não detêm a competência de impedir ou dificultar o exercício do conjunto de condutas atribuídas ao titular do direito fundamental, cujo núcleo corresponde às ações mencionadas.[306]

5. A aplicabilidade direta e a incidência imediata da liberdade de ensinar em consonância com o artigo 5º, § 1º, da CF

Da enunciação do rol de direitos fundamentais no artigo 5º, da CF, segue-se a definição do seu regime jurídico nos parágrafos no mesmo dispositivo, a começar pela previsão de que "as normas definidoras dos direitos e garantias fundamentais têm aplicação imediata", em seu § 1º. Muito embora planificado no artigo 5º, há consenso no sentido de que a norma se aplica mesmo aos direitos que não se encontram ali textualizados, mas que ganham a qualidade de fundamentais por atribuição argumentativa viabilizada pela janela contida no § 2º do mesmo dispositivo. É o que se pode aduzir de uma interpretação sistemática do regime jurídico dos direitos fundamentais, que conforma os comandos constitucionais considerando a sua coexistência.

No particular, ensina Paulo Bonavides que o alicerçado pelo artigo 5º, § 1º, tem a dignidade de cláusula pétrea, convindo ajuntá-lo ao listado não taxativamente no artigo 60, § 4º, da CF. Trata-se, por conseguinte, de uma privação ao Poder Constituinte Derivado de Reforma, que faz do regime dos direitos uma parcela inegociável da Constituição, na medida em que pertencente ao seu caráter identitário.[307] A própria relação de meio e fim que se firma entre as normas que disciplinam o regime de tutela dos direitos fundamentais e as

---

[304] No mesmo sentido, SARLET, Ingo Wolfgang. Posibilidades y desafíos de un derecho constitucional común latinoamericano. Un planteamiento a la luz del ejemplo de la llamada prohibición de retroceso social. *Revista de derecho constitucional europeo*. n. 11, 2009. p. 100.

[305] Assim, num tom particularmente lúcido, BOTELHO, Catarina Santos. Os direitos sociais num contexto de austeridade: um elogio fúnebre ao princípio da proibição do retrocesso social?. *Revista da Ordem dos Advogados*. a. 75, n. 1 e 2, 2015. p. 259-93.

[306] A desenvoltura da extensão do dever de abstenção institucional é matéria própria do capítulo 3, por isso não ganha maior atenção aqui.

[307] BONAVIDES, Paulo. *Curso de Direito Constitucional*. 17. ed. São Paulo: Malheiros, 2005. p. 549.

que cuidam desses últimos convida a tal interpretação. Se bem os direitos fundamentais constituem cláusulas pétreas, também há de ser o que assegura a sua efetivação.

Versando sobre o artigo 18º da Constituição Portuguesa, que estatui que os direitos, liberdades e garantias são diretamente aplicáveis e vinculantes às entidades públicas e privadas, Jorge Miranda grifa a atenção constitucional devotada à eficácia jurídica (e mesmo à efetividade) dos direitos fundamentais. Ele entende o enunciado como uma síntese do caráter vinculante dos direitos fundamentais, que os fazem matrizes de expectativas em relação aos poderes públicos e privados. Além disso, afirma que a aplicabilidade direta a que faz menção o dispositivo é elucidativa de que os direitos fundamentais incidem sem necessidade de mediações legais.[308]

À diferença do que lá ocorre, a fórmula adotada na Constituição de 1988 não indica expressamente quem são os vinculados aos direitos fundamentais, limitando-se a indicar que possuem aplicação imediata. Quanto à aplicabilidade imediata, ela significa que "as normas que definem direitos fundamentais são normas de caráter preceptivo",[309] por regularem diretamente as relações jurídicas. No tocante à liberdade de ensinar, o enunciado há de ser lido como ensejador da dispensa de interposição legislativa para a produção de efeitos jurídico-normativos. A eficácia do direito subjetivo decursa da Constituição.

Na classificação tricotômica corrente (normas de eficácia plena, contida e limitada), a norma que o comporta é costumeiramente nomeada de eficácia contida. Isso quer significar que uma lei infraconstitucional posterior, acaso criada, "virá impedir a expansão da integralidade de seu comando jurídico",[310] o que é o mesmo que dizer que o direito está sujeito a limites e restrições. Mas, como visto, entendida em seu caráter multifuncional, a liberdade de ensinar é mais que um direito a não sofrer ingerências. Além de abstenções, ela gesta deveres positivos aos seus destinatários. Ou seja, a liberdade também se concretiza quando criadas condições para o seu exercício. Nesse caso, em vez de propriamente reduzir a sua largura, a legislação tende a regulamentá-la, como costuma ocorrer em relação a normas de eficácia limitada.

A consequência do regime ínsito no dispositivo é a percepção da eficácia do direito à liberdade de ensinar em distintos vieses. Abordando o comando constitucional em termos gerais, Ingo Sarlet alerta para as variadas cargas eficaciais de uma norma de direito fundamental.[311] O ajuste do que leciona ao caso particular da liberdade de ensinar possibilita a conclusão de que a norma inscrita no artigo 206, inciso II, da CF, no que é pertinente à liberdade de ensinar, tem, em primeiro lugar, eficácia derrogatória das normas anteriores e

---

[308] MIRANDA, Jorge. Comentários ao artigo 18º. In. ——; MEDEIROS, Rui. *Constituição portuguesa anotada.* tomo I, 2. ed. Coimbra: Wolters Kluwer, Coimbra, 2010. p. 310-404.

[309] MENDES, Gilmar; BRANCO, Paulo Gonet. *Curso de Direito Constitucional.* 8. ed. São Paulo: Saraiva, 2013. p. 154.

[310] SILVA, José Afonso da. *Aplicabilidade das normas constitucionais.* 7. ed. São Paulo: Malheiros, 2009. p. 103.

[311] SARLET, Ingo Wolfgang. *Eficácia dos direitos fundamentais.* 12. ed. Porto Alegre: Livraria do Advogado, 2015. p. 303-6.

contrárias a ela, provocando a não recepção de dispositivos normativos que a afrontam. Além do mais, a norma possui eficácia vinculativa do legislador, que incontornavelmente encontra-se comprometido com a sua concretização. Uma vez componente do texto constitucional solene, a liberdade de ensinar é acobertada de eficácia para a geração de inconstitucionalidade – atos normativos supervenientes à Constituição são marcados por um vício material se com ela incompatíveis. No mais, também por compor a malha constitucional, a liberdade detém eficácia para influenciar na interpretação do ordenamento jurídico – é parâmetro interpretativo, portanto – e, ainda, possui eficácia proibitiva de retrocesso, impedindo a prossecução de condutas que resultem numa satisfação a menor do direito fundamental.

Por fim, a norma em causa tem eficácia geradora de posições jurídico-subjetivas perante o Estado e os particulares. Os titulares do direito arvoram-se do poder de exigir dos destinatários determinadas condutas – sejam elas positivas ou negativas. A mais que isso, enquanto direito de faceta positiva, a liberdade de ensinar pugna pela geração, o quanto possível, de posições subjetivas desde o texto constitucional, devendo a impossibilidade de sua concretização ser justificada.[312] À forma de exemplo, a liberdade de ensinar requer o fornecimento de suporte físico ou virtual de sala de aula. Não tê-lo, é dificultar ou impedir a concretização do direito. O dever promocional do Estado (ou mesmo do particular) condiz à oferta – o quanto possível – de estrutura institucional em condições adequadas ao pleno exercício do direito.

Além do disciplinado no artigo 5º, § 1º, da CF, compõem o regime jurídico dos direitos fundamentais seus subsequentes §§ 2º e 3º. Sobre o § 2º já se versou quando discutida a autonomia da liberdade de ensinar. A rigor, resta compreender que reflexos gera ao direito o pregado no § 3º.

6. Os impactos oriundos da interpretação do artigo 5º, § 3º, da CF sobre a proteção da liberdade de ensinar

Com a EC nº 45/2004, o regime jurídico dos direitos fundamentais foi expandido, dado o acréscimo do § 3º ao artigo 5º da CF. Tal dispositivo disciplina a inserção de tratados e convenções internacionais de direitos humanos no ordenamento pátrio. Em seus termos, os tratados e convenções internacionais sobre direitos humanos que sejam aprovados, em cada Casa do Congresso Nacional, em dois turnos, por três quintos, no mínimo, dos votos dos membros de cada uma, equivalerão às emendas constitucionais. Os requisitos de que fala correspondem aos limites formais ao poder de reforma constitucional dispostos no artigo 60, § 2º, da Constituição, daí o mote da equivalência. Não por

---

[312] SARLET, Ingo Wolfgang. *Eficácia dos direitos fundamentais*. 12. ed. Porto Alegre: Livraria do Advogado, 2015. p. 278-9.

razão diversa, sugestiona-se a inclusão de uma nova modalidade de manifestação do Poder Constituinte Derivado de Reforma.[313]

Com efeito, por conter a designada cláusula de abertura, o § 2º do artigo 5º já permitia a recepção de direitos decorrentes de "tratados internacionais em que a República Federativa do Brasil seja parte" com *status* de direito fundamental. O § 3º, então, é aditado para regular o procedimento para tal inclusão. A obediência ao rito que ele projeta confere *status* constitucional às normas oriundas do plano internacional, ainda que seu texto não seja injetado na Constituição formal. Ou seja, tal como aquelas que compõem o texto solene, as normas com equivalência de emenda servem como marco de parametricidade para a interpretação e para o controle de constitucionalidade da legislação infraconstitucional que eventualmente lhe contrarie.[314]

Cabe recordar que o comando contido no enunciado constitucional afigura-se como uma faculdade, não como um dever. À vista disso, mesmo tratados e convenções internacionais de direitos humanos posteriores à adição do artigo 5º, § 3º, podem ser abarcados pelo ordenamento jurídico brasileiro por rito diverso. Além disso, é pertinente concluir que os tratados de direitos humanos anteriores à reforma constitucional não possuem estatura constitucional.[315] O procedimento alternativo para a adição de tratados é o que aduz à aprovação de decreto legislativo no Congresso Nacional, em turno único de votação em cada Casa legislativa, por maioria relativa dos votos (CF, artigo 47 c/c 49, inciso I), autorizando a ratificação do documento pelo Presidente da República, a qual pode (ou não) ser finalmente realizada por meio de decreto de execução presidencial (CF, artigo 84, inciso VIII).[316] Em sendo esse o caso, a norma incorporada não terá *status* constitucional, mas sim supralegal. Com isso se quer dizer que nem equivalerá à emenda constitucional, nem lhe recairá o regime das normas infraconstitucionais.

É essa a interpretação consubstanciada pelo STF, na síntese do voto proferido pelo Min. Gilmar Mendes, por ocasião do RE 466.343/SP.[317] Conforme fixou, os tratados e convenções que seguem o procedimento comum de

---

[313] SOUZA NETO, Cláudio Pereira de; SARMENTO, Daniel. *Direito constitucional*: teoria, história e métodos de trabalho. Belo Horizonte: Fórum, 2012. p. 322 *et seq*.

[314] É importante acentuar a posição defendida por Flávia Piovesan acerca da interpretação do comando constitucional. Segundo entende, o § 3º só possui real funcionalidade se interpretado como uma cláusula que confere constitucionalidade formal aos tratados e convenções internacionais de direitos humanos, pois que constitucionalidade material todos já possuem, uma vez que tratam de conteúdo constitucional, PIOVESAN, Flávia. *Direitos humanos e o Direito Constitucional Internacional*. 7. ed. São Paulo: Saraiva, 2007. p. 71.

[315] Seguindo, aqui, SARLET, Ingo Wolfgang. Notas sobre as relações entre a Constituição Federal de 1988 e os tratados internacionais de direitos humanos na perspectiva do assim chamado controle de convencionalidade. In. MARINONI, Luis Guilherme; MAZZUOLI, Valerio de Oliveira (Coords.). *Controle de convencionalidade*: um panorama latino-americano – Brasil, Argentina, Chile, México, Peru, Uruguai. Brasília: Gazeta Jurídica, 2013. p. 91.

[316] MARTINS, Estevão de Rezende. O tratamento, pelo Congresso Nacional, dos atos e acordos internacionais. In. CANÇADO TRINDADE, Antônio (Org.). *A incorporação das normas internacionais de direitos humanos no direito brasileiro*. San José: IDRH, 1994. p. 263-71, ressaltando que o rito brasileiro de internalização de tratados é particularmente complexo.

[317] BRASIL. STF. *RE 466.343/SP*. Rel. Min. Cezar Peluso. Tribunal Pleno. Julgamento em: 03/12/2008. DJe: 05/06/2009.

ratificação "seriam dotados de um atributo de supralegalidade [quer dizer] não poderiam afrontar a supremacia da Constituição, mas teriam lugar especial reservado no ordenamento jurídico". A consequência disso é que eles "têm o condão de paralisar a eficácia jurídica de toda e qualquer disciplina normativa infraconstitucional [...] conflitante".

Esse último ponto traz à tona o assim chamado controle de convencionalidade, reservado à apuração da compatibilidade vertical da legislação infraconstitucional com os tratados internacionais de direitos humanos ratificados no Brasil com *status* de supralegalidade ou de maneira equivalente a emendas constitucionais.[318] Sua admissão aponta para a necessidade de a feitura da legislação doméstica atentar para dois parâmetros materiais, a saber, a Constituição e os tratados internacionais. De tal sorte, conforme assinala Valerio Mazzuoli, de maneira complementar e coadjuvante ao controle de constitucionalidade, o direito legal passou a ser também objeto dessa modalidade de controle, cuja disciplina, em que pese tenha paulatinamente merecido atenção da doutrina pátria, é ainda nublada no Brasil.[319]

Tocante à hipótese de inclusão de tratados e convenções internacionais com patamar constitucional, cabe ressair a aprovação, em 2009, da Convenção Internacional sobre os Direitos das Pessoas com Deficiência e seu Protocolo Facultativo, firmados, aproximadamente, dois anos antes, em Nova Iorque. É a única norma, até o presente, submetida ao rito previsto no dispositivo constitucional em pauta. Para a liberdade de ensinar, a incorporação da Convenção estampa impactos indiretos considerados do ponto de vista do professor com deficiência e do aluno acometido do mesmo estado.

No que concerne ao primeiro caso, a composição do quadro docente por professores com deficiência requer que certas condições sejam atendidas para a plena consecução da atividade profissional. Nesse ponto, a Convenção é expressa no sentido de que o "ambiente de trabalho [há de ser] aberto, inclusivo e acessível a pessoas com deficiência" (artigo 27.1, *caput*). Firmando um compromisso com a supressão de assimetrias, demanda que esses profissionais sejam recebidos "em condições de igualdade com as demais pessoas" (artigo 27.1, *b*), quer no âmbito público, quer na esfera privada (artigo 21.1, *g* e *h*). Para mais que isso, a norma ocupa-se de garantir a permanência da pessoa com deficiência no local de trabalho ao traçar o dever de oferta de adaptações razoáveis (artigo 27.1, i), consideradas as demandas individuais.

No mais, conquanto não liste a liberdade de ensinar em seu rol de direitos, a Convenção se refere à liberdade de expressão. Nesse ponto, diz da

---

[318] Assim ressalta Sarlet, para quem qualquer que seja o *status* de incorporação, os tratados de direitos humanos servem ao nomeado controle de convencionalidade, com a diferença de que aqueles que equivalem a emendas são também parâmetro de controle de constitucionalidade, v. SARLET, Ingo Wolfgang. Notas sobre as relações entre a Constituição Federal de 1988 e os tratados internacionais de direitos humanos na perspectiva do assim chamado controle de convencionalidade. In. MARINONI, Luis Guilherme; MAZZUOLI, Valerio de Oliveira (Coords.). *Controle de convencionalidade:* um panorama latino-americano – Brasil, Argentina, Chile, México, Peru, Uruguai. Brasília: Gazeta Jurídica, 2013. p. 111.

[319] MAZUOLI, Valerio de Oliveira. Teoria geral do controle de convencionalidade no direito brasileiro. *Revista de Informação Legislativa*. a. 46, n. 181, 2009. p. 113-38.

necessidade de os Estados empregarem esforços para que as pessoas com deficiência possam exercer o direito de expressão e opinião, inclusive a "liberdade de buscar, receber e compartilhar informações e idéias" [sic] (artigo 21, *caput*). Atenta à pertinência de fixar meios para que esse fim seja atingido, ela aduz à criação de políticas de difusão do "uso de línguas de sinais, braille, comunicação aumentativa e alternativa [...]" (artigo 21, *b*).

Em termos gerais, o que esses comandos impõem no caso da profissão docente é a adoção de políticas de inclusão e permanência da pessoa com deficiência no quadro profissional das Instituições de Ensino. Se bem que não exista um dever de admissão apartado das competências demandadas para o cargo, uma vez firmada a relação de trabalho, o professor não poderá encontrar na IES impedimentos fáticos para o exercício da liberdade de ensinar, seja, por exemplo, em virtude de uma edificação falha em acessibilidade, seja porque não contratados tradutores de fala, na hipótese da admissão de professor com deficiência de fala ou audição. Todavia, para além de afetações decorrentes de omissões institucionais, é também de cogitar que a liberdade de ensinar seja afrontada pela imposição de utilização de métodos de ensino incompatíveis com a condição do professor. Para ilustrar, basta pensar em uma decisão institucional que determine a condução de aulas laboratoriais de Química, com manipulação de substâncias perigosas, por um professor com deficiência visual, ou de aulas de Educação Física, em espaços aquáticos, por docente em situação idêntica. Ainda que alguma adaptação possa ser feita, é certo que a consecução de tais atividades poderia colocar em risco a segurança do professor, pelo que não se pode exigir-lhe essas condutas.

No que diz respeito à admissão de alunos com deficiência em IES, o efeito que recai sobre a liberdade de ensinar é mediato. A Convenção Internacional sobre os Direitos das Pessoas com Deficiência afirma ser dever dos Estados assegurar a pessoas com deficiência o "acesso ao ensino superior em geral, treinamento profissional de acordo com sua vocação, educação para adultos e formação continuada, sem discriminação e em igualdade [...]". Repara, ainda, que, para a sua permanência em ambientes educacionais, deve-se atentar para a "provisão de adaptações razoáveis" (24.5). No mesmo seguimento já dispunha o artigo 3º, *b*, da Convenção da Unesco relativa à luta contra as discriminações na esfera do ensino, ao determinar serem devidas medidas necessárias para que não se faça discriminação na admissão (e, por conseguinte, na permanência) dos alunos nos estabelecimentos de ensino.[320]

Acerca das políticas de inclusão, ressalta-se que a reserva de vagas nas IES públicas a pessoas com deficiência já indica, de algum tempo, um empenho nessa seara. Porém, muito mais que o ingresso, fala-se também em um compromisso com a permanência. Assim, um aluno que não possua condições reais de gozo do direito à liberdade de aprender – ou as detenha deficitariamente – pelo fato de uma deficiência, decerto não está realmente incluído.

---

[320] UNESCO. *1960 Convenção relativa à luta contra as discriminações na esfera do ensino*. Disponível em: <http://unesdoc.unesco.org/images/0013/001325/132598por.pdf>. Acesso em: 03 jun. 2016. Em 1968, com a promulgação do Decreto nº 63.223, a Convenção entrou em vigor no Brasil.

O que na prática isso importa à liberdade de ensinar é a admissão de um dever institucional de disponibilizar condições de exercício profissional ao professor de modo que possam atingir os fins planejados em relação a todos os alunos, inclusive àqueles afetados por alguma deficiência. Há apenas uma aparente liberdade de ensinar se a IES não oferece condições ao docente para que tome decisões, especialmente no tocante aos métodos a serem utilizados na prática educacional, quando se tem em sala de aula aluno com algum tipo de deficiência. De outra banda, para o professor a norma carrega implicitamente uma proibição, qual seja a de, ao decidir na esfera de sua liberdade, desconsiderar o dever de ser, ele próprio, promotor da inclusão do aluno com deficiência. Por esse motivo, são vedadas decisões pedagógicas que apartam discentes do processo educativo em virtude de tal condição.

Parece claro que o atendimento dos comandos contidos na Convenção supõe custos adicionais às IES. Pense-se, por exemplo, em uma IES que disponibilize aos docentes e discentes um suporte para o uso de tecnologias na educação. Tendo-o planejado para atingir a todos, não pode deixar de atender à pessoa com deficiência que o demande com adaptações, e isso importa gastos.

O fato ganha tons diferentes se analisado no âmbito público ou no âmbito privado. Quanto ao primeiro, é sabido que a concretização de políticas públicas põe em pauta o problema do financiamento dos direitos fundamentais. O ciclo, que principia com a contribuição individual, perpassa a arrecadação e culmina no dever estatal de decidir quanto e como dispender para satisfazer direitos, compõe a agenda permanente da gestão pública. Esse cenário decisório é insuperavelmente marcado por um grau de escassez, e é por isso que decidir sobre direitos fundamentais é sempre fazer escolhas conflitantes, designadas *trade-offs*, porque solucionam um problema criando outros.[321] A doutrina, em longa medida, já se ateve ao tratamento da questão, apontando, principalmente, para o dever de resguardo inegociável de determinadas parcelas dos direitos fundamentais.[322]

No cerco privado, a questão dos custos é afetada pelo ingresso de uma variável, qual seja a livre iniciativa, de que advém o fundamento para a exploração econômica de atividades visando ao lucro (CF, artigo 1º, IV, c/c art. 170). Obviamente, a impossibilidade de cobrança de adicionais para a prossecução da inclusão da pessoa com deficiência no âmbito educacional, qualquer que seja o seu ator (professores ou alunos), atinge de modo pouco modesto a gestão financeira da IES privada. Pois bem, a questão ganhou reconhecimento na jurisprudência do STF. Na recente decisão da ADI 5357, em que esteve em pauta a constitucionalidade do artigo 28, § 1º, da Lei nº 13.146/2015 (Estatuto da Pessoa com Deficiência), que proíbe que Instituições de Ensino particulares cobrem valores adicionais a mensalidades, anuidades ou matrículas para alunos com deficiência, a decisão do Tribunal apontou no sentido da constitu-

---

[321] AMARAL, Gustavo. *Direito, escassez e escolha:* em busca de critérios jurídicos para lidar com a escassez de recursos e as decisões trágicas. Rio de Janeiro: Renovar, 2001. p. 81.
[322] Ibid., *en passant*.

cionalidade da norma, remetendo, inclusive, ao dever de observância do disciplinado na Convenção.[323]

Como se vê, o exercício da liberdade de ensinar pode ser tocado por fatores que o particulariza a depender do âmbito em que incide. As margens do conteúdo protegido pela liberdade de ensinar são talhadas considerando-se variáveis distintas nas esferas púbica e privada. É devido, então, apontá-las, assim como conhecer os seus desdobramentos.

7. A eficácia do direito à liberdade de ensinar nos âmbitos público e privado

Antes do tratamento da eficácia da liberdade de ensinar nos âmbitos público e privado, alguns acordos merecem ser feitos.

Em primeiro lugar, destaca-se que a incidência do direito em causa no tráfego privado é tomada como uma premissa. Entende-se que não há, atualmente, uma controvérsia realmente relevante sobre isso. Assim, acorda-se que direitos fundamentais têm eficácia privada, com uma ou outra margem distintiva quanto à forma de sua incidência perante terceiros.[324] A mais que isso, sua incidência é direta – no seguimento da maioria da doutrina pátria –, ou, ao menos, *prima facie* direta, convindo avaliar, se for o caso, as circunstâncias concretas e as peculiaridades de cada direito fundamental.[325]

O segundo ponto de acordo diz respeito ao significado e alcance de um dos elementos contidos na definição da liberdade de ensinar firmada no capítulo 1. Lá se disse que conceitualmente ela corresponde ao direito de que goza o professor para lecionar em sala de aula. Cabe esclarecer, na sequência, a que corresponde esse espaço designado sala de aula.

De logo, deve-se entender a sala de aula como uma composição abrangente, que transpassa aquilo que, em sua gênese, foi um espaço físico, no qual relações se davam presencialmente. A feição parcial de sua definição física deve-se, em primeiro lugar, à franca expansão no contexto educacional dos *Massively Open Online Courses (Moocs)*. Trata-se de modalidade de cursos ancorada na conectividade e nas premissas de atendimento a um número indeterminado de pessoas, gratuidade e acessibilidade *online*. Na legislação brasileira, é determinante, nesse particular, o artigo 80 da LDB, que prevê, à maneira geral, o ensino a distância (EAD), além do Decreto nº 5.622/2005, que, de modo ainda mais minudente, identifica a prática, em seu artigo 1º, como modalidade

---

[323] BRASIL. STF. *ADI 5357/DF*. Rel. Min. Edson Fachin. Tribunal Pleno. Julgamento em: 09/06/2016. DJe: 042.

[324] Não tratar das teses da eficácia dos direitos fundamentais em relações privadas é uma opção que se coaduna com o entendimento de que, no atual estágio da dogmática dos direitos fundamentais, essa não é realmente uma questão de peso. De toda sorte, para uma abordagem geral das teses no contexto brasileiro, v. SARMENTO, Daniel. *Direitos fundamentais e relações privadas*. Rio de Janeiro: Lumen, 2004.

[325] SARLET, Ingo Wolfgang. A influência dos direitos fundamentais no direito privado: o caso brasileiro. In. MONTEIRO, Antonio Pinto; NEUNER, Jörg; —— (Org.). *Direitos fundamentais e direito privado* – uma perspectiva de direito comparado. Coimbra: Almedina, 2007. p. 142.

de ensino na qual "a mediação didático-pedagógica [...] ocorre com a utilização de meios e tecnologias de informação e comunicação, com estudantes e professores desenvolvendo atividades educativas em lugares ou tempos diversos", acrescendo, adiante, que se trata de uma modalidade compatível com a educação superior (artigo 2º, V, *b*).[326]

Sensível a tal reconfiguração contextual, em Relatório publicado em 2004 (e atualizado em 2013), a AAUP grafou que sala de aula é um meio desprovido de evidentes limites físicos, sendo qualquer "local, real ou virtual, em que a instrução ocorre" [trad. nossa].[327] Esse alargamento conceitual é elucidativo de questões novas e ainda pouco versadas. Nesse segmento, p. ex., alertam Gearóid Ó Cuinn e Sigrun Skoglya que, quando o portão do *campus* não o insula, é preciso pensar a educação numa perspectiva transnacional, e isso importa o debate sobre situações como, por exemplo, a oferta de cursos de uma IES em país diverso de sua sede, por intermédio de acordos de cooperação educacional, hipótese em que cabe questionar se o país receptor, ao acolher o programa, consente simultaneamente com os padrões de ensino do país promotor e o comprimento da liberdade de ensinar dos seus docentes.[328]

Assim sendo, entende-se por sala de aula, no âmbito de IES, espaços físicos e virtuais que tenham destinação própria ao ensino formal. O conceito, ao mesmo tempo em que é poroso às demandas da conectividade, exclui de sua amplitude espaços que, embora aptos à veiculação de manifestação docente, não se constituem enquanto plataforma própria de ensino, a exemplo das designadas *social networks*. Tal entendimento, que é tendencialmente menos abrange que o adotado pela Aaup, longe de desamparar a expressão docente em outros espaços que não a sala de aula, concebe-a como objeto de tutela de dimensões diversas da liberdade acadêmica – notadamente da sua dimensão extramuros. O limiar entre uma e outra hipótese é delicado e merece atenção.

Sabe-se da contumaz e crescente utilização do EAD no país, seja de maneira principal, em que a presença física do aluno é pontual,[329] seja de modo complementar à aprendizagem que corre principalmente em sala física. Soma-se a isso a designada educação aberta, que, na acepção do CNE, consiste naquela em que o "objetivo dos interessados é atualizar-se [e] ampliar conhecimentos", sendo que "o atestado de participação que estes cursos conferem não dá direito

---

[326] No Brasil, a regulamentação do EAD consta, ainda, dos Decretos nºs 2.494/1998 e 2.561/1998, da Portaria Ministerial nº 301/1998, além das Diretrizes para a Educação a Distância (DED), oriundas do Parecer nº 41/2002 do CNE/CEB, da Portaria nº 40/2007 do MEC e da Resolução nº 4/2010 do MEC.

[327] AMERICAN ASSOCIATION OF UNIVERSITY PROFESSORS. *2004 Academic Freedom and Electronic Communications*. Disponível em: <http://www.aaup.org/report/academic-freedom-and-electronic-communications-2014>. Acesso em: 06 dez. 2014.

[328] O tema tem uma relevância manifesta, mas não será aprofundado. Para mais, v. Ó CUINN, Gearóid; SKOGLYA, Sigrun. Understanding human rights obligations of states engaged in public activity overseas: the case of transnational education. *The International Journal of Human Rights*. v. 20, n. 6, 2016. p. 761-84.

[329] Segundo o Decreto nº 2494/1998, artigo 7º, ela é exigida nos seguintes moldes: "a avaliação do rendimento do aluno para fins de promoção, certificação ou diplomação, realizar-se-á no processo por meio de *exames presenciais*, de responsabilidade da Instituição credenciada para ministrar o curso, segundo procedimentos e critérios definidos no projeto autorizado" [grifo nosso].

a exercício profissional e nem a prosseguimento de estudos".[330] Em todo caso, o curso do ensino ocorre com o aditamento de plataformas virtuais ao sistema em rede das Universidades. Entre os mais usuais, figura o *modular object-oriented dynamic learning environment (Moodle)*, *software* livre sujeito a adaptações que atendam às expectativas planeadas nos projetos pedagógicos institucionais e voltado para mediar a relação entre professor e aluno na dinâmica do ensino.[331] Nessas plataformas, professores podem lançar mão de *chats*, fóruns, questionários, disponibilização de livros, artigos e outros materiais que se referem à aula dada para reforçá-la ou mesmo antecipar o conteúdo a ser ministrado, mecanismo nomeado sala de aula invertida *(flipped classroom)*, em que o aluno é instado a conhecer em plataformas virtuais o conteúdo da aula porvir nas salas físicas.

Tudo isso vem a corroborar a expansão do designado *blended learning* (ensino híbrido). Ele é, por definição, um entrelaçamento do ensino *in locu* com aquele que decorre do uso de tecnologias para além da sala de aula entijolada. O uso mais comum do termo denota uma combinação do ensino face a face com o que se dá *online*,[332] considerando-se espaços virtuais como genuínos braços da sala de aula física, sendo abarcado, portanto, em seu conceito expandido.[333]

Ainda compete atentar para o despontamento de modelos institucionais integralmente desprovidos de salas de aula físicas, prática que tem sido bancada, por exemplo, pelo *Minerva Project*.[334] A multilocalidade das salas de aulas, sendo elas integramente virtuais, é o ponto de partida para a concreção do projeto. A ideia – que ainda não alcançou o contexto local – não sofre total desamparo no direito brasileiro pelo fato da crescente virtualização do ensino. Nesse sentido, mas de uma forma bem mais modesta, o PL 3.109/2008, sinaliza para a criação de uma Universidade Federal exclusivamente voltada à direção e monitoramento de cursos de EAD.[335]

Toda essa conjuntura é indicativa de uma mudança de entendimento quanto ao que se espera da relação entre professor e aluno. Pode-se afirmar que a limitação física do conceito de sala de aula serviu a um modelo econômico industrial, no qual o professor era um emissor e o aluno um receptor.

---

[330] BRASIL. MEC. CNE/CEB. *Parecer nº 41/2002*. Disponível em: <http://portal.mec.gov.br/cne/ arquivos/pdf/CEB0041_2002.pdf>. Acesso em: 02 maio 2016. p. 10.

[331] Trata-se de um Ambiente Virtual de Aprendizagem (AVA), entre os quais ainda se destacam o Teleduc, o Amadeus, o Dokeos, o Backboard e a Fábrica de Software, esse último pioneiro no Brasil. v. MESSA, Wilmara Cruz. Utilização de ambientes virtuais de aprendizagem – AVAS: a busca por uma aprendizagem significativa. *Revista brasileira de aprendizagem aberta e à distância*. v. 9, 2010. Disponível em: <http://www.abed.org.br/revistacientifica/_Brazilian/edicoes/2010/2010_Edicao.htm>. Acesso em: 12 abr. 2016.

[332] GRAHAM, Charles R. Emerging practice and research in blended learning. In. MOORE, Michael G. (Ed.). *Handbook of distance education*. 3. ed. New York: Routledge, 2013. p. 333-50.

[333] Parece ser nesse sentido que caminha o CNE ao declarar a existência "tanto na sala de aula "presencial", como através de tele-meios", v. BRASIL. MEC. CNE/CEB. *Parecer nº 41/2002*. Disponível em: <http://www.histedbr.fe.unicamp.br/navegando/fontes_escritas/8_Redemocratizacao/artigo_007. html>. Acesso em: 10 fev. 2016. p. 12.

[334] MINEVA'S project. Disponível em:<https://www.minerva.kgi.edu/>. Acesso em: 18 mar. 2016.

[335] BRASIL. CÂMARA DOS DEPUTADOS. *PL 3.109/2008*. Autoriza o Poder Executivo a criar a Universidade Federal de Ensino à Distância e dá outras providências. Luiz Carlos Hauly. Apresentação em: 26/03/2008.

Contrariamente, na atualidade, ela não se mostra apta "a cumprir as necessidades de uma nova geração de estudantes prestes a entrar em uma economia de conhecimento global" [trad. nossa].[336]

Porém, nem todo espaço em que se expressa o professor é uma sala de aula. É que, se assim fosse, o próprio conceito se dissolveria numa ação constante de tutela da manifestação docente onde quer que ela ocorra e independente de quem ela atinja, fazendo da atividade exercida profissionalmente, qual seja, o ensino, um *continuum*, e do professor um sujeito que, onde quer que se manifeste, erija uma sala de aula. Assim, conceba-se um professor que interpõe, em rede social própria de acesso público, manifestação pautada em suas convicções pessoais, enquanto cidadão. É certo que se socorre da dimensão extramuros da liberdade acadêmica, mas não da liberdade de ensinar, já que ausente o vínculo entre o ato e a profissão que exerce.

Pois bem, dando-se continuidade ao intento de tonalizar o conceito de sala de aula, é de considerar que os espaços institucionais em que são executadas atividades condizentes à prática profissional supervisionada, que figuram como componente curricular, também são por ele abarcados. Assim se perfaz com laboratórios de prática simulada e com núcleos de prática real/clínicas-escola, nas quais as atividades ocorrem por determinação das Diretrizes Curriculares Nacionais.[337]

Em atividades práticas simuladas, o professor atua no comando do corpo discente, sendo o responsável direto pelo ensino, ao passo que, no caso da prática real, cunhada de atividade de estágio, o discente realiza trocas diretas com o seu supervisor, que pode compor o corpo docente, acaso o estágio seja realizado na própria IES, ou não, caso realizadas em hospitais, escritórios e clínicas apartados. Nessa última hipótese, ao professor compete supervisionar as atividades exercidas, nos termos da Lei nº 11.788/2008 (Lei de Estágio), que em seu artigo 1º define que essa atividade "é ato educativo escolar supervisionado, desenvolvido no ambiente de trabalho, que visa à preparação para o trabalho produtivo de educandos que estejam frequentando o ensino regular em instituições de educação superior...". No mais, a lei determina que "o estágio [...] deverá ter acompanhamento efetivo pelo professor orientador da instituição de ensino e por supervisor da parte concedente..." (artigo 3º, § 1º) e que cabe à Instituição de Ensino "indicar professor orientador, da área a ser desenvolvida no estágio, como responsável pelo acompanhamento e avaliação das atividades do estagiário" (artigo 7º, inciso III). Ora, o ato de avaliação é abarcado pelo conteúdo da liberdade de ensinar, daí que a relação entre aluno e orientador

---

[336] TAPSCOTT, Don; WILLIAMS, Anthony D. Innovating the 21st-century university: It's Time!. *Educause Review*. 2010. p. 19-20.

[337] Ao modo de ilustração, BRASIL. MEC. CNE/CES. *Resolução nº 9/2004*. Institui as Diretrizes Curriculares Nacionais do Curso de Graduação em Direito e dá outras providências. Disponível em: <http://portal.mec.gov.br/cne/arquivos/pdf/rces09_04.pdf>. Acesso em: 13 jan. 2016 (artigo 2º, § 1º, inciso IX), BRASIL. MEC. CNE/CES. *Resolução nº 3/2002*. Institui Diretrizes Curriculares Nacionais do Curso de Graduação em Odontologia. Disponível em: <http://portal.mec.gov.br/cne/arquivos/ pdf/rces09_04.pdf>. Acesso em: 13 jan. 2016 (artigo 7º) e BRASIL. MEC. CNE/CES. *Resolução nº 11/2002*. Institui Diretrizes Curriculares Nacionais do Curso de Graduação em Engenharia. Disponível em: <http://portal.mec.gov.br/cne/arquivos/pdf/CES112002.pdf>. Acesso em: 13 jan. 2016. (artigo 6º, § 2º).

responsável por sua avaliação, que se dá normalmente por meio de relatórios das atividades exercidas, é também uma relação de ensino.

Caso particular ocorre nas designadas empresas juniores. A Lei nº 13.267/2016 cuida de defini-las como associações civis geridas por estudantes de graduação (artigo 2º). Conforme o seu artigo 4º, § 1º, as atividades nelas executadas serão "orientadas e supervisionadas por professores", mas possuem gestão autônoma em relação à Instituição. A prática ali exercida ajusta-se melhor como atividade de extensão, pois tem caráter facultativo, portanto, não é pautada por diretrizes diretamente extraídas do núcleo curricular dos projetos pedagógicos institucionais, daí o mote para excluir esse espaço do conceito de sala de aula.

O mesmo deve-se ressalvar em relação às incubadoras. Em franca expansão no cenário universitário, elas se prestam a conciliar interesses acadêmicos e de mercado. Na definição que lhes confere a Lei nº 13.243/2016 (Código Nacional de Ciência, Tecnologia e Inovação), em seu artigo 2º, III-A, as incubadoras objetivam "estimular ou prestar apoio logístico, gerencial e tecnológico ao empreendedorismo inovador e intensivo em conhecimento", visando a fomentar a criação e o desenvolvimento de empresas. A relação é firmada entre o aluno e a empresa incubada, mas ela só se dá porque aquele pertence ao quadro da IES. A atividade exercida em incubadoras não condiz diretamente ao currículo e, por isso, esse espaço também é afastado da definição de sala de aula.

Finalmente, compete advertir que sala de aula é todo o espaço de ensino em que o professor é um autêntico representante institucional e executa o ato de ensinar. É o que ocorre quando profere palestras ou cursos fora do *campus* sobre tema em que tem competência disciplinar. Com isso, cabe sintetizar que não é o terreno institucional a definir se se está a tratar de liberdade de ensinar, mas a combinação entre o teor da manifestação docente com a condição de representante institucional, no compasso do já versado anteriormente.[338]

Tomadas tais considerações à partida, enfrenta-se o significado e a extensão da liberdade de ensinar em Instituições de Ensino Superior de naturezas pública e privada, respectivamente.

7.1. *A incidência da liberdade de ensinar em instituições de ensino superior públicas*

O artigo 19 da LDB define os tipos de Instituições de Ensino conforme a natureza daquele a quem incumbe a sua administração, designando públicas aquelas criadas ou incorporadas, mantidas e administradas pelo Poder Público (inciso I). A incidência pública da liberdade de ensinar condiz com o exercício do direito no cerco de IES dessa natureza. Nessa conjuntura, o ensino superior se caracteriza como autêntico serviço público, isso é, como "atividade prestada pelo Estado ou por seus delegados, basicamente sob regime de direito público,

---

[338] V. capítulo 1, tópico 2.

com vistas à satisfação de necessidades essenciais e secundárias da coletividade".[339] Quanto aos professores, valem-se da genuína condição de servidores públicos, recaindo sobre eles as normas constitucionais sobre o tema (artigos 39 a 41), assim como a Lei nº 8.112/1999, que dispõe sobre o regime jurídico dos servidores públicos civis da União, das autarquias e das fundações públicas federais. Destaca-se que seu ingresso na carreira se dá mediante concurso público de provas e títulos. Após 3 (três) anos de efetivo exercício, ganha-se estabilidade no cargo e, desde aí, a sua perda depende de sentença judicial transitada em julgado, processo administrativo ou procedimento de avaliação periódica de desempenho, assegurada a ampla defesa (CF, artigo 41, § 1º). A estabilidade pretensamente encapsula a liberdade de ensinar, conferindo ao professor maior lastro de segurança quanto à atuação profissional.

A cromática da liberdade de ensinar nas Instituições públicas não passa à revelia dos efeitos produzidos pela nomeada autonomia universitária. Nos termos do artigo 207, da CF, "as universidades gozam de autonomia didático-científica, administrativa e de gestão financeira e patrimonial...". O enunciado denota a ocupação constituinte em pôr à vista uma autêntica garantia institucional afeita à educação superior. A distinção contumaz entre direitos e garantias – quando essas últimas se constituem como garantias institucionais – é a de que com essas últimas se quer, em primeiro lugar, assegurar a própria existência de uma instituição, ainda que mediatamente se esteja a garantir que direitos sejam nela exercidos. Na síntese de Carl Schmitt, a acepção de garantias institucionais é "afeita a uma instituição juridicamente reconhecida, que, como tal, é sempre circunscrita e delimitada, ao serviço de certas tarefas e certos fins" [trad. nossa].[340] O objeto de proteção é, pois, a própria instituição, e por essa razão, falar em direitos subjetivos é versar sobre direitos nos termos do pertencimento a ela.

Contudo, pende uma questão: tendem as garantias institucionais a enfraquecer a eficácia da proteção constitucional conferida aos direitos de liberdade?[341] Acentuada de maneira mais próxima ao tema, o que se questiona é: entre a garantia institucional da autonomia universitária e o direito subjetivo a ensinar, o que compraz prevalecer, se conflitarem?

A CF assegura a autonomia sob três perspectivas. A autonomia didático-científica garante às Instituições a organização do ensino, da pesquisa e da extensão a serem ofertados. Relaciona-se a decisões de teor curricular, como a criação dos programas disciplinares e a constituição ou aprovação de projetos de pesquisa e extensão. Sua concretização se perfaz em condutas no geral sintetizadas no artigo 53 da LDB, em seus incisos I (criar, organizar e extinguir, cursos e programas), II (fixar os currículos), III (estabelecer planos, programas e projetos), VI (conferir graus, diplomas e outros títulos), e no parágrafo único do mesmo dispositivo que reserva parte das atribuições arroladas aos colegiados de ensino e pesquisa. De seu turno, a autonomia administrativa consiste

---

[339] CARVALHO FILHO, José dos Santos. *Manual de Direito Administrativo*. 30. ed. São Paulo: Atlas, 2016. p. 339.
[340] SCHMITT, Carl. *Teoría de la Constitución*. Madrid: Alianza, 2001. p. 175.
[341] BONAVIDES, Paulo. *Curso de Direito Constitucional*. 17. ed. São Paulo: Malheiros, 2005. p. 538.

na competência para a edição de normas de organização interna relativas às atividades de ensino, pesquisa e extensão desenvolvidas. É o que dispõe, por exemplo, o inciso V do artigo 53 da LDB, que trata da competência para elaborar e reformar os estatutos e regimentos. Tal norma, na medida em que se presta a regular as atividades principais das IES, têm o condão de blindar, a princípio, qualquer interferência externa à Universidade, com isso isolando-a com uma faixa rígida o suficiente para repelir ingerências estatais descabidas, contudo maleável à penetração de normas e diretrizes gerais que visam a garantir que o exercício do poder regulamentar institucional se dê nos termos (e não à revelia) do jurídico. Já a autonomia financeira alinha-se à gestão dos recursos destinados às IES para a realização dos seus fins.[342] Assim, refere-se o artigo 54, § 1º, da LDB, aos direitos de propor quadro de pessoal docente, técnico e administrativo, assim como plano de cargos e salários (inciso I), elaborar orçamentos anuais e plurianuais (inciso IV) e realizar operações de crédito ou de financiamento para aquisição de bens imóveis, instalações e equipamentos (inciso VI), apenas para citar.

No que diz respeito à relação entre Universidades e corpo docente e ao possível conflito entre os dois polos, há quem considere que a autonomia institucional deve servir de garantidora da liberdade do professor, daí a hipótese do desalinho de interesses ser meramente aparente. Isso é, caberia às Universidades a função de decidir quem, o quê e como ensinar, com isso assegurando o exercício profissional docente contra intervenções externas.[343]

No Brasil, Durmeval Trigueiro tende a considerar o mesmo ao defender que a existência de instâncias hierárquicas dentro de uma Instituição de Ensino não vincula dirigidos a dirigentes, porque a autonomia não é do corpo diretivo, não se sujeita à personificação, ela é da Instituição, da qual fazem parte também os professores e os alunos. Então, "a subordinação de cada um [é] a uma vontade comum, expressa numa política a que todos se subordinam, inclusive os órgãos mais altos do poder universitário".[344] Nesse sentir, não haveria real conflito entre a autonomia institucional e a liberdade de ensinar.

A par disso, tem-se afirmado a eclosão de uma verdadeira dissintonia entre a liberdade individual do professor e a autonomia das IES, de sorte que a dimensão institucional passou a ser encarada não como uma camada protetiva para os professores em face do Estado, mas como uma ameaça a seus direitos.[345]

Por causa disso, Ronald Dworkin ensina que a liberdade do professor ordena dois tipos de isolamento. Primeiro, o isolamento das Instituições de Ensino em relação às instituições políticas, isto é ao Estado, e às potências econômicas, quer dizer, o mercado. Depois, o isolamento dos professores em face

---

[342] MALISKA, Marcos Augusto. *O direito à educação e a Constituição*. Porto Alegre: Sergio Antonio Fabris, 2001. p. 266 *et seq.*

[343] V. nota 46.

[344] MENDES, Durmeval Trigueiro. *Ensaios sobre educação e universidade*. Brasília: Inep, 2006. p.106.

[345] RABBAN, David. A functional analysis of "individual" and "institutional" academic freedom under the first amendment. *Law and Contemporary Problems*. v. 53, n. 3, 1990. p. 229.

da direção institucional.³⁴⁶ É que também a autonomia conferida às IES assume feições restritivas à liberdade do professor. Negar a existência de um conflito real entre a autonomia universitária e a liberdade de ensinar sob o argumento de que há uma convergência de interesses, qual seja a promoção do conhecimento, que torna os atores da cena educacional empenhados em um empreendimento cooperativo, seria nublar o fato de que tal propósito importa um jogo contínuo de limitações e distensões, ainda que, num desenho de gestão democrática do ensino, aos docentes caiba a participação na tomada de decisões institucionais.

No temperamento da interpretação jurisprudencial da designada autonomia universitária, a referência obrigatória é à ADI 51, em que o STF coordena a interpretação da garantia institucional no contexto jurídico brasileiro, desde a sua alçada ao patamar constitucional com a Carta de 1988. Antes dela, a autonomia constituía garantia instalada na legislação infraconstitucional (na ocasião, a Lei n° 5.540/1968). Com a sua superveniente cobertura constitucional, "a Universidade não se tornou, só por efeito do primado da autonomia, um ente absoluto, dotado de soberania e desvinculado do ordenamento jurídico".³⁴⁷ Ora, se isso é assim, mais que afastar a subserviência das Instituições ao Estado, é igualmente pertinente assegurar a finalidade do ensino superior no respeitante à construção de conhecimento especializado, o que depende da liberdade de ensinar.

O entendimento ali assentado indica um suposto paradoxo: a liberdade de ensinar é tão dependente da cobertura empreendida pela autonomia universitária contra intervenções do Estado, quanto depende do Estado para não ser diluída pelo poder institucional. Solver essa questão exige estratégias de equilíbrio entre a liberdade de ensinar e a autonomia universitária. Isso ocorre porque, embora seja certo que a liberdade de ensinar se dá condicionada por normas, inclusive institucionais, é inconcebível concluir que, tendo ingressado no corpo profissional de uma IES, o professor é reduzido à condição de executor de um plano institucional predeterminado.

O primeiro passo, por conseguinte, é anuir quanto à existência potencial de um conflito verdadeiro nesse campo. Daí a Universidade comportar-se, a um só tempo, como manta protetiva da liberdade de ensinar contra interferências externas indevidas e como possível causadora de atos tendentes a esvaziar a liberdade individual. Essa posição institucional dúplice não importa qualquer contradição. Basta lembrar, com Nina Ranieri, que o mais significativo desdobramento da autonomia universitária é o seu poder normativo,³⁴⁸ e esse poder pode descambar tanto no fechamento institucional à penetração de normas exógenas que atentem contra a sua capacidade de auto-organização,

---

³⁴⁶ DWORKIN, Ronald. Por que liberdade acadêmica? In. ——. *O direito da liberdade*. São Paulo: Martins Fontes, 2006. p. 393-4.
³⁴⁷ BRASIL. STF. *ADI 51/RJ*. Rel. Min. Paulo Brossard. Tribunal Pleno. Julgamento em: 25/10/1989. DJ: 17/09/1993.
³⁴⁸ RANIERI, Nina. *Autonomia universitária*: as universidades públicas e a Constituição Federal de 1988. 2. ed. São Paulo: Imprensa Oficial do Estado de São Paulo, 2013. p. 164.

quanto na criação de normas que extrapolam o direito de regular situações *interna corporis*.

Outro aspecto a ser considerado no pertinente à incidência pública do direito à liberdade de ensinar é o comando constitucional segundo o qual o ensino há que ser laico nesse diâmetro dado o caráter não confessional do Estado Brasileiro. Assim, aduz o artigo 19, inciso I, da CF, ser vedado ao Estado estabelecer dependência ou aliança com qualquer religião. É o que se chama de laicidade estatal, emoldurada na refração dos extremos, a dizer: do Estado confessional e do Estado laicista, indiferente ao fenômeno religioso enquanto expressividade cultural. No caso particular do Brasil, segundo ensina Debora Diniz, a laicidade é "expressa pela pluriconfessionalidade e não pela neutralidade confessional na estrutura básica do Estado".[349] Mas o grau de intensidade da relação entre Igreja e Estado, longe de qualquer precisão estatística, costuma forjar uma zona cinzenta relevante, que, de mais a mais, interpõe dúvidas sobre a concretização da pressuposta ruptura.

As reprisadas controvérsias sobre os exatos limites de uma plausível conexão entre Estado e Igreja, no Brasil, devem-se ao fato de a Constituição de 1998 adotar um esquema de interação chamado pela doutrina constitucional de "laicidade flexível ou *soft*".[350] Essa formatação tempera a abjeção ao religioso com normas que reivindicam sua consideração enquanto elemento relevante na constituição do povo. É nesse ímpeto que o artigo 210, § 1º, da CF determina o oferecimento de ensino religioso, de matrícula facultativa, como disciplina componente da estrutura curricular regular no ensino fundamental público.

Em relação ao ensino superior, a Constituição é silenciosa. Disso decorre a tarefa de empenhar uma leitura do bloco normativo constitucional referente à educação conjuntamente àquele que cuida da liberdade religiosa, a fim de construir uma interpretação adequada no respeitante à incursão da religião nas Universidades públicas. E outra não pode ser a conclusão a não ser a de que é defesa a adoção de postura institucional que redunde na confecção de privilégios ou retaliações aos atores pertencentes ao cenário educacional superior em virtude de suas opções religiosas, sejam elas a de ter uma religião, não tê-la ou mesmo deixar de tê-la, conjunto de condutas a que Jayme Weingartner Neto chama de núcleo essencial da liberdade religiosa.[351] Da mesma forma em que não merece acolhida a tomada da opção religiosa como critério direcionador de políticas institucionais voltadas ao corpo docente, também não compete a esse último, quando do exercício da liberdade de ensinar, adotar postura que suprima qualquer possibilidade de crítica, dissidência ou contra-argumentação por parte do corpo discente, ou mesmo que tenda a dar primazia ao aluno que pactue com as convicções religiosas (ou a ausência delas) do professor.

---

[349] DINIZ, Debora; LIONÇO, Tatiana. Educação e laicidade. In. ——; ——; CARRIÃO, Vanessa. *Laicidade e ensino religioso no Brasil*. Brasília: Unesco, Letras Livres e UNB, 2010. p. 23.

[350] GONÇALVES, Jane Reis Pereira. A aplicação de regras religiosas de acordo com a lei do Estado: um panorama do caso brasileiro. *Revista da AGU*. v. 41, 2014. p. 09-42.

[351] WEINGARTNER NETO, Jayme. Liberdade religiosa na jurisprudência do STF. In. SARMENTO, Daniel; SARLET. Ingo Wolfgang (Orgs.). *Direitos fundamentais na jurisprudência do STF*: balanço e crítica. Porto Alegre: Lumen, 2011. p. 482.

O que se tem, em síntese, é uma proibição implícita de assumir a Universidade como plataforma representativa de um credo. No ensino, na lembrança do artigo 206, inciso III, da Constituição, há que ser respeitada a pluralidade de ideias, inclusive aquelas que dizem com a religião. Dito isso, ao mesmo passo em que não é correto extrair a impossibilidade de manifestação docente quanto às suas convicções religiosas, tampouco é certo que, no exercício de sua profissão, caiba-lhe calibrar a sua postura para fins pedagógicos desde a perspectiva religiosa.

Sobre o tema geral, afirma, com razão, Debora Diniz, que "o caráter incondicional da universidade significa o reconhecimento de que os únicos limites ao exercício da dúvida são aqueles impostos pela razoabilidade do sistema constitucional e não aqueles reclamados por comunidades morais específicas".[352] Ainda que se detenha tal diretriz teórica, em termos práticos, a solução de controvérsias nem sempre é realmente simples. Observe-se, assim, a hipótese de um aluno sabadista, que oponha resistência à participação em atividade determinada pelo professor para o dia de guarda. O descabimento da indiferença à religião indica que convém ao professor, em atenção ao dever estatal de atribuir prestação alternativa àqueles que objetarem o cumprimento de um dever por razões de consciência (CF, artigo 5º, inciso VIII), ofertar ao aluno opção à atividade demandada, que lhe seja equivalente em termos qualitativos.[353] O ônus quanto à adequação às demandas advindas da liberdade religiosa deve ser assumido pelo Estado e seus representantes – no particular, a Universidade e os professores – e nunca transferidas ao aluno. Em situação semelhante encontra-se o professor que, por razões de consciência, recusa-se a atender à determinação institucional que lhe exija a realização de atividade docente nos dias de guarda. Nesse ponto, a liberdade de ensinar não implica o sacrifício da liberdade religiosa docente em sendo possível que os órgãos diretivos institucionais redirecionem suas atividades para momento compatível.

Ainda sobre as nuances da relação entre liberdade religiosa e liberdade de ensinar, deve-se antecipar – posto se tratar de questão desenvolvida no capítulo seguinte – que a liberdade docente é em muito definida pela própria matéria que compete ao professor ensinar. Basta considerar, comparativamente, dois docentes, sendo um deles pertencente ao quadro de professores do curso de Teologia[354] e outro ao do curso de Biologia. O primeiro, acaso responsável pelo

---

[352] DINIZ, Debora. Quando a verdade é posta em dúvida: liberdade de cátedra e universidades confessionais. In. ——; BUGLIONE, Samantha; RIOS, Roger Raupp. *Entre a dúvida e o dogma*: liberdade de cátedra e universidades confessionais no Brasil. Porto Alegre: Livraria do Advogado, 2006. p. 83.

[353] Não há lei federal que regulamente, em termos gerais, o direito de escusa de consciência no Brasil (exceção à Lei nº 8.239/1991 sobre o serviço militar). O PL 6.335/2009 cuida de fazê-lo, determinando em seu artigo 3º que "a objeção de consciência pode se dar *no campo do exercício profissional*, por motivos de religião, ou por qualquer outro que agrida os princípios e o foro íntimo do indivíduo" [grifo nosso], v. BRASIL. CÂMARA DOS DEPUTADOS. *PL 6.335/2009*. Dispõe sobre o direito à objeção de consciência como escusa ao princípio constitucional insculpido no inciso II do art. 5º da Constituição Federal. Gonzaga Patriota. Apresentação em: 04/11/2009.

[354] Registre-se a existência de, pelo menos, 1 (um) curso de Teologia, modalidade bacharelado, em IES pública, qual seja a Universidade Federal do Piauí (Ufpi), v. UFPI. *História do campus Ministro Reis Velloso*. Disponível em: <http://www.ufpi.br/historia>. Acesso em: 21 out 2016, no qual consta que "No ano de 2001,

ensino de disciplinas que tomem como base a doutrina cristã (*v.g.* Eclesiologia, Cristologia), não tem liberdade para ensinar o que negue a sua existência, ainda que possa divergir sobre a interpretação de sua filosofia. O mesmo não se pode dizer do professor de Teoria da Evolução, no curso de Biologia, cujo ementário permite enviesar o discurso no sentido oposto. No primeiro caso, ao negar o criacionismo, o professor esvazia a própria disciplina de que tem incumbência o ensino, enquanto que, no segundo caso, a negação é uma possibilidade, porque o assunto não só não é estranho à disciplina, quanto com ela se comunica, sem, todavia, descaracterizá-la.

Retornando aos tons da incidência pública do direito à liberdade de ensinar de um modo geral, deve-se recordar que, enquanto serviço público, a educação tem que atender a determinados padrões de qualidade, não dispondo o professor da faculdade de não observar as metas de sua concretização. Quem cuida do tema é o PNE, que, em sua meta 13, é categórico ao definir o dever do Estado de "elevar a qualidade da educação superior...". Para seu atingimento, destacam-se, entre as estratégias elencadas, a de aperfeiçoar o Sinaes (13.1), aplicar o Enade (13.2) e induzir processo contínuo de autoavaliação das Instituições de Educação Superior (13.3).

Assim, a apuração dos padrões de qualidade pode se dar durante o processo educacional ou apartado dele. Na primeira circunstância, recorre-se a avaliações institucionais internas conduzidas por seus órgãos diretivos. Já no caso dos últimos, dados qualitativos normalmente são levantados observando-se o perfil e as competências dos alunos concludentes. O Enade é, decerto, a modalidade em voga com maior impacto nacional enquanto política do Ministério da Educação. Os processos de autorização, reconhecimento e recredenciamento de cursos se prestam ao mesmo numa dimensão macro, posto que voltados a avaliar as Instituições como um todo, não apenas a qualidade do ensino.

É claro que a normativa fornece amparo ainda raso se considerada a necessidade de planejar, *in concreto*, um ensino superior de qualidade. Observando isso, foram lançadas orientações quanto ao que seja uma prestação de serviço de ensino de qualidade, elaborada por especialidade, sob a coordenação do MEC. No universo de diretrizes de padrão de qualidade,[355] encontra-se o reforço ao dever de aderência da qualificação e experiência do professor às disciplinas ministradas, elemento condicionante da liberdade de ensinar.

Por fim, diga-se que depurar a qualidade do ensino superior – e do ensino, de um modo amplo – é particularmente difícil. Como adverte Carla Amado Gomes, isso ocorre seja porque o processo de aprendizagem depende também do aluno, e não apenas do professor, revestindo-se de bidirecionalidade, seja por conta da imaterialidade da prestação, cujos resultados não se concretizam

---

a Diocese da cidade de Parnaíba tornou-se parceira importante da instituição, contribuindo sobremaneira para que passasse a ser ofertado também o Curso de Graduação em Teologia".

[355] P. ex., em BRASIL. MEC. *Perfis da área e padrões de qualidade – arquitetura*. Disponível em: <http://portal.mec.gov.br/sesu/arquivos/pdf/ar_geral.pdf>. Acesso em: 11 jan. 2016, onde se lê que "a distribuição dos professores por disciplinas [se dará] em conformidade com suas qualificações", p. 12.

de pronto. Muito embora isso seja assim, não pode a Administração Pública eximir-se de prestá-lo da melhor forma possível.[356]

7.2. A incidência da liberdade de ensinar em instituições de ensino superior privadas

O ensino é livre à iniciativa privada, incumbindo-se o poder público de autorizar e avaliar o seu funcionamento (artigo 209, *caput* e inciso II, da CF, e artigo 7º da LDB). À abertura constitucional expressa dos serviços educacionais à iniciativa privada soma-se o dever de observância, também nessa seara, das normas gerais acerca da educação nacional (artigo 209, inciso I, da CF), dentre as quais os princípios gerais do ensino (artigo 206 da CF). Se a incidência, ou não, do direito à liberdade de ensinar no âmbito privado não é verdadeiramente um problema a tomar em conta a Constituição Brasileira, o foco da discussão reside mesmo é na largura do exercício do direito no referido cenário. Para isso, parte-se da premissa de que cabe acessar diretamente a Constituição para justificar o exercício da liberdade de ensinar em IES privadas,[357] restando saber em que amplitude.

Conforme a LDB, artigo 19, inciso II, Instituições privadas são aquelas administradas por pessoas físicas ou jurídicas de direito privado. O marco central da interpretação da incidência privada da liberdade de ensinar encontra-se no fato de que o exercício da liberdade na arena privada não converte em privada a tarefa de ensino. Ela é, por natureza, pública. Assim, nas IES privadas ocorre o exercício privado de funções públicas.[358] Dito de outro modo, em seu âmbito executa-se um serviço público cuja responsabilidade é compartilhada com o Estado pela legislação, e que, por isso, quando ofertado no diâmetro privado, subsiste uma pretensão coletiva.[359]

Daí se extrair a consequência de que, no atinente à educação, o artigo 170, parágrafo único, da CF aplica-se com ressalvas. Há que reconhecer que, quando diz que a todos é assegurado o livre exercício de atividade econômica, o dispositivo não autoriza que o ensino seja entendido como prática meramente mercantil.[360] Por isso mesmo é que, na seara privada, há apenas derrogação parcial do regime jurídico de direito público.[361]

---

[356] GOMES, Carla Amado. Direitos e deveres dos alunos em escolas públicas de ensino não superior: existe um direito à qualidade do ensino?. *Revista da Faculdade de Direito da Universidade de Lisboa*. v. XLVII, n. 1 e 2, 2006. p. 77-110.

[357] No compasso da teoria direta, tal como definida em SARMENTO, Daniel. *Direitos fundamentais e relações privadas*. Rio de Janeiro: Lumen, 2004. p. 245.

[358] NABAIS, José Casalta. Considerações sobre a autonomia financeira das universidades portuguesas. *Boletim da Faculdade de Direito de Coimbra*. n. especial, 1991. p. 359-60, [n. 52].

[359] ARAGÃO, Alexandre Santos de. O conceito de serviços públicos no direito constitucional brasileiro. *Revista de Direito Administrativo Econômico*. n. 17. Salvador: Instituto de Direito Público, 2009. p. 52.

[360] GORON, Lívio Goellner. Serviços educacionais e direito do consumidor. *Direito e Justiça*. v. 38, n. 2, 2012. p. 193-4.

[361] RANIERI, Nina. O direito educacional no sistema jurídico brasileiro. In. ABMP. *Justiça pela qualidade na educação*. São Paulo: Saraiva, 2013. p. 82.

O Estado autoriza, supervisiona e avalia o funcionamento das IES privadas, conforme dispõe o texto constitucional. Além disso, o Decreto n° 5.773/2006 condiciona o funcionamento de uma IES à autorização do Poder Público por meio de credenciamento (artigo 13), com durabilidade limitada – 3 anos para Faculdades e Centros Universitários, 5 anos para Universidades – (artigo 13, § 4°) –, e prospecta o seu recredenciamento, findo o prazo fixado (artigo 20). No mais, também sujeita todas as IES privadas a avaliações gerais dos seus cursos e estudantes realizadas pelo Sinaes (artigo 58). A par disso, às IES privadas compete o seu gerenciamento autônomo, nos termos da escora normativa relativa à autonomia institucional, que aqui se aplica igualmente.

Na esfera privada, cabe distinguir o vínculo jurídico entre contratante (que pode ser o aluno ou o seu responsável legal) e contratado (IES) daquele que envolve o professor, responsável direto pela prestação do serviço educacional, e o aluno. No primeiro caso, a relação é tipicamente de consumo, ao passo que, no segundo, ela é de cunho didático-pedagógica. Ensina Bruno Miragem que os deveres contratuais de prestação de serviços educacionais são informacionais (quanto à estrutura do curso, custos, duração), asseguratórios do caráter regular do curso (cumprimento do programa, da carga-horária), das condições físicas, materiais e ambientais de seu desenvolvimento (salas de aula, laboratórios) e da segurança e integridade do educando.[362] Embora tais deveres sejam da IES, um deles, contudo, qual seja o de assegurar a regularidade do curso, demanda diretamente do professor o compromisso com o plano a que tem incumbência executar. E é exatamente nesse espaço que se vale do direito à liberdade de ensinar. Dito de outro modo, quando encontra o aluno e com ele firma uma parceria com vistas a um fim comum, é que o professor se situa no terreno de exercício do seu direito.

Por essa razão, pelo menos em primeira linha, a liberdade de ensinar não sofre os condicionamentos que regem uma autêntica relação de consumo.[363] Se ela decorre de uma relação como essa, com ela, todavia, não se confunde. Nesse contexto, o aluno ocupa duas posições distintas: em uma é cliente, noutra é coprodutor do empreendimento educacional.[364] O professor, de sua vez, surge nessa última, nutrindo com o discente uma relação cooperativa, mas que, nem por isso, deixa de ser marcada por conflitos eventuais. Conclusão contrária, tendente a considerar alunos como reais consumidores também na relação didático-pedagógica, seria o mesmo que solapar a liberdade de ensinar, fazendo do professor apenas o executor de prestações que atendessem aos desejos discentes, o que – não é difícil aduzir – comprometeria, inclusive, a aprendizagem.

---

[362] MIRAGEM, Bruno. *Curso de direito do consumidor*. 4. ed. São Paulo: RT, 2013. p. 475.

[363] Um desenvolvimento particular do tema é encontrado em PASQUALOTTO, Adalberto de Souza; TRAVINCAS, Amanda C. Thomé. Alunos são genuínos consumidores? – Notas sobre a aplicação do CDC no contexto da educação superior e seu impacto sobre a liberdade acadêmica. *Revista de Direito do Consumidor*. v. 106. a. 25. São Paulo, 2016. p. 167-98.

[364] CHENEY, George; MCMILLAN, Jill J.; SCHWARTZMAN, Roy. Should we buy the "student-as-consumer" metaphor?. *The Montana Professor Academic Journal*. 1997. p. 08-11.

Ainda na esteira da legislação educacional brasileira, assume-se que IES privadas podem ser de natureza comunitária, confessional, filantrópica ou simplesmente particulares (LDB, artigo 20). As comunitárias são instituídas por pessoas físicas ou pessoas jurídicas, sem fins lucrativos, que tenham representante da comunidade na entidade mantenedora (inciso II). As confessionais são aquelas que atendem a orientação confessional e ideologia específicas (inciso III), enquanto que as filantrópicas não são definidas na LDB, remetendo o legislador à criação de norma futura para a sua regulamentação (inciso IV). Quanto às particulares em sentido estrito, são, residualmente, as privadas que não se enquadram nas categorias anteriores (inciso I). Legislação específica cuida das modalidades de Instituições comunitárias e filantrópicas, e suas particularidades são decisivas na caracterização da roupagem do exercício da liberdade de ensinar em cada uma.

A Lei nº 12.881/2013 dispõe sobre as Instituições de Ensino Superior Comunitárias (Iesc), assim consideradas por se voltarem ao desenvolvimento local, atribuindo-lhes as seguintes características: podem assumir a forma de associação ou fundação, com personalidade jurídica de direito privado; seu patrimônio pertence a entidades da sociedade civil e/ou Poder Público; não possuem fins lucrativos; devem ter transparência administrativa e, caso sejam extintas, têm de destinar seu patrimônio à instituição pública ou congênere (artigo 1º).

Entre as marcas das Iesc, destaca-se a sua aliança com o Estado. Ela se dá por meio da formalização de Termo de Parceria, que institui "vínculo de cooperação entre as partes, para o fomento e a execução das atividades de interesse público previstas" (artigo 6º). Entre seus desdobramentos está o de receber recursos públicos para realizar suas finalidades de interesse público (artigo 2º, II), o que gera, na sequência, um dever de relatar tanto a execução orçamentária (artigo 3º, II, c), quanto as atividades realizadas (artigo 7º, § 2º, V). A figura das Iesc situa-se no limbo do designado espaço público não estatal. Isso pois são públicas, já que "estão voltadas ao interesse geral [mas também] são 'não estatais' porque não fazem parte da conjuntura do Estado, seja porque não utilizam servidores públicos ou porque não coincidem com os agentes políticos tradicionais".[365]

Já Instituições filantrópicas são reguladas pela Lei nº 12.101/2009. No artigo 1º, elas são definidas como "pessoas jurídicas de direito privado, sem fins lucrativos, reconhecidas como entidades beneficentes de assistência social com a finalidade de prestação de serviços nas áreas de [...] educação". Os artigos 12 a 17 cuidam especialmente do segmento educacional. Quanto ao ensino superior, refere-se ao dever de agregar a alunos pagantes aqueles que sejam beneficiários de bolsas de estudos, em regra, vinculadas ao Programa Universidades para Todos (Prouni). A condição de Instituição filantrópica é atestada pelo Certificado de Entidade Beneficente de Assistência Social (Cebas) e o procedimento para tanto é regulamentado pelo Decreto nº 8.242/2014. Tal como

---

[365] BRESSER PEREIRA, Luiz Carlos; CUNILL GRAU, Nuria. Entre o Estado e o mercado: o público não-estatal. In. —— (Orgs.). *O público não-estatal na reforma do Estado*. Rio de Janeiro: FGV, 1999. p. 16.

as Iesc, as Instituições filantrópicas firmam com o Estado Termo de Parceira e recebem recursos públicos (artigo 213 da CF).

As Instituições comunitárias hão de conformar seus planejamentos pedagógicos sem descuidarem do compromisso com a localidade na qual se inserem, o que costuma se dar notadamente por meio de práticas extensionistas. A finalidade da IES determina a inexistência de um direito subjetivo de ensinar sem atentar para as demandas situacionais. No mais, tanto em relação às Instituições comunitárias, quanto às filantrópicas, o recebimento de recursos públicos para subsidiar suas atividades pressupõe alguma fidelidade institucional aos interesses do Estado. A injeção de recursos públicos, por exemplo, para pesquisas e aperfeiçoamento profissional requer prévio interesse do Estado. Embora com isso não se possa afirmar a criação de um efeito silenciador nas IES quanto à gestão estatal, ao menos se pode aduzir em virtude disso uma propensão de que sejam suplantados eventuais interesses propriamente institucionais e docentes para alçar recursos públicos, conduzindo o planejamento da IES para atender às expectativas do Estado e não as aspirações dos próprios atores educacionais. Nessa hipótese, pode-se dizer que acontece um impacto indireto na liberdade de ensinar, do que se destaca, por exemplo, a redefinição de objetos de pesquisa acadêmicos para a obtenção de financiamentos públicos.

Sob a denominação de comunitárias e filantrópicas estão abrigadas Instituições confessionais e não confessionais. As primeiras, além de sofrerem os constrangimentos decorrentes da aliança com o Poder Público e de suas demais características, são também condicionadas pela orientação religiosa a qual se alinham. Nesse particular, abre-se um vão de questões a serem consideradas com impacto significativo na liberdade de ensinar. Ao contrário das IES públicas, cúmplices do princípio da laicidade que rege as relações entre Estado e Igreja – ainda que não sejam pouco significativas as controvérsias em torno do seu significado –, no âmbito privado, a figura das IES confessionais significa a possibilidade da adoção de determinado segmento religioso integrador da identidade institucional. A questão que vem à tona relaciona-se à medida da penetração da religiosidade nas decisões atinentes ao ensino.

É acobertado pela liberdade de ensinar um professor de Direito que, contratado por uma IES confessional, posiciona-se favoravelmente ao aborto em sala de aula? Qual a margem de liberdade de um professor de Medicina que, ao abordar o processo cirúrgico de mudança de sexo, posiciona-se favorável à sua execução? Pautas como essas põem em relevo a dimensão da determinação confessional sobre o ensino e apontam para duas direções, quais sejam, a sobreposição da filosofia institucional em detrimento da liberdade de ensinar ou, inversamente, o direito de ensinar a despeito da filosofia institucional e mesmo contra ela. A opção por uma ou outra obriga a algumas ponderações.

Em primeiro lugar, nenhuma Instituição confessional pode ser constrangida a contratar professor que não adere ou, ainda, francamente rejeita seus princípios religiosos. A liberdade contratual é um estiramento da autonomia institucional. Contudo, tendo optado por fazê-lo, não tem legitimidade para patrulhar a sua atuação em sala de aula, se conforme, ou não, aos seus princípios religiosos balizadores. Sendo assim, nem mesmo a firmação do contrato de trabalho importa um consentimento legítimo do professor quanto à adesão ideológica da IES ou um compromisso com o seu não questionamento. Em existindo cláusulas de uma tal natureza, é certo que padecem de um vício congênito.

O que isso quer dizer é que não se coaduna com a finalidade constitucional da educação o soerguimento da religiosidade em detrimento da liberdade de ensinar, a qual só é plenamente efetivada se compraz a faculdade de explorar um tema, em sala de aula, sob suas mais distintas matizes. O ensinar compassado pelo cerceio ideológico é uma contradição em sua gênese. Um ensino que não pactue com a pluralidade, descompromissado com a finalidade de questionar, é menos ensino, propriamente, que catequização. E uma Instituição de Ensino, mesmo confessional, há de se comprometer com a promoção de um serviço que tem, em qualquer circunstância, uma finalidade pública.

Para finalizar, as Instituições particulares estritamente consideradas são aquelas que nem mantém uma relação direta com o Estado, nem com alguma confissão religiosa. Apesar disso, a liberdade de ensinar em seu cerco não está incólume a alguma sorte de condições. Além dos condicionamentos da designada autonomia institucional, compete advertir para a força que o mercado exerce nesse contexto. Muito embora o desígnio institucional, uma vez mais, seja a oferta de um serviço de natureza pública, não convém desprestigiar a enérgica influência que exerce sobre a administração universitária, especialmente no tocante ao perfil de profissional que almeja formar, tudo já sinalizado, cá e lá, nas linhas precedentes.

8. Síntese conclusiva: liberdade de ensinar, no Brasil, em qual sentido? – segunda aproximação ao seu conteúdo

No capítulo 1, esboçou-se o amparo teórico para pensar a liberdade de ensinar no Brasil. Quis-se apontar, naquela circunstância, que a relação entre liberdade de ensinar e democracia convida à leitura do ordenamento pátrio, quanto ao tema, numa determinada direção. Tal direção foi seguida no presente capítulo.

Nas linhas precedentes, esteve subjacente a definição da liberdade de ensinar enquanto direito de lecionar, em sala de aula, e tomar decisões atinentes à gestão direta dessa atividade, quais sejam as relativas ao conteúdo e ao método de ensino. À medida que erguido o capítulo, o propósito de leitura do direito à liberdade de ensinar a partir das categorias de aporte da teoria dos direitos fundamentais trouxe ao desenvolvimento do tema alguns ganhos de relevância. Para o desfecho dessa etapa, quer-se dar continuidade à aproximação de uma definição adequada da liberdade de ensinar, desta vez, contudo, levando em consideração a penetração das particularidades do contexto brasileiro.

Em primeiro lugar, fica assentado que (a) a liberdade de ensinar é um direito autônomo, apesar de um extenso mapa de relações poder ser traçado entre ela e outros direitos constitucionais. Além de um direito constitucional autônomo, (b) é também materialmente fundamental, pois guarda relações, marcadamente concorrenciais, com direitos fundamentais catalogados (em especial, as liberdades de expressão e manifestação do pensamento, a liberdade profissional e o direito à educação), e isso é razão para que (c) o regime jurídico-constitucional dos direitos fundamentais recaia sobre ele (artigo 5º, parágrafos). Nesse ponto, merece ser destacado que o direito à liberdade de ensinar (d) possui incidência nos âmbitos público e privado, a despeito das nuances que calham ser consideradas em cada nicho. Por fim, considerado como um todo, o direito à liberdade de ensinar (e) imbui seus titulares de expectativas positivas e negativas em relação aos seus destinatários, enquanto esses últimos recebem deveres de semblantes positivos e negativos.

Sabe-se, então, quanto ao último ponto, que o Estado e os atores privados possuem a obrigação de não se imiscuírem na tomada de decisões docentes quanto ao comando da sala de aula e que compete a eles, igualmente, forjar condições fáticas e normativas para o exercício do direito. Mas, particularmente no que toca ao dever de não interferência, pode-se afirmar o seu caráter absoluto? Há circunstâncias que justificam ingerências no espaço lastreado para o exercício da liberdade de ensinar? É de tais questões que se ocupa o próximo capítulo.

Capítulo 3

A liberdade de ensinar e seus limites

> "- Qual o princípio básico de um sistema autocrático?
> ...
> - ... uma figura modelo".
> *A Onda.*

1. Notas iniciais: fixação de limites à liberdade de ensinar – um ponto de equilíbrio constitucionalmente adequado entre a hipertrofia da expressão e o seu efeito silenciador

O trecho epigrafado é parte da versão cinematográfica alemã de "A Onda". O enredo é simples. Rainer Wegner é um professor a quem incube a tarefa de explicar aos seus alunos em que consiste a autocracia. Para isso, monta um experimento no qual ele ocupa a posição de liderança do corpo discente, aplicando sistematicamente sobre ele técnicas de dominação. Muito mais do que uma metáfora acerca de Estados autocráticos, o cenário introduz uma justaposição temática em que o próprio processo educacional é problematizado. "- Poder pela disciplina"[366] – diz Wegner – é como se sustentam as autocracias...

... e também o ensino?

A questão é pertinente porque aquele que se submete à educação formal é por ela afetado. Como ensina Peter Burke, o seu processamento depende da constituição de tradições, territórios, campos e fronteiras correspondentes a cada área do saber, quer dizer, de um conjunto de acordos quanto ao que lhe pertence e, por conseguinte, compõe a sua narrativa própria.[367] No processo educacional, o professor é uma autoridade porque tem domínio de tal idioma, bem como "por causa do poder que o investem aqueles que o aceitam como professor"[368] [trad. nossa]. Nesse passo, o ensino é caracterizado por uma deferência, senão propriamente ao professor, ao conhecimento do qual é ele o dotado de competência para ensinar. Portanto, ser ensinado é, pelo menos em algum tom, ser disciplinado. Trocando em miúdos, isso quer dizer conhecer as

---

[366] ONDA, A. Direção: Dennis Gansel. Alemanha: Constantin Film, Highlight Film, 2008. 1 DVD (107 min.), 18'29.

[367] BURKE, Peter. *O que é historia do conhecimento?*. São Paulo: Unesp, 2016. p. 45.

[368] SCHOFIELD, Harry. *The philosophy of education:* an introduction. London: George Allen & Unwin, 1975. p. 182.

coisas como elas são (porque reiteradamente afirmou-se que assim sejam ou porque ainda não se negou que sejam de tal forma) num determinado estágio do saber.

Quando sinônimo de disciplinarização, o ensino possui sempre uma medida de efeito silenciador.[369] À partida, isso não corresponde a uma distorção do processo, mas a uma demanda sua. Para conhecer o patrimônio de uma área do saber, é dizer, o que se preservou paulatinamente em sua formatação, requer-se ser apresentado a ele. Dessa maneira, o ensino alberga um toque conservador. Ou isso é assim, ou a narrativa da qual ele depende desaparece.

Acontece que essa é apenas uma banda do fenômeno. A consecução do ensino é um movimento pendular entre a extremidade descrita e outra. Essa última requer dele condições de reação ao estado de coisas do conhecimento. É o que alerta Louis Menand ao afirmar que a relação entre a conjuntura do conhecimento e o sistema em que o ensino se dá é sempre de tensão.[370] Que se possa redirecionar o discurso no âmbito de uma área do saber é o que se espera também do processo educacional. Essa ambivalência, que marca as Instituições de Ensino e o ensino propriamente dito, é grafada na Declaração de Princípios da Aaup, de 1915. Ali se lê que as Universidades "devem ser uma estação de experimentação intelectual, onde novas ideias podem germinar e onde seus frutos, embora ainda desagradáveis para a comunidade como um todo, podem ser autorizados a amadurecer", ao mesmo tempo em que calha seja ela a "curador[a] de todos os elementos genuínos de valor do pensamento passado e da vida da humanidade"[371] [trad. nossa].

Sobre esse estado de conflito em que se desenrola o ensino, sempre num limbo entre a manutenção do conhecimento assentado e a sua ruptura, fez-se nota no capítulo 1. Na ocasião, foi dito também que a liberdade de ensinar tem particular funcionalidade nessa seara na medida em que permite ao professor alternar entre uma e outra postura. Ela serve tanto para dar continuidade à narrativa que compõe uma disciplina quanto como recurso de guinada que permite contornar os faciais limites do estado de arte do conhecimento.

É especialmente relevante que isso aconteça no processo formativo, posto ser ele uma ocasião em que os cidadãos adquirem conhecimento especializado para a participação qualificada no discurso público. Em virtude da conexão entre liberdade de ensinar e democracia e do seu manifesto enlace no texto constitucional brasileiro, a tese ofertada pela *"for the common good" school* serviu de esteio para as primeiras aproximações ao trato da liberdade de ensinar no Brasil. Contudo, ao passo que se avolumaram as *nuances* da abordagem jurídica da liberdade de ensinar no ordenamento pátrio, a asserção de Robert Post confirmou-se: conhecer a extensão da liberdade de ensinar (ou da liberdade

---

[369] A expressão é francamente inspirada em FISS, Owen. El efecto silenciador de la libertad de expresión. *Insonomía*. n. 4, 1996. p. 17-27.

[370] MENAND, Louis. *The marketplace of ideas*: reform and resistance in the American University. London: W. W. Norton & Company, 2010. p. 15.

[371] AMERICAN ASSOCIATION OF UNIVERSITY PROFESSORS. *1915 Declaration of Principles on Academic Freedom and Tenure*. Disponível em: <https://www.aaup.org/NR/rdonlyres/A6520A9D-0A9A-47B3-B550-C006B5B224E7/0/1915Declaration.pdf >. Acesso em: 10 nov. 2014.

acadêmica, se se quiser valorizar a sua exata expressão) não é algo que se possa fazer à revelia da definição do contexto. A afirmação não esconde maior complexidade. É que a interpretação do direito há que partir sempre da premissa de que Constituição – e os direitos fundamentais, dentre os quais a liberdade de ensinar – tem de ser interpretada tomando em conta a conjuntura de sua aplicação, quer dizer, "a partir da fusão do texto com a realidade".[372]

Nos termos em que é normalmente tratada no direito norte-americano, inclusive no esteio da teoria de base utilizada, a liberdade de ensinar tende a oscilar com mais força para o extremo em que o desenvolvimento das atividades de ensino se dá num espaço imune a constrangimentos significativos quanto ao conteúdo da expressão docente. Nessa seara, limites soam, de maneira geral, como uma espécie de censura. O preço que se paga numa conjuntura de hipertrofia da expressão é a necessidade de suportar a coexistência de posições contrárias, incluindo não apenas as meramente impopulares, como também aquelas que frontalmente ofendem terceiros. E é por isso – como, de resto, antes se aduziu – que não só não se fala ali num direito a não se sentir ofendido nas relações educacionais, como também, acaso se pudesse ao menos sinalizar a sua existência mínima, ele tornaria a docência impraticável, pois imporia aos professores que (re)definissem a gestão do ensino no tocante ao conteúdo a ser ensinado e aos métodos a serem utilizados, considerando a probabilidade, mesmo que remota, de ofensa a qualquer indivíduo componente de sua audiência. Sendo esse o caso, ao invés de gozarem de um espaço de liberdade, professores ocupariam uma posição de absoluta sujeição às opiniões (digam-se, múltiplas) partilhadas pelo corpo discente sobre questões controversas.

No Brasil, uma tal conclusão encontra obstáculos normativos e é, além de tudo, imprópria. Quer dizer, há um complexo de normas que impedem a defesa da liberdade de ensinar (tendencialmente) ilimitada. Ao contrário do que se possa pensar, contudo, esse laudo não corresponde à defesa de um avanço incontido ao extremo oposto, qual seja ao exercício da profissão docente esvaziado pelo efeito silenciador.

Dizer isso é apontar para o cabimento de limites à liberdade de ensinar que funcionem ao molde de estacas, contendo os riscos da expressão demasiadamente restrita e daquela que não sofre freios. Nesse seguimento, este capítulo, que corresponde ao desfecho (e também à exploração mais aproximada) da posição defendida nesta obra, tem como objetivo fornecer razões que legitimam a imposição de limites à liberdade de ensinar sem resvalar no comprometimento do princípio democrático.

O ponto de partida para tal ação remonta ao terreno da dogmática dos limites e restrições aos direitos fundamentais.[373] A possibilidade de submeter o

---

[372] É esse o sentido de Constituição aberta, sobre o qual disserta BELLO FILHO, Ney de Barros. *Sistema constitucional aberto*. Belo Horizonte, DelRey, 2003. p. 281.

[373] Este tema foi explorado no âmbito da dissertação de mestrado da autora. Em seu desenvolvimento, operou-se uma revisão das designadas teorias dos limites e restrições aos direitos fundamentais, com destaque para aquelas acolhidas na doutrina brasileira. Não é o caso, portanto, de retomá-las aqui, convindo aludir ao estritamente demandado para a instrumentalização da abordagem em questão. Para mais, remete-se a TRAVINCAS, Amanda C. Thomé. *Restrições aos direitos fundamentais não expressamente autorizadas pela constituição*

exercício de direitos a determinadas contenções costuma ser concebida como uma decorrência da estrutura das normas que os preveem, as quais, imbuídas da condição de princípios, resvalam na acomodação de direitos no ordenamento jurídico em um estado permanentemente conflitivo. Nesse perímetro, limitações são estratégias em face da necessidade de ajustar a proteção de condutas que, mesmo díspares e contraditórias, facialmente partilham da mesma proteção constitucional.[374]

À exploração dos limites e restrições aos direitos fundamentais subjaz uma confessa e permanente aspiração de resgate da coerência do ordenamento jurídico – não é possível que desfrutem do mesmo patamar protetivo duas ou mais condutas frontalmente opostas ou, em outras palavras, que o exercício de um direito descambe numa autorização para a violação de outro(s). Essa tarefa adquire feições diferentes a depender do espaço e do tempo. Como já ensinava Rudolf Smend, no início do século XX, a acepção de um ordenamento jurídico a respeito dos limites da liberdade acadêmica é variável, porque o significado dos valores que com ela coexistem mudam e, portanto, o sentido da relação que travam também muda permanentemente.[375]

O traço de limites requer, previamente, a identificação de dois planos protetivos de direitos. O primeiro equivale ao âmbito de proteção inicial da norma de direito fundamental, o qual acopla expectativas largas de tutela jurídica referentes à matéria em causa. O segundo plano refere-se ao âmbito de proteção real, quer dizer, aquele que corresponde ao efetivo conteúdo protegido pela norma de direito fundamental após aparadas as expectativas protetivas que não se concretizam porque suprimem ou tendem a suprimir de maneira constitucionalmente inadequada o exercício de outros direitos.

O percurso do primeiro ao segundo plano é correspondente à redução do conteúdo normativo. Ele importa algum grau de frustração por parte dos titulares dos direitos quanto ao que possuem em termos protetivos pelo fato de ocuparem o polo ativo da relação jurídica que travam junto com os destinatários daqueles. Nesse sentir, uma limitação que porventura acometa uma norma de direito fundamental é sempre uma introjeção, quer dizer, está à margem do âmbito de proteção inicial da norma. Daí se falar em limites como atos

---

brasileira: estrutura, fundamentos e metodologias de controle. Dissertação de Mestrado – Faculdade Direito, Pós-Graduação em Direito, PUCRS. Porto Alegre, 2010. Além disso, cabe esclarecer que os termos "limites" e "restrições" são usados, aqui, de maneira fungível, a despeito de ser comum sua diferenciação em boa parte da doutrina. Costuma-se aliar o termo "restrição" às teorias externas e "limite" às teorias internas. As primeiras assentam que direitos sofrem interferências externas redutoras do seu âmbito de proteção normativo, enquanto que as últimas negam que elas ocorram, posto os direitos fundamentais possuírem apenas limites imanentes. Entende-se que essa diferenciação terminológica é um recurso meramente simbólico e que não há qualquer prejuízo em fazer uso dos termos de maneira fungível, apesar da filiação (a seguir evidenciada) desta tese às teorias externas.

[374] Bem explica Teori Albino Zavascki que "a Constituição consagra um conjunto de direitos fundamentais que, observados abstratamente em sua sede normativa, guardam entre si perfeita compatibilidade, estando todos igualmente aptos a receber aplicação a mais plena e eficaz" v. ZAVASCKI, Teori Albino. Antecipação da tutela e colisão de direitos fundamentais. *Revista do Tribunal Regional Federal* – 1º Região. v. 7, n. 3. 1995. p. 15-6.

[375] SMEND, Rudolf. *Ensayos sobre la libertad de expresión, de ciencia y de cátedra*. México: Universidad Nacional Autónoma de México, 2005. p. 30.

subsequentes à tutela preambular dos direitos, na conjuntura de modelos explicativos agrupados sob a rubrica de teorias externas dos limites de (ou das restrições a) direitos fundamentais, que é o ponto de suporte teórico das considerações a seguir.

Optando-se por se situar nessa conjuntura, o passo elementar para a fixação dos limites da liberdade de ensinar é a demarcação do seu âmbito de proteção inicial. No capítulo 1, ele foi definido quando se consignou que tal liberdade corresponde à possibilidade de tomada de decisões pedagógicas por parte do professor referentes ao conteúdo a ser ministrado e aos métodos para ensiná-los. Mas é claro que nessa definição há uma vagueza acentuada e dela não é possível escapar quando se empreende uma primeira aproximação ao conteúdo protegido por uma norma de direito fundamental. No direito brasileiro, o significado real da liberdade de ensinar, cuja previsão consta do artigo 206, inciso II, da CF, resulta de sua submissão a processos de redução de conteúdo a partir da observação do plexo normativo no qual ela própria está inserida.

No texto constitucional de 1988, a previsão da liberdade de ensinar não é acompanhada de nenhuma restrição direta. Além disso, o enunciado normativo do qual se extrai a liberdade tampouco contempla uma reserva de lei, como o fazia a redação equivalente no Anteprojeto de Constituição Afonso Arinos.[376] Posto as reservas legais funcionarem ao molde de permissões constitucionais para a projeção de restrições *a posteriori*, por ofício do legislador constituído, a sua ausência, somada à falta de limites diretamente definidos pelo Constituinte, projeta uma expectativa de direito sem limites. Ora, se bem a Constituição não o restringe, nem autoriza o legislador para que o faça, então é de supor que se está diante de um direito absoluto. Essa conclusão, contudo, é falsa.

Seria de cogitar que os limites da liberdade de ensinar seriam apenas aqueles que recaem sobre os direitos com os quais ela trava relações de concorrência. No capítulo 2, deu-se destaque à concorrência entre a liberdade de ensinar e os direitos à liberdade de expressão e à liberdade de profissão. Como se viu, é um efeito das relações de concorrência que, ao se exercer um direito, aciona-se, simultaneamente, a proteção de outro. Trocando em miúdos, o exercício da liberdade de ensinar corresponderia ao gozo conjunto da liberdade de expressão e da liberdade de profissão. Daí que, acaso esses últimos sejam direitos diretamente limitados pela Constituição ou tenham seus limites projetados por reservas legais, então eles também acertarão a liberdade de ensinar.[377] Para analisar o cabimento da incidência das restrições às liberdades de expressão e profissão sobre a liberdade de ensinar incumbe observar separadamente as relações que firmam.

De uma banda, considere-se a liberdade de expressão da atividade intelectual e científica, assim como a de manifestação do pensamento (todas sintetizadas no termo liberdade de expressão). Na Constituição Brasileira, os

---

[376] V. capítulo 2, tópico 1.
[377] Sobre a estratégia de empréstimo de limites, PIEROTH, Bodo; SCHLINK, Bernhard. *Direitos fundamentais: direito estadual II*. Lisboa: Universidade Lusíada, 2008. p. 92.

dispositivos que cuidam das referidas liberdades são, especialmente, os incisos IV e IX do artigo 5º. No primeiro, consta que a manifestação do pensamento é livre, todavia, o anonimato é proibido. Note-se que a Constituição alude ao direito e, na sequência, o recorta. A conclusão é um tanto óbvia: a manifestação do pensamento é permitida, desde que não seja anônima. Transpondo-se o limite imposto à liberdade de manifestação do pensamento para a liberdade de ensinar, pode-se concluir que a liberdade de ensinar não admite o anonimato.

Já o inciso IX prevê (entre outras) as liberdades de expressão intelectual e científica, vedando qualquer tipo de censura ou licença. Diferente do que ocorre no inciso IV, nessa ocasião, o Constituinte não só não limitou as liberdades, como proibiu que se atente contra elas. Essa fórmula é repetida no artigo 220 da CF, que alberga, contudo, uma proibição ainda mais abrange a interferências nas ditas liberdades, incluída aquela sobre a qual versa o inciso IV. Em seu *caput*, lê-se que "a manifestação do pensamento, a criação, a expressão e a informação, sob qualquer forma, processo ou veículo *não sofrerão qualquer restrição*" [grifo nosso], enquanto, no § 2º, consta que "é vedada toda e qualquer censura de natureza política, ideológica e artística". Da concorrência entre a liberdade de ensinar e as liberdades em questão retira-se o entendimento de que a primeira, tal como as últimas, não estão sujeitas a constrangimentos de qualquer natureza.

Em relação à liberdade de profissão, a estratégia de positivação foi distinta. No inciso XIII do artigo 5º da CF, o direito é assegurado desde que "atendidas as qualificações profissionais *que a lei estabelecer*" [grifo nosso]. A expressão ressaltada é uma reserva de lei, e, como tal, antecipa a ocorrência de restrições à liberdade profissional. Não se pode deduzir da Constituição o teor dos limites, mas decerto se pode afirmar que dirão respeito à qualificação demandada para o exercício profissional.[378] No tocante à liberdade de ensinar, a exigência de aprovação em concursos públicos para a composição do quadro docente de uma IES é um exemplo de limitação dessa natureza. Daí que não tem o direito de exercer a liberdade de ensinar aquele que não obtém aprovação, toma posse ou é contratado, ou mesmo que não se submete à seleção profissional.

Em síntese, portanto, avançando-se quanto à questão dos limites à liberdade de ensinar desde a observação das relações de concorrência que ela trava, retiram-se algumas conclusões. Em primeiro lugar, a liberdade de ensinar não comporta o anonimato. Um professor que é contratado para conduzir uma disciplina entra em relação direta com seus alunos em sala de aula, de sorte que imaginar uma circunstância de anonimato é, no mais, improvável. Em segundo lugar, da conjunção dos artigos 5º, inciso IX, e 220, *caput* e § 2º, compete afirmar que a liberdade de ensinar não está sujeita à censura (política, ideológica e artística) ou licença, ou, em termos gerais, a qualquer restrição. Finalmente, em virtude do artigo 5º, inciso XIII, do texto constitucional, a liberdade de ensinar submete-se a qualificações exigidas pela natureza da profissão.

---

[378] Essa é uma espécie de reserva de lei qualificada, o que quer dizer que a Constituição anteviu a restrição visando objetivo(s) determinado(s) e/ou por meio(s) específico(s), v. MENDES, Gilmar; BRANCO, Paulo Gonet. *Curso de Direito Constitucional*. 8. ed. São Paulo: Saraiva, 2013. p. 206.

Lidas conjuntamente, as conclusões esboçadas são inconciliáveis. A um só tempo, as restrições à liberdade de ensinar são absolutamente proibidas (220, *caput*) e permitidas (demais dispositivos mencionados). Uma saída para isso seria advogar que todas as restrições à liberdade de ensinar são proibidas, exceto aquelas realizadas ou previstas pelos incisos IV e XIII do artigo 5º, respectivamente. Então, desde que não seja anônimo ou condicionado por estritas exigências de qualificação, o exercício da liberdade de ensinar é pleno, quer dizer, qualquer outra limitação é, naturalmente, uma violação ao direito.

Esse raciocínio leva ao extremo a premissa de que a Constituição abarca um sistema de limites e restrições tipificado, segundo o qual, ou a limitação é executada ou prevista, ou ela é proibida.[379] Ele supõe que o texto constitucional é um todo coerente, que denota deliberações muito lúcidas do Constituinte quanto aos casos em que um direito pode ou não sofrer constrangimentos. Mas não é assim que as coisas ocorrem de fato. Na doutrina brasileira, Virgílio Afonso da Silva justifica, em parte, o descabimento de uma tal proibição implícita a restrições não tipificadas, alegando que "não está presente na constituição brasileira [...] a previsão de que somente quando autorizado expressamente pela constituição pode o legislador restringir ou regular algum direito fundamental".[380] Em seu entender, isso seria tomar inadequadamente de empréstimo um problema que não é gerado pelo texto constitucional pátrio. Essa é uma razão relevante para afastar o problema da pertinência de limitações à liberdade de ensinar para além daquelas relacionadas aos seus direitos concorrentes. Contudo, há, ainda, alguns outros motivos fortes.

Uma passagem pelos debates constituintes de 1987/88 é suficiente para comprovar que, nada obstante a inconteste valia da liberdade de expressão na formulação da Constituição, não se deixou de alertar para a necessidade de lhe impor limites. A inserção do artigo 220, *caput*, proibindo qualquer sorte de constrangimento sobre ela, funcionou muito mais como uma estratégia de destaque da importância do direito num cenário de redemocratização do que realmente a admissão de que qualquer limite nessa seara seria descabido. No particular, basta observar o que se discutiu relativamente aos direitos de manifestação do pensamento e à liberdade de expressão intelectual e científica no âmbito da Comissão de Sistematização.[381] Sobre o primeiro, esteve em questão a pertinência de sua previsão nos seguintes termos: "é livre a manifestação do pensamento, vedado o anonimato e excluída a que incitar à violência ou defender discriminação de qualquer natureza". Por sugestão do deputado José Genoíno (Destaque nº 389, de 1987), suprimiu-se a expressão "excluída a que incitar à violência...". A razão para a supressão foi exclusivamente a necessidade de conferir ordem ao texto constitucional, que deveria se ater a prever direitos no título reservado para tanto, sendo o caso de fixar

---

[379] Assim, VAZ, Manoel Afonso. *Lei e reserva de lei*. Porto: Universidade Católica do Porto, 1996. p. 323.

[380] SILVA, Virgílio Afonso da. Os direitos fundamentais e a lei: a constituição brasileira tem um sistema de reserva legal? In. BINENBOJM, Gustavo; SARMENTO, Daniel; SOUZA NETO, Cláudio Pereira de (Orgs.). *Vinte anos da constituição federal de 1988*. Rio de Janeiro: Lumem, 2009. p. 610.

[381] BRASIL. *Bases da Assembleia Nacional Constituinte 1987-1988*. Disponível em: <http://www6g.senado.gov.br/apem/ search?smode=simple>. Acesso em: 01 jun. 2016.

adiante eventuais limitações contra abusos. Por sua vez, quando em debate a previsão da liberdade de expressão intelectual e científica, propôs o deputado Ricardo Izar a substituição da vedação de censura ou licença pela expressão "na forma da lei" (Destaque nº 5.147, de 1987). O Destaque foi negado, mais uma vez sob o fundamento de que em ocasião própria a Constituição fixaria limites à expressão.

Do que se disse, calha concluir que, predominantemente, as restrições cominadas à liberdade de ensinar são do tipo não expressamente autorizadas.[382] A rigor, isso quer dizer que a justificativa para que se restrinja o exercício da liberdade de ensinar não é encontrada de maneira direta e expressa na Constituição, nem indiretamente ocorre por causa da previsão textual de reservas de lei, e, ainda, não se limita àquelas que recaem sobre os seus direitos concorrentes, já que, mesmo em relação a eles, os limites impostos não são taxativos.

O motivo definitivo para tanto remete à estrutura das normas de direitos fundamentais e, no particular, daquela de que se retira o direito à liberdade de ensinar. Estruturalmente, as normas de diretos fundamentais são princípios,[383] é dizer, são normas de conteúdo amplo que (por isso mesmo) se chocam com outras de mesma natureza. A sua concretização no plano fático há de se dar da melhor forma possível, o que não quer dizer que seja sempre integralmente. A realização ótima de um princípio não equivale à sua satisfação integral quando a coexistência com outros princípios obriga um constrangimento sobre o seu conteúdo. No tocante à liberdade de ensinar, pode-se assegurar que a coexistência com outros direitos constitucionalmente protegidos requer, por vezes, que o seu conteúdo sofra limitações, de modo que o exercício dos direitos envolvidos *in concreto* seja de alguma maneira possível.

A tomar em conta o âmbito de proteção inicial da liberdade de ensinar traçado, o problema consiste em saber que limites referentes aos conteúdos e aos métodos de ensino são constitucionalmente adequados e justificáveis em virtude da relevância dos direitos fundamentais de terceiros. Tecnicamente, isso é o mesmo que afastar expectativas irreais em relação à proteção da liberdade de ensinar insinuadas em seu âmbito de proteção inicial. É do que se passa a cuidar.

2. Restrições quanto ao conteúdo a ser ensinado

Na expressão de André Chervel, a criação de disciplinas é uma espécie de constrangimento que visa a coordenar, mediante regras próprias, a comunicação/formação do conhecimento. Assim sendo, a disciplinarização funciona como condição de abordagem institucionalizada de determinados temas e,

---

[382] A expressão é de NOVAIS, Jorge Reis. *As restrições aos direitos fundamentais não expressamente autorizadas pela constituição*. Coimbra: Coimbra, 2003. *en passant*.

[383] Aqui, seguindo ALEXY, Robert. *Teoria dos direitos fundamentais*. São Paulo: Malheiros, 2008. p. 276 *et seq*.

portanto, da própria educação formal.[384] É também a partir dela[385] que se pode avaliar a qualificação docente em determinada área, que são criados parâmetros de aferição de rendimento do corpo discente, bem como que se torna possível ajustar os projetos pedagógicos institucionais aos objetivos da educação fixados no artigo 205 da Constituição Federal, entre os quais, recorda-se, o de capacitar cidadãos para o debate público.

O processo de institucionalização do conhecimento redunda na composição obrigatória dos currículos e, a partir deles, dos programas de ensino individualizados das disciplinas. Em definição elaborada pela Unesco, currículo *(curriculum)* é "a descrição do o quê, o por quê, o como e o quão bem os alunos devem aprender de uma maneira sistemática e intencional" [trad. nossa]. Trata-se de um meio de formalização das intenções de aprendizagem, e, nessa condição, enunciam um ponto de partida. Enquanto isso, plano de ensino ou programa de ensino *(syllabus)* é "um documento que descreve os objetivos, a seleção e sequência de conteúdos, os métodos de ensino, os materiais a serem utilizados, as tarefas, os objetivos de aprendizagem, bem como os esquemas de avaliação, as unidades de estudo e a disciplina de ensino"[386] [trad. nossa]. A relação entre currículo e programas de ensino é clara – esses são elaborados a partir daquele. Em sua origem, os currículos – e, por conseguinte, os programas – surgem "para dirigir e controlar o credenciamento dos professores e sua potencial liberdade nas salas de aula".[387]

Dessa feita, a designação de um professor para o ensino de uma determinada disciplina encontra nos currículos e seus programas uma limitação natural. Pode-se dizer que só existe liberdade de ensinar nos termos dos planos de ensino disciplinares. É descabido, então, sob um suposto amparo da liberdade de ensinar, deixar de cumpri-lo integralmente ou em parte, ou substituir seus tópicos por outros (o que, ao fim e ao cabo, significa não respeitá-lo na totalidade). Ao professor não compete eleger temas a serem versados e temas a desprezar. Nesse sentido, o plano é um *minimum*. Não há liberdade de executá-lo aquém.

Mas isso é, ainda, dizer muito pouco. No tocante à execução dos programas, os problemas emergentes são, em grande parte, aqueles que rondam a comunicação do conhecimento disciplinado. Quer dizer, saber o que é permitido versar (e o que não é) não constitui um dado óbvio. Se os currículos são compreendidos como início, mas não como fim, uma questão fundamental é:

---

[384] CHERVEL, André. História das disciplinas escolares: reflexões sobre um campo de pesquisa. *Teoria e educação*. n. 2, 1990. p. 177-229.

[385] Toma-se como fato a estruturação dos currículos por disciplinas, posto ser esse o modelo adotado no ensino superior brasileiro. As discussões em torno da pertinência da formação acadêmica firmada na compartimentalização do saber não serão enfrentadas.

[386] UNESCO. *2013 Glossary of Curriculum Terminology*. Disponível em: <http://www.ibe.unesco.org/fileadmin/user_upload/Publications/IBE_GlossaryCurriculumTerminology2013_eng.pdf>. Acesso em: 29 ago. 2016.

[387] GOODSON, Ivor F. Currículo, narrativa e o futuro social. *Revista Brasileira de Educação*. v. 12, n. 35, 2007. p. 243.

qual a margem de liberdade docente quando do ensino dos temas de que eles dispõem?

O recorte da realidade operacionalizado pela disciplinarização tem o condão de "financiar e promover uma redução particular do discurso possível",[388] e isso não se dá sem a impressão de alguma subjetividade. A formação dos currículos não é neutra, e o ato de sua execução tampouco. Eles são sempre o resultado de um ajuste delicado de interesses. De uma banda, há uma identidade curricular a ser preservada, enquanto, de outra, há um sujeito responsável por sua execução. Nesse ato, é tão sabido quanto inevitável que o sujeito imprima, em algum grau, suas acepções sobre questões distintas. Elas podem versar acerca (a) da exclusão de conteúdos, (b) da distribuição de carga horária por conteúdo programático, (c) da ordem de abordagem dos temas, (d) da vinculação à bibliografia indicada, (e) da inclusão de conteúdos e, ainda, (f) da emissão de opiniões a respeito de temas polêmicos.

Sobre a primeira hipótese já se disse de sua impossibilidade. Ao professor não compete julgar a pertinência de um conteúdo para o qual foi contratado para ensinar. O professor tem o dever de sustentar adequadamente o programa disciplinar de que é responsável, o que significa dizer que não lhe ampara o direito de, por meio de recortes, descaracterizar a disciplina.[389] Ainda que o conteúdo ocupe uma posição secundária no plano geral do tratamento da disciplina conforme seu entendimento particular, não lhe é concedida a faculdade de excluí-lo do conjunto de temas que, previstos no currículo, geram aos alunos uma expectativa legítima de abordagem.

À maneira de exemplo, tome-se o currículo de um Curso de Direito, que prevê, como abertura da disciplina Direito Constitucional, o tópico História das Constituições Brasileiras. Um professor que, supondo-se albergado pelo direito de gerir a execução do programa, suprime o tratamento da Constituição de 1934 argumentando que o seu curto tempo de vigência denuncia a sua irrelevância, e, para tanto, elenca ganhos significativos com a consecução desse recorte, especialmente no que diz com a possibilidade de finalizar antecipadamente o curso, p. ex., toma uma decisão indevida. Com maior precisão técnica, pode-se dizer que uma tal decisão é desproporcional, porque, ainda que seja apta a atingir um fim legítimo, que é o exercício da liberdade de ensinar (sendo, portanto, adequada), não é necessária, já que há meios alternativos para exercer a liberdade de ensinar afetando em menor dimensão outros direitos potencialmente atingidos pelo ato, especialmente a liberdade de aprender dos alunos. Como meio alternativo, pense-se, p. ex., no ajuste da carga horária disciplinar em conformidade com a importância do conteúdo.[390]

---

[388] GOODSON, Ivor F. Disciplinas escolares: padrões de estabilidade. In. ——. *A construção social do currículo*. Lisboa: Educa, 1997. p. 34.

[389] SMEND, Rudolf. *Ensayos sobre la libertad de expresión, de ciencia y de cátedra*. México: Universidad Nacional Autónoma de México, 2005. p. 40.

[390] Para esse diagnóstico, considera-se que a proporcionalidade é um método apto a conter restrições a direitos fundamentais. Mais que isso: entende-se que se trata do instrumento mais significativo nesse cenário. Nesse segmento, apenas para relembrar, já que se trata de um tema por demais versado na doutrina pátria, a proporcionalidade é comumente associada a uma estrutura composta pelos níveis (a) adequação (no qual

É que uma decisão como essa frustra o direito do corpo discente de ver cumprido o currículo ao qual está submetido, posto que, sendo aquela a ocasião para o tratamento do tema, se ela não ocorre, então é de supor que não ocorrerá em outra circunstância. No mais, sabendo-se da comunicabilidade entre os temas que compõem a estrutura curricular de um curso, é muito provável que a decisão isolada de um professor de não lecionar um determinado tópico gere um efeito dominó prejudicial sobre o aprendizado de outras disciplinas sempre que constitua, para elas, um pressuposto. Nesse caso, ou indevidamente o resultado será a transferência da responsabilidade de ensiná-lo a outro membro do corpo docente, que o faria por precisar do conhecimento subtraído para tornar compreensível aquele que tem responsabilidade de lecionar, ou o aluno percorrerá o curso arcando com o ônus de tal supressão, sem que ela seja em qualquer momento superada.

Pode-se aduzir que essa conclusão é falha porque vai de encontro com uma concepção pedagógica assentada na autonomia do aluno. Aqueles que enviesam nesse sentido apostam que há benefícios reais em conferir aos alunos responsabilidades ativas condizentes à sua instrução. É em boa parte em virtude de suas próprias ações que o processo de aprendizagem ocorre. Para conferir uma margem de liberdade relevante aos alunos seria conveniente, então, repensar a função do professor e do ato de ensino. O ensino não poderia ser simplesmente diretivo, projetando a condição de locutor exclusivamente ao docente e receptor ao aluno. Para que isso não ocorra é imperioso que uma esfera de liberdade seja reserva aos alunos. Dela dependem para que aprendam por intermédio de suas próprias ações, atentos a suas particularidades e potencialidades no respeitante à forma de compreensão. É evidente, pois, que a autonomia discente depende de um tipo de postura docente que a favoreça. Cogite-se que, na mais generosa das hipóteses, a opção por deixar de versar sobre um tópico programado se dê por suposto respeito à autonomia do aluno, desejando-se que ele aprenda por meios próprios, e que tais meios estão à margem da sala de aula e da relação direta com o professor. Se aparentemente esse argumento anistia o recorte do conteúdo programático, a verdade é que não se trata de uma saída defensável.

Levando a concepção de autonomia no processo educacional à máxima expressão, Carl Rogers propõe uma reconfiguração da postura do professor nesse contexto. Para ele, o professor há que ser um facilitador, competindo-lhe fomentar a aprendizagem. O aluno tem de aprender a aprender, e o papel do professor é ensiná-lo a aprender autonomamente.[391] A par do problema da sustentabilidade de sua acepção, que em muito desconsidera constrangimen-

---

se avalia se, numa colisão de direitos, o meio usado para alcançar o fim visado é adequado), (b) necessidade (no qual se comparam meios adequados a fim de identificar aquele que satisfaz o fim visado, atingido em menor medida outros direitos envolvidos) e (c) ponderação (no qual se sopesam os direitos colidentes, de sorte a conferir primazia ao que possui maior importância *in concreto*), havendo quem cogite uma espécie de pré-nível, no qual se apura se o fim visado com o exercício de um direito é constitucional, v. PULIDO, Carlos Bernal. *El princípio de proporcionalidad y los derechos fundamentales*. Madrid: Centro de Estudios Constitucionales, 2005. p. 696.

[391] ROGERS, Carl. R. *Liberté pour apprendre*. 4. ed. Paris: Dunot, 2013. p. 125 *et seq*.

tos institucionais e legais a que está submetida a educação, é certo que a proposta não confere uma carta branca para a omissão. Fomentar a aprendizagem requer alguma sorte de apoio. Ainda que se possa dizer que o professor tem liberdade para escolher não tratar o conteúdo sob a forma de aula, isso não é o mesmo que corroborar com o entendimento de que lhe é permitido desconsiderá-lo. Um conteúdo pode não ser explorado em uma aula expositiva, mas ser solicitada a leitura de textos sobre a temática, seguida de sua discussão presencial ou mediada por tecnologias aplicadas à educação. Nesse último caso, o aluno tem a sua autonomia valorizada, o professor participa do processo como um facilitador e o programa é cumprido.

Cabe imaginar, ainda, uma situação diferente. Um professor pode optar por deixar de ensinar um conteúdo do plano de ensino porque ele já foi ou ainda será lecionado em outra etapa do curso. A hipótese pode parecer improvável, mas a realidade confirma a sua frequência. Não raro, um mesmo tópico compõe o programa de mais de uma disciplina curricular. Tomando o exemplo anterior, não é de estranhar que o conteúdo História das Constituições Brasileiras pertença tanto à disciplina Direito Constitucional, quanto à História do Direito. Essa repetição denota as dificuldades de recortar o conhecimento e distribuí-lo em programas e, ao mesmo tempo, enaltece a conexão entre eles. Se se pensa o processo formativo como um todo, a solução nesse caso tem de ser distinta.

A princípio, não se justifica a obrigatoriedade de reapresentar um conteúdo já versado. Essa saída, que prima pelo diálogo possível (e necessário) entre os componentes curriculares do curso, é, pois, pertinente, mas pode encontrar alguns óbices. Na circunstância de a estrutura curricular do curso ser baseada em um regime de créditos ou de pré-requisitos – caso em que o aluno compõe a sua agenda de disciplinas com maior liberdade se comparado ao que ocorre no regime seriado[392] –, não é justificável omitir o tratamento de um conteúdo se há discentes que não cursaram a disciplina em que ele também é lecionado. Ora, ainda que o aluno possa cursá-la sequencialmente, na medida em que a falta de sua abordagem prejudica o entendimento presente, não é válido transferir-lhe esse ônus. No mais, é também razoável exigir que, havendo sobreposição de conteúdo, o professor de cada disciplina que o abarca em seu programa tenha a responsabilidade de lecioná-lo sob a perspectiva exigida pela especialidade, não se justificando, assim, sua simples exclusão da execução do plano de ensino apenas porque já tratado, sendo isso válido tão somente se a abordagem dada comtemplou suficientemente os elementos necessários para a compreensão dos demais temas da disciplina.

Ainda sobre a pauta da liberdade para a exclusão de conteúdos, cabe ressaltar uma circunstância favorável para o seu exercício, a qual se dá quando,

---

[392] Segundo o CNE, os cursos de ensino superior podem ser ofertados em regime seriado anual, regime seriado semestral, sistema de créditos, sistemas modulares ou de módulos acadêmicos, sistema de pré-requisitos e de créditos com matrículas por disciplina, v. BRASIL. MEC. CNE/CES. *Parecer nº 146/2002*. Diretrizes Curriculares Nacionais dos cursos de graduação em Direito, Ciências Econômicas, Administração, Ciências Contábeis, Turismo, Hotelaria, Secretariado Executivo, Música, Dança, Teatro e Design. Disponível em: <http://portal.mec.gov.br/sesu/arquivos/pdf/14602DCEACTH SEMDTD.pdf>. Acesso em: 29 ago. 2016.

por fatores externos à vontade do professor, um tópico disciplinar se tornou obsoleto, e a IES não promoveu uma revisão dos currículos e programas de ensino. Nesse cenário enquadra-se, *v.g.*, um professor de Direito Penal que tem em mãos um plano de ensino que prevê o tratamento do crime de sedução, descaracterizado, atualmente, como ilícito penal na legislação brasileira. Nesse caso, a exclusão do conteúdo é não apenas permitida como fortemente encorajada, a fim de que seja dada atenção a temas com pertinência presente. Assim sendo, o resultado de um juízo de proporcionalidade, nesse caso, leva a solução diferente, posto que a exclusão do conteúdo não afeta em demasia (ou sequer afeta, a não ser que se julgue relevante uma historiografia dos crimes no Brasil) o direito de aprender do corpo discente. Por causa disso, a supressão do conteúdo, no gozo da liberdade de ensinar, é adequada, necessária e, decerto, proporcional, porque francamente dotada de maior peso concreto do que o direito discente em questão.

Outra questão que põe tônica ao problema da extensão da liberdade do professor relativamente ao conteúdo diz respeito à distribuição de carga horária a ser dedicada a cada conteúdo programado. A Resolução nº 02/2007, do CNE,[393] define a carga horária mínima e a duração dos cursos de graduação nas modalidades bacharelado e presencial. Na constituição dos seus projetos pedagógicos, as IES devem atentar para os parâmetros ali fixados no tocante à distribuição da carga horária para cada um dos seus componentes curriculares. Assim, por exemplo, considerando a carga horária mínima de 3.000 h (três mil horas) determinada na norma para os cursos de Serviço Social, caberá às Instituições definirem como distribuí-la entre disciplinas, estágios e atividades complementares. Na repartição entre disciplinas, é evidente que será atribuída carga horária maior àquelas que apresentam conteúdo dotado de maior extensão, que compõem o eixo fundamental do curso ou que são julgadas centrais à consecução do projeto pedagógico, e menor àquelas que não atendem a tais fatores. O processo de racionalização da carga horária total pode culminar, ainda, na atribuição de horas correspondentes à execução de cada conteúdo programado no âmbito das disciplinas. É o caso em que a própria IES estabelece qual o tempo a ser dedicado a cada tópico, gerando ao professor não apenas o dever de cumprir o plano e sua carga horária, como também fazê-lo conforme a partilha temporal determinada. Não se trata de um dever institucional fazê--lo, mas de uma faculdade abarcada por sua autonomia didático-pedagógica.

Dessa maneira, suponha-se que, da carga horária total reservada ao curso de Serviço Social, tenha-se designado o total de 60 h (sessenta horas) à disciplina Fundamentos Teórico-Metodológicos do Serviço Social, e que, desse tempo, 4 h (quatro horas) tenham sido atribuídas para a execução do tema Origens do Serviço Social no Brasil. Na fixação da carga horária de cada tópico é evidente a preexistência de um juízo quanto à extensão e importância do tema tendo em vista o projeto pedagógico do curso como um todo, e quando ela é empreendida

---

[393] BRASIL. MEC. CNE/CES. *Resolução nº 03/2007*. Dispõe sobre carga horária mínima e procedimentos relativos à integralização e duração dos cursos de graduação, bacharelados, na modalidade presencial. Disponível em: <http://portal.mec.gov.br/cne/arquivos/pdf/2007/rces002_07.pdf>. Acesso em: 30 ago. 2016.

pela IES, e não pelo professor, esse último, a princípio, parece subordinado àquela valoração prévia, restando-lhe nenhuma margem de liberdade para refazer a distribuição temporal conforme as suas próprias convicções acerca das necessidades exigidas por cada conteúdo. Na prática, contudo, uma limitação à liberdade de ensinar nesse caso é muito pouco razoável.

Basta lembrar que os currículos, tal como os programas de ensino, funcionam como base. Há um dever de cumpri-los, é certo. Porém, ao passo que formalizam decisões que antecedem a prática, não estão imunes a afetações contextuais. Não seria de estranhar que, após a aprovação dos programas de ensino por conselhos deliberativos institucionais, surjam discussões antes desconhecidas correspondentes ao tópico sobre as origens do Serviço Social no Brasil, ou mesmo que a própria comunidade acadêmica acorde no sentido da importância de recolocar em pauta abordagens postas de lado sobre o tema. É concebível também que professores tenham simplesmente concepções diferentes acerca da importância de certas questões que o envolve e, em virtude disso, em sua desenvoltura, precisem de maior ou menor tempo para enfrentá-las. Em qualquer que seja o caso, é preciso conferir ao professor liberdade para repensar a distribuição de carga horária, considerando a dinâmica da aula e as circunstâncias mencionadas. O dever geral de que tem incumbência o professor, correspondente a executar o plano de ensino, demanda-lhe apenas que respeite a carga horária total da disciplina e que, na hipótese de redistribuição do tempo entre os temas, não o faça gerando prejuízos, quer dizer, deixando de abordar discussões relevantes relativas a outro tópico ou, ainda pior, suprimindo algum conteúdo programado de sua abordagem, o que, como se viu, é, em regra, proibido.

Ainda no que diz com a estruturação dos planos de ensino, cabe avaliar se e em que medida professores possuem liberdade para alterar a ordem de abordagem dos temas neles planeada. Se levados em consideração os elementos aos quais se deu relevo até aqui, a resposta à questão é relativamente simples. Uma vez mais, sobressaindo-se o caráter instrumental dos currículos e programas, é coerente atribuir aos docentes alguma margem de liberdade nesse caso. A linha argumentativa de que se valerão para expor um tema é sempre produto de construções subjetivas, ainda que seja verdadeiro que existam elementos que fazem com que as formas de contar algo se assemelhem. Assim, ainda no cenário antecedente, se a abordagem das origens do Serviço Social no Brasil remonta aos primeiros desenvolvimentos da atividade na Europa ou na América Latina, então é um tanto provável que a discussão do tema nestes últimos contextos se dará primeiro. Cabe ao professor a avaliação de como tornar um conteúdo o quanto mais compreensível e potencializar o debate sobre ele. Desde que tal alteração da ordem de disposição dos temas se dê nesse compasso, então ela é plenamente justificável.

Seguindo a mesma trilha, pode-se dimensionar a liberdade docente em face da bibliografia indicada nos planos de ensino. Sabe-se que consta dos programas a bibliografia de caráter básico e complementar das disciplinas. Sua indicação serve ao corpo discente. Ela projeta uma expectativa legítima de que as obras indicadas servirão de pilar para a compreensão e discussão dos conteúdos, além de constituírem um ponto de apoio para a preparação para as avaliações. De sua vez, as IES devem disponibilizá-las em seu acervo em proporções correspondentes ao número de vagas abertas. A oferta de exemplares conforme a bibliografia contida nos planos de ensino é requisito de avaliação das Instituições de Ensino, nos termos cuidados no Instrumento de Avaliação de Cursos de Graduação do MEC.[394]

Sob a perspectiva do corpo docente, esse não deixa de ser um condicionante da liberdade de ensinar. Ocorre que, também aqui, essa limitação é apenas parcial e não esvazia a liberdade do professor relativamente à escolha da bibliografia a ser utilizada. Deve-se compreender que a indicação serve à maneira ilustrativa, quer dizer, não esgota as possibilidades de fontes referenciais. Se o contrário fosse verdade, ou seja, se ao professor não fosse facultado escolher literatura diversa da indicada, isso não só reduziria em demasia a sua liberdade na gestão do ensino, como também atentaria contra o pluralismo de ideias, marca do ensino superior, nos termos do artigo 206, inciso III, da CF.

A indicação de novas fontes pode se dar por meio de um processo formal do qual resulte a alteração dos programas de ensino e subsequente atualização do acervo, mas também pode se apresentar de maneira informal – hipótese em que o professor sugere bibliografia aos alunos, sem submeter a proposta à alteração do plano, caso que resulta do natural descompasso entre o dinamismo da produção científica bibliográfica e o rito demandado para a mudança dos programas –, sendo que, nesse último cenário, recai-lhe o dever de fazê-lo a título adicional, e nunca em substituição à inscrita nos planos.

Pois bem, as questões seguintes atinentes à extensão da liberdade de ensinar são de resolução mais complexa. Elas dizem respeito ao ensino de conteúdos não previstos nos currículos e nos planos de ensino e à emissão de opiniões a respeito de temas polêmicos.

Ao primeiro ponto. Como se viu, a opção de retirar da pauta de abordagem conteúdo definido nos programas de ensino não é uma conduta acobertada pela liberdade de ensinar. Também se disse que tais programas condizem a planejamentos mínimos, daí não poderem ser reduzidos. Dada essa sua natureza, parece bastante sustentável que a liberdade de ensinar protege a faculdade de inclusão de temas não previstos nos planos, desde que eles tenham alguma relação de afinidade com os temas elencados. Isso é razoável igualmente por outra razão. Pode ser que a discussão de questões não relacionadas nos programas seja realmente positiva, tendo em vista o fim que é promover a aprendizagem, e isso é um motivo robusto para traspassar roteiros formais. Apesar de as razões elucidadas serem favoráveis, algumas ponderações são apropriadas. A matéria incluída pelo professor no transcurso do ensino de uma disciplina pode compor, ou não, a sua área de domínio, e, a depender do enquadramento em um ou outro caso, formam-se situações distintas, as quais merecem tratamento jurídico diferenciado e particular.

---

[394] BRASIL. MEC. Inep. *Instrumento de Avaliação de Cursos de Graduação presencial e a distância*. Disponível em: <http://portal.inep.gov.br/superior-condicoesdeensino-manuais>. Acesso em: 10 jan. 2016.

No contexto do ensino superior, toma-se como ponto de partida um tabelamento de Áreas do Conhecimento, que serve especialmente à organização e administração dos cursos e seus respectivos projetos pedagógicos. O CNPq realiza uma distinção de áreas em quatro níveis, sendo o primeiro designado "Grande Área", definido segundo a afinidade entre os objetos de estudo e os métodos de conhecimento; o segundo nível é nomeado "Área Básica", em que se juntam conhecimentos inter-relacionados de uma mesma "Grande Área"; o terceiro nível, correspondente à "Subárea", é delimitado segundo o objeto de estudo e os métodos utilizados; e, por fim, o quarto nível, chamado de "Especialidade", que é definido pelo tema de ensino, podendo compor a estrutura de mais de uma "Grande Área", "Área Básica" e "Subárea".[395]

Pertence, por exemplo, à "Grande Área" Ciências Sociais Aplicadas, a "Área Básica" Direito, a Subárea Direito Público e, dentro dessa, as "Especialidades" Direito Administrativo e Direito Constitucional. Suponha-se, então, que professores dessas duas especialidades, ao abordarem o tema "políticas públicas promocionais de direitos sociais", o fazem desde a ótica da Teoria dos Custos. A circunstância não é nada incomum. Basta pensar em tantas outras intersecções entre Direito Constitucional e Ciência Política, Direito Penal e Sociologia, ou mesmo, entre Direto e Medicina – para falar de uma relação ainda mais abrangente, que comunica "Grandes Áreas". Valem-se os professores da liberdade de ensinar na hipótese levantada?

Numa conjuntura em que o conhecimento é interconectado e que qualquer compartimentalização carrega um quê de arbítrio – pelo menos se entendida como modo de criar domínios estanques –, então uma primeira resposta é positiva. Ainda que não sejam temas pertencentes ao núcleo da área de diplomação específica docente, é preciso considerar que o conhecimento que possuem sobre assuntos correlatos (e na medida de sua correlação) os coloca na posição de titularidade da liberdade de ensinar nesses casos.

Mas situação diversa é aquela em que a alusão a um tema, em sala de aula, surge ao modo incidental e opinativo, posto que não corresponde à área de especialização formal docente, nem mesmo sobre ele se debruçou sistematicamente em seus estudos. A referência ao tema transversal se dá como mero recurso exemplificativo ou comparativo, com o propósito de aperfeiçoar a compreensão do tema, ou, simplesmente, porque na dinâmica do ensino é difícil imaginar a possibilidade de uma filtragem do discurso exaustiva, capaz de segregar experiências pessoais ou informações extracurriculares que se possui. Essa é uma conjuntura diferente, que não situa o professor na condição de titularidade da liberdade de ensinar, mas da já versada liberdade extramuros. Quer dizer, ainda se trata do gozo da liberdade acadêmica, em termos gerais, mas o que ampara o professor, no contexto, é o direito de se expressar enquanto cidadão sobre temas que não compõem a sua área própria de domínio, mesmo que isso se dê em sala de aula.

---

[395] BRASIL. MEC. CNPq. *Tabela de Áreas do Conhecimento*. Disponível em: <http://www.cnpq.br/documents/10157/186158/TabeladeAreasdoConhecimento.pdf>. Acesso em: 12 mar. 2016.

Como se pode notar, a linha que separa um e outro caso é delgada, e apenas uma análise em concreto permite uma sentença consistente sobre o enquadramento da conduta no âmbito de proteção de um dos dois direitos. O que é importante, contudo, é que, qualquer que seja o cenário, o professor está revestido de liberdade acadêmica, e isso é relevante em termos práticos. A princípio, em nenhuma hipótese convirá recair sobre o professor constrangimentos institucionais em virtude de sua fala, a não ser que ela ateste sua incompetência acerca da área em que tem especialidade.

No mais, é pertinente ressaltar – por mais evidente que possa parecer – que, nada obstante o valor da inclusão de temas não previstos nos programas de ensino, isso só é possível quando eles guardarem conexão com o conteúdo da disciplina. Não detém liberdade de ensinar o professor que insere uma pauta de discussão em suas aulas, qualquer que seja a sua relevância, se ela em nada dialoga com os temas programados ou não lhes favorecem a compreensão. Além disso, uma vez que disciplinas são componentes curriculares com carga horária definida, é também de ver que abordagens adicionais não podem resultar em prejuízo do cumprimento do plano. Os acréscimos eventuais coadunam-se ao dever de não excluir tópicos programados e ao direito de reorganizar a distribuição de carga horária por tópicos, sempre tendo em vista a intenção de aprimorar a aprendizagem.

A par da relevância das questões versadas, sem dúvidas, o ponto alto das controvérsias acerca das restrições ao conteúdo da liberdade de ensinar refere-se à extensão do direito de emitir opiniões sobre temas polêmicos em sala de aula. Esse é um problema real no diâmetro da *"for the common good" school*, para a qual assuntos controversos costumam embalar os debates acadêmicos. O crédito dado à escola até aqui requer conceder ao problema o posto central no tocante aos limites da liberdade de ensinar que dizem respeito à matéria ensinada.

Para esse fim, considera-se a possibilidade de que temas sejam polêmicos por duas razões. A primeira delas é exclusivamente técnica. Um assunto é tecnicamente polêmico quando há modelos explicativos de destaque que fornecem respostas em parte ou no todo diferentes às questões que o envolve. A adoção de um modelo significa, em regra, a negação de outro, e isso se dá em virtude de um juízo negativo quanto à aptidão de um deles para fornecer respostas convincentes aos tópicos em debate. No ensino da disciplina Gestão Estratégica, num curso de Administração, uma polêmica desse tipo surge quando em causa o melhor modelo de gestão de empresas para alcançar resultados de forma competitiva. De um lado, há o modelo de gestão por processos, cuja característica é a existência de um protocolo único de investimento empresarial para todos os projetos executados, enquanto que, de outro lado, situa-se o modelo de gestão por projetos, no qual cada projeto é gerido autonomamente, o que permite dosar o investimento empresarial a considerar a sua importância para a empresa. Professores que detêm a responsabilidade de lecionar tal disciplina não gozam de liberdade para excluir a explicação de um dos dois modelos por julgá-lo desvantajoso. Em verdade, seu dever é não apenas de expô-los, como também de apontar suas vantagens e falhas. No transcurso do ensino, é provável que sua afinidade em relação a um ou outro modelo fique evidente, quer de modo implícito, quer manifesto – e não há nisso qualquer problema. Não recaem sobre a liberdade de ensinar restrições tendentes a suprimir do professor o direito de, em face de questões tecnicamente controvertidas, elucidar as suas preferências.

Pode-se contestar essa posição sob o argumento de que o arranjo da relação educacional exige que professores sejam neutros no que diz respeito a controvérsias técnicas. A autoridade que eles detêm é tal que, se deixarem claras as suas preferências teóricas, o efeito inevitável será a doutrinação do corpo discente, que tenderia a concordar com suas posições. Se isso é uma propensão – e realmente acredita-se que, na prática, seja –, é também um descaminho do ensino, e o ônus de as coisas não se darem como deveriam se dar não pode justificar uma restrição dessa monta à liberdade de ensinar. Confia-se ao professor a criação de condições, em sala de aula, para que o seu posicionamento acerca de uma polêmica técnica não sugira o fim das discussões, do cabimento de divergências e mesmo da opção por outro modelo teórico. No mesmo esteio, em nenhum caso se justifica que o professor direcione tratamento diferenciado aos alunos, de sorte a beneficiar aqueles que concordam com a sua posição e a prejudicar aqueles que a ela se opõem, v.g, por ocasião de avaliações nas quais seja plenamente possível apresentar respostas contundentes e tecnicamente corretas por mais de um caminho.

Há, ainda, polêmicas técnicas que não envolvem a preferência por um entre outros modelos explicativos reconhecidamente válidos no âmbito de uma área do conhecimento, mas que remetem à suposta liberdade de ensinar modelos considerados perigosos do ponto de vista científico. Entenda-se por perigo, nesse particular, a capacidade de uma abordagem subverter acentuadamente a forma de compreensão de um determinado objeto de conhecimento. Uma ideia desse tipo é a adotada por Roger Schank, psicólogo cognitivo e professor estadunidense. De suas pesquisas sobre modelos educacionais originou-se uma proposta de extinção das escolas. Ele entende que a formação de pessoas tem de se dar sem interferência alguma do poder público, porque o Estado não sabe o que é melhor para cada um, e o aprender tem de estar associado exclusivamente a áreas de interesse individual, gerando prazer, nunca fardo.[396] É muito fácil observar quão destoante é essa posição e presumir o desconforto que geraria acaso defendida por um professor no Brasil, país em que o sistema base da educação é formal. Ainda assim, é preciso considerar ideias como essas, à partida, como passíveis de discussão. Lembra-se – como, de resto, já se disse antes – que a liberdade acadêmica, em termos gerais, é (e precisa ser) um elemento protetor para transgressões intelectuais. Ou isso, ou não há liberdade.

Mas controvérsias acadêmicas não são sempre meramente técnicas no sentido aqui versado. Na Universidade, ideias perigosas são também aquelas referentes à raça, cor, religião, meio ambiente, drogas, deficiência física ou mental, filiação político-partidária, orientação sexual, sexo, estado civil, nacio-

---

[396] SCHANK, Roger C. Acabaram os olhares zangados do professor. In. BROCKMAN, John (Coord.). *Grandes ideias perigosas*. Lisboa: Tinta-da-China, 2008. p. 289-92.

nalidade e idade, apenas para citar. Os temas encontram guarida no espaço acadêmico porque, não raramente, constituem, eles próprios, objetos de estudos disciplinares, quer dizer, compõem os programas de ensino ou envolvem os temas programados. Há uma probabilidade maior de que temas polêmicos acometam o ensino das Ciências Humanas e Sociais de uma forma que não ocorre (ou ocorre em dimensão menos significativa) nas Ciências Exatas. Professores daquelas áreas se defrontarão com temas políticos, éticos, econômicos e etc. mais frequentemente que aqueles que lecionam essas últimas, e, exatamente por causa disso, estão também mais propensos a sofrerem restrições à sua liberdade.

Steven Pinker elenca um conjunto de questionamentos que entonam polêmicas atuais. Seus exemplos são particularmente interessantes pela potencialidade de causarem desconfortos imediatos. "Terá o estado do meio ambiente melhorado nos últimos 50 anos?", "serão os terroristas suicidas pessoas bem-educadas, mentalmente saudáveis e movidos por razões morais?", "será a homossexualidade o sintoma de uma doença infecciosa?", "as religiões mataram mais pessoas do que o nazismo?"[397] – provoca Pinker. Há uma imensa probabilidade de que as respostas dadas a todas essas questões sejam negativas. No estágio atual do conhecimento, paira uma espécie de consenso acerca dos pontos sobre os quais elas versam. Muito se diz a respeito do processo contínuo de degradação ambiental, dos resultados devastadores causados pelo nazismo e pelo terrorismo, bem como sobre o descabimento da patologização da homossexualidade. Mas, e se um professor discordar do *status quo* do conhecimento sobre os temas referidos e se propuser a ensinar o inverso, ampara-lhe a liberdade de ensinar? Segundo Pinker, ideias como essas são perigosas não porque contenham alguma evidência de falsidade, mas porque possuem vigor para minar a ordem moral dominante. Todavia, em favor de sua propagação, ele recorda que um conjunto de descobertas relevantes foi julgado social ou moralmente perigoso em seu tempo – basta pensar, v.g., em Charles Darwin e na teoria da evolução.[398]

Há maneiras diferentes de temas polêmicos como esses emergirem no ambiente de sala de aula. Um professor pode suscitá-los ao enfrentar um tópico programado de ensino, ser provocado por discentes a que os aborde ou mesmo recair sobre as temáticas por causa do material didático utilizado. Sua ocorrência é corriqueira, não excepcional, e os problemas gerados são, de certo modo, presumíveis.

A título de exemplo, vale destacar, no Brasil, a questão com a qual se defrontou o STF por ocasião do MS 30952/DF, em que esteve em pauta o teor dos materiais bibliográficos escolares.[399] O pedido referia-se à anulação do Parecer nº 06/2011, do CNE/CEB, acerca da adoção da obra "Caçadas de Pedrinho", de Monteiro Lobato, pelas escolas de educação básica do Distrito Federal. A

---

[397] PINKER, Steven. Introdução. op.cit. p. 21-2.
[398] PINKER, Steven. Introdução. In. BROCKMAN, John (Coord.). *Grandes ideias perigosas*. Lisboa: Tinta-da-China, 2008. p. 35.
[399] BRASIL. STF. *MS 30.952/DF*. Rel. Min. Luiz Fux. Julgado em: 19/12/2014. DJe 021.

formulação do Parecer pelo Conselho se deu em virtude de a obra enunciada supostamente conter elementos de discriminação racial, principalmente dirigidos à personagem Tia Nastácia, em expressões como mulher de "carne preta" e "macaca de carvão". Nele ficou determinado que as editoras que pretendessem publicar a obra deveriam inserir no texto uma contextualização crítica a fim de situá-la historicamente (sua publicação original data de 1933). O objetivo do MS era a restauração da determinação contida no antecedente Parecer nº 15/2010, do CNE/CEB, que exigia a inclusão de nota explicativa sobre questões étnico-raciais e referência aos estudos atuais e críticos acerca da presença de estereótipos raciais na obra literária. Além disso, acaso a obra fosse adquirida com recursos púbicos, postulou-se a capacitação dos professores da educação básica para que procedessem ao seu uso adequado. Após audiência de conciliação entre o MEC e os autores do pedido (o Instituto de Advocacia Racial e Ambiental – Iara – e o técnico em gestão educacional, Antônio Gomes da Costa Neto) realizada pelo Ministro Relator Luiz Fux, em que foram acordadas políticas públicas educativas em matéria ético-racial, a decisão do caso foi tomada monocraticamente, em 2014, negando seguimento ao MS por ausência de competência do STF para julgar *mandamus* impetrado contra ato do Ministro da Educação. Apesar de o Tribunal não ter enfrentado o mérito da questão e, além disso, o caso envolver eventual debate de teor ético-racial estritamente no âmbito da educação básica, não deixa de ser importante apontá-lo à maneira de ilustração da relevância das questões que envolvem as polêmicas suscitadas por escolhas atinentes a materiais bibliográficos e o modo que podem ser objeto de judicialização.

Preocupações com a repercussão de ideias polêmicas em sala de aula, tal como a que motivou a impetração do MS, têm levado IES de outros países a utilizarem estratégias de prevenção e de remediação de danos. Supõe-se que as atividades acadêmicas, notadamente a de ensino, são permeadas por um conjunto de ações, palavras e gestos que, mesmo sem intenção de ferir, descambam em algum tipo de incômodo ou violência. Uma dessas estratégias, em franca expansão nos EUA, são os chamados avisos de gatilho *(trigger warnings)*.[400] Professores e IES lançam notas sobre os temas e os materiais a serem usados em aula com a finalidade de esclarecer seu teor. O objetivo é que alunos se previnam de desconfortos causados pela abordagem de certas questões em sala de aula. Lolita, clássico romance de Vladimir Nabokov, é uma obra que sugestiona, a todo tempo, a pedofilia. Alunos que tenham sido vítimas de violência sexual na infância podem se sentir constrangidos com a discussão da obra, ou, simplesmente, terem seus traumas aflorados em virtude da exposição capitaneada pelo professor. Os avisos de gatilho servem exatamente para alertá-los de que tal será o teor de uma aula. Caso haja a possibilidade de se sensibilizarem no transcorrer da abordagem, é facultado que evitem participar dela.

---

[400] LUKIANOFF, Greg; HAIDT, Jonathan. The coddling of the american mind. *The Atlantic Magazine*. september 2015.

Outra prática crescente em Instituições norte-americanas e também inglesas é a formação de *Bias Response Teams*, espécies de Comitês institucionais que servem para ouvir aqueles que testemunharam ou foram alvo de atos ou expressões de preconceito na Academia. Os dados levados aos Comitês auxiliam na elaboração de programas educativos e de assistência à comunidade acadêmica, e podem resultar na formulação de recomendações ao corpo docente para que adequem suas aulas de maneira a não despertar ou sugerir algum tipo de ofensa ao corpo discente.[401] Se limites à liberdade de ensinar dessa natureza são constitucionalmente adequados é algo sobre o que pairam justificadas dúvidas.

Pretendendo-se avaliar a pertinência de restringir a liberdade de ensinar com vistas a obstar que IES se tornem ambientes hostis e inseguros, vale percorrer outros textos constitucionais, a fim de se retirar dos modelos normativos de países distintos algum contributo para a interpretação da Constituição Brasileira no que diz com a liberdade de ensinar e sua extensão. Diálogos com experiências constitucionais diferentes é um fenômeno que tem espaço no Direito Constitucional por auxiliar a compreensão do significado de direitos fundamentais, resguardadas as particularidades de cada ordem jurídica. Uma das formas de executá-lo é por meio da observação dos modelos constitucionais.[402]

De início, vale notar que a franca maioria das Constituições que alude à liberdade de ensinar (ou a liberdade acadêmica) expressamente o faz por meio de uma fórmula geral, tal como ocorre na Constituição Brasileira. Assim, p. ex., ocorre nas Constituições da África do Sul (artigo 16.1, d), El Salvador (artigo 60), Espanha (artigo 20, 1, d), Filipinas (artigo XIV, seção 5, 2), Itália (artigo 33) e Japão (artigo 23).[403] De outra banda, o Equador é o único país de que se tem notícia que prevê que "o exercício da liberdade acadêmica [é garantido] sem restrições", isso é, da previsão do direito se segue uma vedação expressa de que seja mitigado. O recurso à vedação de qualquer restrição à liberdade de ensinar, muito próximo do que faz o artigo 220, *caput*, da CF, em relação à liberdade de expressão, mostra-se, conforme já se disse, inviável na prática.

No Chile, o texto constitucional aduz que a liberdade de ensinar pode ser limitada pela moral, pelos bons costumes, em razão da ordem pública e da segurança nacional, e veda que ela atente contra a dignidade de qualquer religião ou credo. A combinação dos termos moral, bons costumes e ordem pública permite um avanço muito modesto na interpretação dos limites à liber-

---

[401] JASCHIK, Scott. Second thoughts on Bias Response Teams. *Inside Higher Education*. august, 2016.

[402] O recurso de que se lança mão é o das chamadas migrações constitucionais. Segundo Sujit Choudhry, elas correspondem a trocas entre contextos constitucionais distintos, que podem se dá por intermédio do uso da doutrina, da jurisprudência e, ainda, da avaliação dos modelos constitucionais, v. CHOUDHRY, Sujit. Migration as a new metaphor in comparative constitutional law. —— (Org.). *The migration of constitutional ideas*. New York: Cambridge University Press, 2006. p. 13.

[403] A Constituição japonesa é uma heteroconstituição, quer dizer, ela foi elaborada e imposta ao povo por outro país, no caso, os EUA. É curioso que ela abarque o direito à liberdade de ensinar, enquanto a Constituição norte-americana não o faz textualmente. Sobre o conceito de heteroconstituição, v. SOUZA NETO, Cláudio Pereira de; SARMENTO, Daniel. *Direito constitucional*: teoria, história e métodos de trabalho. Belo Horizonte: Fórum, 2012. p. 64-5.

dade de ensinar. É sabido que termos como esses são conhecidos por sua indeterminação presumida, posto constituírem cláusulas gerais.[404] De outra banda, é curioso notar a presença de enunciados constitucionais materialmente afins em países com forte tradição restritiva à expressão, como é o caso da China (artigo 47), que, em sua Constituição, ao menos formalmente, ressalta a liberdade de desenvolvimento da investigação científica. O mesmo ocorre em locais em que o fenômeno religioso e suas dimensões apontam para a concretização fática bem menos generosa à liberdade acadêmica que a própria Constituição enuncia. É o caso do artigo 34. 3 da Constituição iraquiana, no âmbito do qual "o Estado deve incentivar a investigação científica para fins pacíficos que servem à humanidade".

A Constituição de Cabo Verde acresce à previsão do direito à liberdade de ensinar uma definição quanto ao que ele consiste, e, nesse ponto, distingue-se das demais. Assim, lê-se, em seu artigo 49, que as liberdades de aprender e ensinar consistem em poder frequentar estabelecimentos de ensino e de neles ensinar sem qualquer discriminação, vedando-se ao Estado "programar a educação segundo quaisquer diretrizes filosóficas, estéticas, políticas, ideológicas ou religiosas". O enunciado é *ipsis litteris* o da Constituição portuguesa, em seu artigo 43. A preocupação, em ambos, é a de que restrições à liberdade de ensinar não resultem na formação de uma espécie de doutrina estatal oficial. Ainda nesse seguimento, é de destacar a Constituição da Hungria, que consagra um dever de omissão no tocante ao conteúdo ensinado, assentando que "o Estado não tem o direito de decidir sobre questões de verdade científica".

Já na Alemanha, em virtude do artigo 5.3, "o professor, enquanto funcionário, está vinculado a um mandado implícito de fidelidade à Constituição"[405] [trad. nossa]. Para Pieroth e Schlink, o dever de fidelidade à Constituição contido no dispositivo tem uma importância limitada, pois "visa apenas impedir uma política que, autoritariamente, despretigie, difame e ultraje a Constituição, mas também permite a liberdade de opiniões críticas".[406] De seu turno, Konrad Hesse categoricamente afirma que a cláusula de fidelidade não significa uma barreira adicional. Se um professor houvesse de renunciar a pontos de vista perigosos, a própria liberdade deixaria de existir, portanto, a fidelidade à Constituição deve ser entendida apenas como um dever do professor de comprovar metódica e conceitualmente suas afirmações.[407]

---

[404] Entenda-se por cláusulas gerais um "conceito que se contrapõe a uma elaboração *casuística* das hipóteses legais. *Casuística* é aquele configuração da hipótese legal [...] que circunscreve particulares grupos de casos na sua especificidade própria. [...] Desse modo, havemos de entender por cláusula geral uma formulação da hipótese legal que, em termos de grande generalidade, abrange e submete a tratamento jurídico todo um domínio de casos" [grifos do autor], ENGISCH, Karl. *Introdução ao pensamento jurídico*. Lisboa: Fundação Calouste Gulbenkian, 2001. p. 228-9.

[405] VIDAL PRADO, Carlos. Libertad de cátedra y organización de la docencia en el ámbito universitario. *Revista Española de Derecho Constitucional*. n. 84, 2008. p. 74.

[406] PIEROTH, Bodo; SCHLINK, Bernhard. *Direitos fundamentais*: direito estadual II. Lisboa: Universidade Lusíada, 2008. p. 201.

[407] HESSE, Konrad. *Elementos de direito constitucional da República Federal da Alemanha*. Porto Alegre: Sergio Fabris, 1988. p. 312-3.

A par do hipotético caráter redundante da fórmula contida no texto constitucional alemão, ela chama a atenção para algo relevante, embora de todos conhecido – a liberdade de ensinar coexiste com outros valores e bens constitucionalmente protegidos. No final das contas, a dificuldade de fixar limites à liberdade corresponde ao exato reflexo de sua proteção simultânea com outros direitos fundamentais. De alguma forma, já se experimentou essa dificuldade no capítulo 2, quando, em aproximação ao comportamento do Congresso Nacional sobre o tema, notou-se uma tendência sufocadora da liberdade de ensinar, especialmente em virtude de 2 (dois) projetos de lei em tramitação, quais sejam aquele que cria o "Programa Escola sem Partido" (PL 867/2015) e o que tipifica o assédio ideológico (PL 1.411/2015). Ali também, quando se versou sobre a incidência da liberdade de ensinar em IES privadas, foi inescapável perpassar o problema da deferência (ou não) dos professores ao ideal de cunho religioso dos centros de ensino, do que se concluiu – com aporte na concepção de finalidade pública da educação – que um tal dever não existe.

Agora é o caso de avançar um pouco mais prospectando potenciais conflitos entre a liberdade de ensinar conteúdos polêmicos e outros direitos fundamentais titularizados por terceiros (em especial, e diretamente, por alunos). Trata-se, nesse ponto, do exato percurso de aproximação ao conteúdo real do direito à liberdade de ensinar a partir da observação de colisões possíveis. Nesse ponto, opta-se por sublinhar aquelas que decorrem da coexistência da liberdade de ensinar com o direito à igualdade (artigo 5º, *caput* e inciso I, da CF), com o direito à honra (artigo 5º, inciso X, da CF) e com o direito à segurança (artigos 5º, *caput*, e 6º, da CF).

Referente à igualdade, tem-se que o ordenamento jurídico brasileiro acomoda no *caput* do artigo 5º da Constituição a expressão de que "todos são iguais perante a lei, sem distinção de qualquer natureza" e, logo após, no inciso I, reafirma a sua tutela, destacando que "homens e mulheres são iguais em direitos e obrigações". Compreendida como um todo, a igualdade possui uma dimensão negativa, em deferência a qual são proibidas discriminações indevidas entre iguais. De outro lado, é constituída por uma dimensão positiva, que determina discriminações tendentes a suprimir desigualdades, quer dizer, a promover a própria igualdade.[408] Por sua vez, o artigo 5º, inciso X, reúne os designados direitos de personalidade, entre os quais o direito à honra. Ele consiste na proteção do conjunto de qualidades que individualizam o sujeito e que o faz respeitável perante si e perante a sociedade.[409] Por fim, o direito à segurança, a que faz menção os artigos 5º, *caput* e 6º, recebe tratamento particular no artigo 144, da CF, que atribui a sua titularidade a todos e prevê o dever do Estado de assegurá-lo, ao mesmo tempo em que reconhece a responsabilidade de cada um no que diz respeito à preservação da ordem pública e da incolumidade das pessoas e do patrimônio.

---

[408] ROTHENBURG, Walter Claudius. Igualdade material e discriminação positiva: o princípio da isonomia. *Novos Estudos Jurídicos*. v. 13, n. 2, 2008. p. 81.

[409] SAMPAIO, José Adércio. Comentário ao artigo 5º, X. In. CANOTILHO, José Joaquim Gomes *et al.* (Coords.). *Comentários à Constituição do Brasil*. São Paulo: Saraiva/ Almedina, 2013. p. 284.

O exercício da liberdade de ensinar atinge os direitos à igualdade e à honra quando um professor de Psicologia afirma que mulheres são mais propensas a psicopatias? Consiste em ofensa aos direitos supracitados o ensino do tema "políticas raciais" denotando uma suposta inferioridade cognitiva de negros? O direito à segurança obsta que um professor defenda práticas terroristas?[410]

Em primeiro lugar, uma breve observação do texto constitucional pátrio permite a conclusão de que o Constituinte brasileiro adotou uma política reparatória dos danos causados a terceiros, do que se pode inferir uma tendência de privilegiar a expressão, ainda quando danosa. Assim, na segunda parte do inciso X do artigo 5º, consta o direito à indenização pelo dano material ou moral decorrente da violação dos designados direitos de personalidade.

Como ensina Anderson Schreiber, o dano moral é uma lesão a atributo da personalidade, independente de suas consequências emocionais subjetivas.[411] De sua vez, o dano patrimonial é o que reflete sobre os bens integrantes do patrimônio da vítima, fazendo com que ela experimente prejuízo, quer dizer, uma redução presente ou futura do seu patrimônio comparativamente ao momento anterior ao fato.[412] No mais, há quem aduza, ainda, à existência de danos extrapatrimoniais existenciais, os quais afetam um conjunto de atividades cotidianamente desenvolvidas pela vítima.[413]

É de cogitar que um aluno supostamente ofendido em virtude da abordagem polêmica sobre negros evoque o direito à reparação por danos morais pelo fato de a referência a um atributo seu (a condição de negro) causar-lhe prejuízo à vida social (pense-se, v.g., que o aluno passe a sofrer discriminação por parte de outros alunos após os ensinamentos do professor e, por isso, opte por trancar o curso), além de danos materiais por eventuais lesões sobre o seu patrimônio (dada a perda ou postergação da possibilidade de aumentá-lo a partir do exercício profissional). Mais remota é a possibilidade de o termo *docente*, nessas circunstâncias, dar causa a um dano existencial, posto que ele somente se materializa com a renúncia involuntária de atividades de rotina, alterando o *modus vivendi* do ofendido,[414] sendo que, no cenário aventado, é de prospectar alternativas de manutenção do cotidiano do aluno, como, por ex., por meio da matrícula em outra Instituição de Ensino. Tudo o que precedentemente foi dito vale para o caso acima elucidado que se refere às mulheres.

A legislação cível confere tratamento pormenorizado ao tema. Assim, dispõe o artigo 12 do Código Civil (CC), que se pode "exigir que cesse a ameaça ou a lesão a direito da personalidade, e reclamar perdas e danos, sem prejuízo de outras sanções previstas em lei". De sua banda, o artigo 927 do CC

---

[410] A última questão, em particular, tem merecido um tratamento recorrente no direito norte-americano. Após o 11 de setembro de 2001, as IES foram submetidas a rígidos sistemas de vigilância e controle, assim cf. DOUMANI, Beshara (Ed.). Academic freedom after september 11. Brooklyn: Zone Books, 2006. *en passant*.

[411] SCHREIBER, Anderson. *Direitos da personalidade*. 2. ed. São Paulo: Atlas, 2013. p. 17.

[412] Ibid., p. 96-7.

[413] FACCHINI NETO, Eugênio; WESENDONCK, Tula. Danos existenciais: "precificando" lágrimas?. *Revista de Direitos e Garantias Fundamentais*. n. 12, 2012. p. 229-67.

[414] SOARES, Flaviana Rampazzo. *Responsabilidade civil por dano existencial*. Porto Alegre: Livraria do Advogado, 2009. p. 44 *et seq.*

determina a obrigação de reparar o dano causado a terceiros por ocasião da prática de atos ilícitos, que pode se dar por ação ou omissão voluntária, negligência ou imprudência (artigo 186) ou excedendo-se "os limites impostos pelo seu fim econômico ou social, pela boa-fé ou pelos bons costumes" (artigo 187). Para os fins de responsabilização, ressalte-se que o artigo 43 do CC determina que as pessoas jurídicas de direito público interno – como as IES públicas – são civilmente responsáveis pelos atos dos seus agentes que causem danos a terceiros, ressalvado o direito de regresso.

A responsabilização civil do causador do dano – em tese, o professor – é movida pela pretensão de reestabelecer a relação entre ele e a vítima – imediatamente, o aluno –, reinstaurando o *status quo ante*.[415] Mas não corresponde à única forma de responsabilização por violação de direitos. Daí o Código Civil enunciar que a responsabilidade civil é independente da criminal, nos termos do seu artigo 935. Dito isso, o passo seguinte compreende um perpassar sobre a legislação penal que toca o tema, ainda visando determinar a extensão da liberdade de ensinar temas considerados polêmicos.

Entre os crimes contra a honra antevistos no Código Penal Brasileiro (CP), merece destaque, para os fins aqui propostos, a tipificação da injúria. Dispõe o seu artigo 140, *caput*, que "injuriar alguém, ofendendo-lhe a dignidade ou o decoro" redunda na aplicação da pena de detenção, de um a seis meses, ou multa. De sua vez, o § 3º do mesmo dispositivo atem-se à chamada injúria qualificada pelo preconceito, qual seja aquela que, *in verbis*, "consiste na utilização de elementos referentes a raça, cor, etnia, religião, origem ou a sua condição de pessoa idosa ou portadora de deficiência", determinando para o caso de sua ocorrência a pena de reclusão, de um a três anos, e multa. Além do mais, o subsequente artigo 141 prevê, em seu inciso III, que a pena será majorada em um terço acaso o crime seja cometido na presença de várias pessoas, ou por meio que facilite a sua divulgação – hipótese que muito facilmente se ajustaria à ocorrência de uma conduta injuriosa em sala de aula. Conforme a tradição doutrinária, para a configuração da injúria é imprescindível o *animus injuriandi*, quer dizer, a vontade livre e consciente de injuriar o ofendido.[416]

De toda importância, ainda, é o artigo 142, inciso II, do CP. Ele enuncia não constituir caso de injúria (ou difamação) punível "a opinião desfavorável da crítica literária, artística ou científica, salvo quando inequívoca a intenção de injuriar ou difamar". É natural que obras e teorias estejam sujeitas à crítica, ainda que severas, e o dispositivo cuida precisamente dessas hipóteses.

O problema é saber se um professor, quando enfrenta um tema polêmico filiando-se a uma posição impopular relativamente, por exemplo, à raça, comete (ou não) injúria. Em síntese, ao que parece indicar os dispositivos *supra*, o ato não configura o crime a não ser que esteja presente o elemento subjetivo,

---

[415] CAVALIERI FILHO, Sergio. *Programa de responsabilidade civil*. 10. ed. São Paulo: Atlas, 2012. p. 14.
[416] Reportando-se à doutrina tradicional e, a seguir, criticando-a, WEINGARTNER NETO, Jayme. *Honra, privacidade e liberdade de imprensa*: uma pauta de justificação penal. Porto Alegre: Livraria do Advogado, 2002. p. 163-7.

qual seja a intenção de fazê-lo.⁴¹⁷ Contudo, nem de longe essas observações cessam o estado movediço da doutrina brasileira nesse particular,⁴¹⁸ especialmente porque o próprio *animus* de ofender é de difícil aferição, e se a prescrição nesse cenário for, na hipótese de dúvida, reclamar-se a tutela penal, o efeito é devastador sobre a liberdade de expressão, a liberdade de ensinar e a própria democracia. Assim, a pertinente síntese de Daniel Sarmento destaca que "é preciso evitar a todo custo que este direito fundamental [liberdade de expressão] tão importante para a vitalidade da democracia e para a auto-realização individual torne-se refém das doutrinas morais majoritárias e das concepções sobe o 'politicamente correto'".⁴¹⁹

Na circunstância específica de a expressão referir-se à raça e não se direcionar à pessoa determinada, mas a um conjunto indeterminado de pessoas, passa-se a cogitar a ocorrência do crime de racismo. Sendo esse o caso, é pertinente analisar o cabimento da aplicação da Lei nº 7.716/1989, que pune os crimes resultantes de discriminação ou preconceito de raça, cor, etnia, religião ou procedência nacional, e, ainda, da Lei nº 12.888/2010, que instituiu o Estatuto da Igualdade Racial, com a finalidade de combater a discriminação e as demais formas de intolerância étnica.

Sobre esse particular, é obrigatória a remissão a julgado do STF que, a despeito de não se referir propriamente à liberdade de ensinar, concerne à obra literária com conteúdo histórico. Trata-se do emblemático julgamento do HC 82.424/RS.⁴²⁰ O caso refere-se à publicação de livro com teor antissemita pelo editor Siegfried Ellwanger. No âmbito da decisão do caso, destaca-se o voto do Ministro Gilmar Mendes, que, seguindo a posição majoritária, afirmou que "não se pode atribuir primazia à liberdade de expressão, no contexto de uma sociedade pluralista, em face de valores outros como os da igualdade e da dignidade humana". Na linha oposta e minoritária, o Ministro Marco Aurélio defendeu que Ellwanger apenas escreveu uma versão da história segundo o seu ponto de vista e que "só teremos uma sociedade aberta, tolerante e consciente se as escolhas puderem ser pautadas nas discussões geradas a partir das diferentes opiniões sobre os mesmos fatos". Por 8 votos a 3, o Tribunal denegou o pedido. Assim, pelo menos no seguimento da posição da Corte acerca da liberdade de expressão sobre questões raciais, não é o caso de afastar a possibilidade de ocorrência de racismo por ocasião de manifestações docentes sobre o ponto. Ainda assim, vale ressaltar que a configuração do crime demanda a vontade manifesta de discriminar, isso é, imprescinde da existência do ânimo de menosprezar, genericamente, os pertencentes a um determinado grupo.

---

⁴¹⁷ Denotando a dificuldade de tomar o *animus* com elemento minimamente operacional, WEINGARTNER NETO, Jayme. Honra, privacidade e liberdade de imprensa: uma pauta de justificação penal. Porto Alegre: Livraria do Advogado, 2002. p. 163-7.

⁴¹⁸ No âmbito do processo legislativo, destaca-se a tramitação do PL 6.314/2005, que acrescenta inciso ao artigo 142, excluindo o crime de injúria e difamação quando a opinião for de professor ou ministro religioso. BRASIL. CÂMARA DOS DEPUTADOS. *PL 6.314/2005*. Acrescenta inciso ao art. 142 da Lei nº 2.848, de 7 de dezembro de 1940 – Código Penal. Takayama. Apresentação em: 01/12/2005.

⁴¹⁹ SARMENTO, Daniel. *Livres e iguais*: estudos de direito constitucional. Rio de Janeiro: Lumen, 2006. p. 209.

⁴²⁰ BRASIL. STF. *HC 82.424/RS*. Rel. Min. Moreira Alves. Rel. p/acórdão Min. Maurício Corrêa. Tribunal Pleno. Julgamento em: 17/09/2003. DJ: 19/03/2004.

Finalmente, no que corresponde à coexistência da liberdade de ensinar com o direito à segurança, sublinha-se a tipificação penal da incitação ao crime e da apologia de crime ou de fato criminoso, respectivamente nos artigos 286 e 287 do CP, deles podendo-se extrair a vedação de ocasional expressão docente que, não constituindo mera opinião, incorra nos tipos elucidados. Incitar crime é despertar em alguém um sentimento de vontade de cometê-lo ou reforçar sua vontade preexistente, ao que corresponde a pena de detenção, de 3 (três) a 6 (seis) meses, ou multa. Já a apologia condiz à exaltação ou enaltecimento dos benefícios dos fatos delituosos, configurando uma incitação indireta, sendo a ela atribuída pena idêntica à antevista no artigo 286. Em ambos os casos, o que se almeja proteger é o sentimento coletivo de segurança.

A diferença entre incitar ou fazer apologia de crime e a mera expressão encontra aporte no conhecido julgamento da ADPF 187/DF,[421] em que o STF, por unanimidade, entendeu que as chamadas "marchas da maconha", eventos que reúnem defensores da descriminalização da droga, não podem ser consideradas ocorrências do crime previsto no artigo 33, § 2º, da Lei de Tóxicos (Lei nº 11.343/2006), que prevê, especificamente, a indução ou instigação ao uso de drogas ilícitas. Em seu voto, o Ministro Marco Aurélio ressaltou que a "simples possibilidade de proclamar publicamente certas ideias corresponde ao ideal de realização pessoal e de demarcação do campo da individualidade". Portanto, dizer algo não é naturalmente provocar a sua ocorrência. No mais, convém acolher as lições de Sarlet e Weingartner Neto no compasso das quais reuniões que se formam para manifestações coletivas em espaços públicos que porventura deflagre ilícitos penais, não comprometem, *per si*, o seu caráter pacífico, cuja exigência consta do artigo 5º, inciso XVI,[422] e "apenas a clara indicação de que a reunião está afetando concretamente a segurança pública poderá justificar as restrições mais gravosas do direito de reunião".[423]

Ainda nesse passo, ressalta-se a Lei nº 7.170/1983, que define os crimes contra a segurança nacional e a ordem política e social. Particularmente em seu artigo 22, consta que configura crime o ato de fazer, em público, propaganda de processos violentos (inciso I), discriminação racial, de classes ou religiosa (inciso II) e de guerra (inciso III), atribuindo-se a pena de detenção, de um a quatro anos, para sua eventual ocorrência. No mais, o § 1º do mesmo dispositivo aduz que constitui causa de aumento de pena na dimensão de um terço a prática do crime em local de trabalho. A questão a avaliar é se a defesa de ideias afigura propaganda para os fins dispostos na norma. Em linha com o dito anteriormente em relação à incitação e à apologia ao crime, a resposta há que ser negativa. Uma vez mais, convém sublinhar que a referência (e mesmo a defesa) de ideias polêmicas não constitui, necessariamente, ilícito penal.

---

[421] BRASIL. STF. *ADPF 187/DF*. Rel. Min. Celso de Mello. Tribunal Pleno. Julgamento em: 15/06/2011. DJe: 29/05/2014.

[422] SARLET, Ingo Wolfgang; WEINGARTNER NETO, Jayme. *Constituição e direito penal* – temas atuais e polêmicos. Porto Alegre: Livraria do Advogado, 2016. p. 56

[423] Ibid., p. 57.

Por fim, igualmente no que diz respeito à defesa da segurança nacional, ressalta-se a recente Lei Antiterrorismo brasileira (Lei nº 13.260/2016), que, em seu artigo 2º, define terrorismo como a prática dos atos elencados na referida norma "por razões de xenofobia, discriminação ou preconceito de raça, cor, etnia e religião, quando cometidos com a finalidade de provocar terror social ou generalizado, expondo a perigo pessoa, patrimônio, a paz pública ou a incolumidade pública". Soma-se à definição, o estampado no § 2º do mesmo dispositivo, segundo o qual não constituem atos terroristas as manifestações políticas e os movimentos sociais, sindicais, religiosos, de classe ou de categoria profissional, que, norteados por fins sociais ou reivindicatórios, objetivam contestar, criticar, protestar ou apoiar ideias, com o objetivo de defender direitos, garantias e liberdades constitucionais, sem prejuízo da tipificação penal disposta em lei. Daí, a princípio, também não se caracterizar como manifestação de natureza terrorista a exclusiva expressão de ideias sobre temas controversos.

Assim sendo, retornando às questões iniciais, conclui-se que não incorre nos tipos penais elucidados um professor que defende, em sala de aula, teses impopulares, desde que sejam meras expressões de suas convicções. Deixam de sê-lo quando se nota em seu pronunciamento a intenção de atentar contra terceiros, o que descamba nas vedações legais versadas. Em sendo esse o caso, há que se ativar a dimensão objetiva dos direitos supostamente afetados pela liberdade de ensinar, de sorte a que sobrevenha a atuação estatal com vistas a protegê-los. Por fim, em qualquer hipótese, só se pode considerar que a liberdade de ensinar abrange a possibilidade de defesa de posturas polêmicas se o ambiente de manifestação não for hostil à contra-argumentação e discordância, especialmente por parte do corpo discente.

Seria possível parcialmente concluir acerca do compêndio de restrições legítimas à liberdade de ensinar quanto à escolha de conteúdos elaborando algo próximo da demarcação do assim chamado núcleo essencial do direito em questão. O tema mereceu larga cobertura no direito brasileiro, sendo de insuspeita importância as contribuições doutrinárias nesse particular.[424] Há certo consenso no sentido de que o núcleo essencial de um direito é o domínio sem o qual ele se desconfigura. Aplicando-o à liberdade de ensinar, o intento consistiria em identificar aquilo do que não se pode abrir mão em termos de tutela jurídica do direito, sob pena de ele próprio desvanecer. Na narrativa usual do tema, acatar essa proposta sugestionaria a composição material da esfera nuclear do direito.[425] Porém, na contracorrente dessa acepção, entende-se que a função da ideia de núcleo essencial dos direitos fundamentais é meramente reitora,[426] quer dizer, seu único (mas nem por isso de pouca valia) fim é recordar o intérprete constitucional que a interpretação da Constituição encontra limite na impossibilidade de desidratar o direito fundamental à liberdade de

---

[424] SARLET, Ingo Wolfgang. *Eficácia dos direitos fundamentais*. 12. ed. Porto Alegre: Livraria do Advogado, 2015. p. 420-22.
[425] MARTÍNEZ-PUJALTE, Antonio-Luis. *La garantía del contenido esencial de los derechos fundamentales*. Madrid: Centro de Estudos Constitucionales, 1997. p. 22.
[426] A expressão é de NOVAIS, Jorge Reis. *As restrições aos direitos fundamentais não expressamente autorizadas pela constituição*. Coimbra: Coimbra, 2003. p. 798.

ensinar, ou seja, negar a sua existência ou mesmo atribuir a ele um significado que, na prática, redunde em sua negação.

Prefere-se considerar que o processo em desenvolvimento consiste na aproximação ao conteúdo realmente protegido pela norma constitucional que assegura a liberdade de ensinar, e que isso é verdadeiramente suficiente em termos jurídico-protetivos. Seguindo essa mesma trilha, cuida-se da outra banda que compõe o âmbito de proteção inicial da sobredita liberdade, qual seja, o direito de fazer escolhas de roupagem metodológica.

3. Restrições quanto às escolhas metodológicas

É usual considerar que há uma relação estreita "entre conteúdo e método, entre *o que* é ensinado e *como* é ensinado"[427] [trad. nossa e grifos no original]. Se a relação entre conteúdo e método parece, hoje, umbilical, durante algum tempo, lidar com questões curriculares restringiu-se à discussão acerca do conteúdo a ser ensinado. Apenas gradualmente é que se passa ao debate condizente ao modo de ensinar.[428] A par dessa separação histórica, a aproximação entre conteúdo e método passou a se dar de tal maneira que, ao lado da concepção dual segundo a qual conteúdo e método são coisas distintas, porém relacionadas, há mesmo quem defenda a existência de uma unidade entre os dois. "O fato de a matéria de uma ciência ser organizada é a prova de que ela já foi submetida à inteligência; ela já foi, por assim dizer, metodizada"[429] [trad. nossa] – afirma, nesse particular, John Dewey.

Parece óbvio que o professor de uma disciplina prática não pode exclusivamente dar aulas teóricas. Mas na grande maioria das vezes, a opção por um método de ensino em detrimento de outro é amplamente possível. O ponto central é saber a que condicionantes devem se submeter o professor nessa seara.

Para versar sobre a questão, alguns acordos propriamente referentes à noção de método e outras categorias afins hão de ser feitos previamente. De início, há uma diferença entre métodos de ensino, técnicas de ensino e recursos didáticos. Método, estritamente considerado, é a organização de recursos e procedimentos visando à aprendizagem, enquanto técnicas de ensino são os modos de condução da aprendizagem. Já os recursos didáticos são considerados ferramentas de auxílio do processo de ensino.[430] Não raramente, os termos são tratados como sinônimos, mas, embora não o sejam, guardam entre si algumas relações. O que se quer dizer é que escolhas referentes aos métodos de

---

[427] SCHOFIELD, Harry. *The philosophy of education:* an introduction. London: George Allen & Unwin, 1975. p. 126.
[428] EGAN, Kieran. What Is Curriculum?. *Journal of the Canadian Association for Curriculum Studies.* v. 1, n. 1, 2003. p. 11-2.
[429] DEWEY, John. Nature de la méthode. In. ——. *Démocratie et éducation* – introduction a la philosophie de l'education. Paris: L'Âge D'Homme, 1983. p. 202.
[430] GIL, Antônio Carlos. *Metodologia do Ensino Superior.* 3. ed., São Paulo: Atlas, 1997. p. 109.

ensino levam a certas opções em relação às técnicas e aos recursos didáticos. Até aqui essas categorias foram tratadas de forma indiferente, como, de resto, é o que acontece nas abordagens relativas à liberdade de ensinar. Nas linhas a seguir, quando a discussão abranger mais de uma delas, ou todas elas, será utilizado o termo metodologia.

Para essa análise, parte-se da distinção entre dois tipos de métodos. De um lado, tem-se o método tradicional de ensino, que põe no centro do processo educativo o professor. O ensino parte do professor, enquanto o aluno é o sujeito passivo da relação, cabendo-lhe assimilar os conhecimentos repassados de maneira unidirecional. Tal modelo naturalizou-se no âmbito educacional dando azo à criação de um contrato didático entre alunos receptores e professores transmissores.[431] De outra banda, situa-se o método construtivista. Tal método repousa seus fundamentos, em ampla extensão, sobre os escritos de Jean Piaget. Sua premissa é a de que a aprendizagem depende de um trabalho ativo por parte dos alunos, não coercitivo e, portanto, em liberdade. Em seus próprios termos, o pleno desenvolvimento da pessoa não ocorre num processo educativo firmado na deferência irrestrita à autoridade de um mestre, ou seja, ele significa "formar indivíduos capazes de autonomia moral e intelectual, respeitando essa autonomia nos outros, em virtude, precisamente, da regra da reciprocidade"[432] [trad. nossa]. O aluno se move no processo educativo conjuntamente ao professor. Assim, como ressalta Paul Ricoeur, a relação entre professor e aluno é colaborativa, devendo-se atentar para o fato de que o aluno, quando ingressa nessa relação, já carrega saberes antecedentes, aptidões e preferências,[433] daí que a função do professor é criar condições de aprendizagem, abordando conteúdos programados a partir da exploração das experiências prévias dos alunos.

De sua vez, uma paleta extensa de possibilidades caracteriza a escolha das técnicas de ensino. Ela pode se dar no intuito de valorizar características individuais dos alunos ou atender a uma coletividade. Estudos dirigidos, resolução de exercícios e pesquisas bibliográficas são afeitos à primeira hipótese. Há vantagens reais em sua utilização, entre as quais o respeito ao ritmo individual de aprendizagem de cada um e o desenvolvimento de sua autonomia, tal como há desvantagens, a exemplo da presumida ausência de sociabilização. Se se preza por esse último aspecto, a escolha das técnicas de ensino pende para outro lado. Aulas expositivas (dialogadas ou não), palestras, debates, estudos de caso em grupos são meios de valorizar o coletivo, e sua escolha, ao mesmo tempo em que concretiza a vantagem elucidada, afasta-se das vantagens que caracterizam as técnicas de ensino individuais. Como se vê, a opção por uma

---

[431] FREITAS, Ana Lúcia Souza de; GESSINGER, Rosana Maria. O contrato didático e a avaliação. In. —— et al. (Orgs.). *A gestão da aula universitária na PUCRS*. Porto Alegre: EDIPUCRS, 2008. p. 61.

[432] PIAGET, Jean. *Le droit à l'éducation dans le monde actuel*. n. 1. Collection "droit de l'homme" – Unesco. Paris: Librarie du Recueil Sirey, Scienses et Letres, 1949. Convém ressaltar que a obra é um comentário ao artigo 26 da Declaração Universal dos Direitos Humanos, cujo teor, no ponto em que atrela a educação ao pleno desenvolvimento da pessoa, é reproduzido na Constituição Brasileira de 1988.

[433] RICOEUR, Paul. Reconstruir a universidade. *Revista Paz e Terra*. n. 9, 1969. p. 51-9.

técnica em detrimento de outra é sempre antecedida por um juízo de custos e benefícios.

Para dar consecução a um método de ensino são utilizadas técnicas de ensino, e para que elas sejam aplicadas são necessários recursos didáticos. Quadro, pincel, revistas, livros, filmes, animais, mapas, músicas, fotografias, computadores e *smartphones* são exemplos destes últimos. A relação entre eles é consequencial – a escolha do método orienta as escolhas subsequentes (e, em especial, a escolha da técnica). Um professor que adota o método tradicional de ensino muito provavelmente optará por técnicas como a aula expositiva não dialogada, quer dizer, centrada no professor e sem participação dos alunos, que são exclusivamente ouvintes no processo. Quanto aos recursos didáticos, há uma tendência de que adotem os básicos (quadro e pincel) ou mesmo nenhum, mas nada obsta que escolham recursos inclusive afinados a tecnologias de informação e conhecimento, desde que isso não descaracterize a técnica centrada no professor – pense-se, v.g., numa aula expositiva com tópicos projetados em *data show*. Ao contrário, o professor que opta pelo método construtivista, por coerência, há que usar técnicas que valorizam a participação discente, como os debates, e, eventualmente, ampliar os tipos de recursos didáticos se e quando isso se mostrar necessário para a implementação da técnica.

A relação de ensino é intencional, porque há um propósito, que é a aprendizagem, ou, ainda mais especificamente, uma aprendizagem que equivalerá à formação de cidadãos aptos à participação qualificada no discurso público. Além do mais, aula, por definição, é uma atividade cuja operacionalização depende de um planejamento, e a metodologia é uma maneira de assegurar a sua consecução.[434] Ora, se esse é o caso, escolhas metodológicas não são de pequena importância.

A primeira questão a ser enfrentada é, então, se tais escolhas devem ser atribuídas exclusivamente à administração universitária ou também aos professores. Como se sabe, no bojo dos planos de ensino das disciplinas universitárias, além do conteúdo a ser ensinado, costumam estar dispostos os métodos, as técnicas de ensino e os recursos didáticos, numa relação concatenada. Conforme já se disse anteriormente acerca dos conteúdos disciplinares, os programas constituem apenas pontos de partida. Cabe avaliar se também o são em relação às deliberações institucionais de cunho metodológico, ou se, ao contrário, há razões que justifiquem a supressão do direito de o professor realizar escolhas dessa natureza.

A figura abaixo expõe os elementos estruturantes da organização didática de uma aula universitária e, ao fazê-lo, explicita as relações entre os elementos metodológicos tratados, bem como entre eles e o conteúdo a ser ensinado, além de denotar a posição de um sujeito competente para tomar decisões atinentes à gestão da sala de aula: se a IES, por meio do seu corpo diretivo; se o professor; ou ainda, se ambos, com limites bem definidos a demarcarem quando se trata da atuação de cada um.

---

[434] GIL, Antônio Carlos. *Didática do ensino superior*. São Paulo: Atlas, 2007. p. 99.

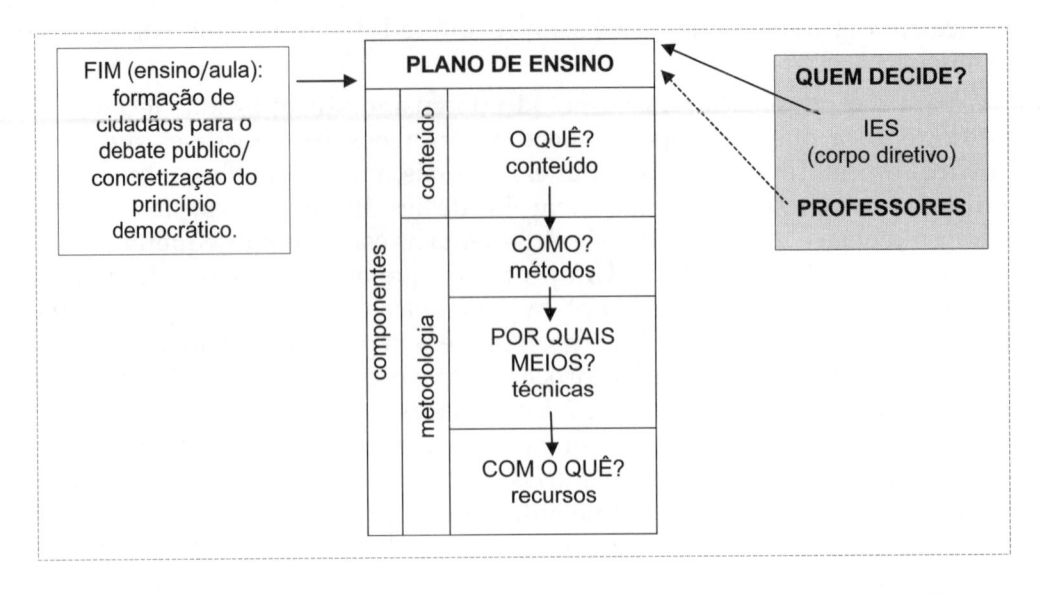

```
┌─────────────────┐    ┌─────────────────────────┐     ┌──────────────────┐
│ FIM (ensino/aula):│──▶│     PLANO DE ENSINO     │◀────│   QUEM DECIDE?   │
│  formação de     │    │  ┌──┬──────────────┐    │     │                  │
│ cidadãos para o  │    │  │c │   O QUÊ?     │    │     │      IES         │
│ debate público/  │    │  │o │  conteúdo    │    │     │ (corpo diretivo) │
│ concretização do │    │  │n │              │    │     │                  │
│    princípio     │    │  │t │      ▼       │    │     │   PROFESSORES    │
│   democrático.   │    │  │e ├──────────────┤    │     └──────────────────┘
└─────────────────┘     │  │ú │   COMO?      │    │
                        │  │d │  métodos     │    │
                        │  │o │              │    │
                        │  │  │      ▼       │    │
                        │c ├──┤              │    │
                        │o │m │ POR QUAIS    │    │
                        │m │e │   MEIOS?     │    │
                        │p │t │  técnicas    │    │
                        │o │o │              │    │
                        │n │d │      ▼       │    │
                        │e │o │              │    │
                        │n │l │ COM O QUÊ?   │    │
                        │t │o │  recursos    │    │
                        │e │g │              │    │
                        │s │i │              │    │
                        │  │a │              │    │
                        └──┴──┴──────────────┘
```

Figura 2 – Elementos estruturantes da organização didática de uma aula universitária.[435]

Um argumento relevante para o afastamento do poder de escolhas metodológicas do domínio do professor é a já radiografada falta ou existência precária de formação didático-pedagógica dos professores do ensino superior. Salvos os cursos de licenciatura,[436] nos quais a prática do ensino é componente curricular, a formação em nível de graduação não fornece ao profissional o suporte técnico para escolhas orientadas a respeito de métodos, técnicas e recursos. Um professor de Direito ou de Engenharia, que são cursos que só se apresentam na modalidade bacharelado,[437] conclui o ensino superior sem habilitação formal para a docência. Pode-se argumentar que as circunstâncias preparatórias para a docência no âmbito do aperfeiçoamento profissional em nível superior são o mestrado e o doutorado, e que sua feitura é suficiente para o empoderamento do professor para a tomada de decisões de viés metodológico. A própria LDB parece, aliás, considerá-los satisfatórios ao enunciar, em seu artigo 66, que "a preparação para o exercício do magistério superior far-se-á em nível de pós-graduação, prioritariamente em programas de mestrado e doutorado".

---

[435] A figura foi elaborada com base na que produz VEIGA, Ilma Passos Alencastro. Organização didática da aula: um projeto colaborativo de ação imediata. In. —— (Org.). *Aula*: gênese, dimensões, princípios e práticas. Campinas: Papirus, 2008. p. 275.

[436] É "curso superior que confere ao diplomado competências para atuar como professor na educação básica, com o grau de licenciado" (artigo 4.1.2), cf. BRASIL. MEC. *Portaria Normativa n° 40*, de 12 de dezembro de 2007. Disponível em: <http://portal.mec.gov.br/index.php?option=com_docman&view=download&alias=16763-port-norm-040-2007-seres&Itemid=30192>. Acesso em: 09 set. 2016.

[437] Consiste em "curso superior generalista, de formação científica ou humanística, que confere ao diplomado competências em determinado campo do saber para o exercício de atividade profissional, acadêmica ou cultural, com o grau de bacharel" (artigo 4.1.1), cf. BRASIL. MEC. *Portaria Normativa n° 40*, de 12 de dezembro de 2007. Disponível em: <http://portal.mec.gov.br/index.php?option=com_docman&view=download&alias=16763-port-norm-040-2007-seres&Itemid=30192>. Acesso em: 09 set. 2016.

É bem verdade que o problema é minimizado nesse último caso, embora se compreenda que ele não deixa de existir, especialmente por causa de uma disfunção das próprias estruturas curriculares dos cursos, que preveem poucas circunstâncias de vivência gerencial de sala de aula aos alunos (em regra, elas se resumem ao estágio docente) e apenas algumas horas reservadas a disciplinas formativas (por vezes, inclusive, opcionais), como a de Metodologia do Ensino Superior. Os resultados disso são um professor iniciante que aprende enquanto ensina, um ensino prejudicado no condizente à estruturação da aula e uma aprendizagem comprometida,[438] tudo embalado pela crença de que "quem sabe, automaticamente, sabe ensinar".[439]

Mas o fato de este ser o estado de coisas não é razão válida para reduzir o âmbito de proteção do direito à liberdade de ensinar do professor no que diz respeito às escolhas metodológicas. A bem dizer, o que cabe repensar são os meios de promover capacitação docente de natureza didático-pedagógica, de maneira a permitir ao professor tomar melhores decisões metodológicas e aperfeiçoar a aprendizagem dos alunos, tendo em conta a responsabilidade constitucional de formar cidadãos. Capacitações institucionais e reestruturação dos currículos de pós-graduação são saídas potencialmente eficazes para tal fim.

Assim, no que diz respeito à metodologia, ocorre algo semelhante ao que se dá acerca do conteúdo a ser ensinado. A administração institucional toma a primeira decisão sobre métodos, técnicas e recursos e a inscreve nos programas de ensino. Contudo, diversamente do que ocorre quanto aos conteúdos – condicionados também por normas externas às Instituições, como as DCN e outras Resoluções e Portarias do CNE, que estabelecem diretrizes curriculares mínimas atinentes ao conteúdo, razão por que um professor não pode deixar de ensinar algo programado –, no caso das deliberações metodológicas, em regra, não incorre em conduta constitucionalmente inadequada o professor que não acolhe as escolhas institucionais e as substitui por outras.

Entende-se que isso é assim por duas razões. Decisões metodológicas não podem ser tomadas suficientemente em abstrato sem considerar as características próprias da relação entre o professor e os alunos. Há professores que desempenham melhor aulas expositivas dialogadas do que conduzem estudos dirigidos, e vice-versa. Do mesmo modo, há alunos para os quais a promoção de debates sem recursos pedagógicos tecnológicos é mais eficaz na promoção da aprendizagem do que a distribuição de tarefas em plataformas eletrônicas. O que se quer dizer é que as escolhas metodológicas contidas nos planos de ensino devem ser entendidas como sugestões institucionais, que podem ou não ser aplicadas, porque o ensino é um processo, e, como tal, merece reavaliações contínuas. Se, porventura, uma reavaliação resultar na conclusão de que, para determinados alunos, o uso das técnicas ou recursos indicados não está alcan-

---

[438] FERENC, Alvanize Valente Fernandes; Mizukami, Maria da Graça Nicoletti. Formação de professores, docência universitária e o aprender a ensinar. *Anais do VIII Congresso estadual paulista sobre formação de educadores* – Formação docente para o ensino superior. 2005. p. 04-11.

[439] MASETTO, Marcos Tarciso. *A competência pedagógica do professor universitário*. São Paulo: Summus, 2003. p. 15.

çando o objetivo almejado, então será preciso substituí-los ou aplicá-los com algum tipo de ajuste.

Em virtude disso – e aqui reside um ponto sabidamente controvertido – professores possuem o direito de recusar a aplicação de técnicas e recursos pedagógicos, ainda que eles sejam populares ou depositem-se sobre eles largas expectativas. Nessa cena, uma atenção particular merece ser dada ao uso dos recursos de tecnologia de informação e conhecimento para o ensino, dada a vultosa confiança em seus efeitos. É comum a afirmação de que, como nenhum outro recurso, as tecnologias fomentam a educação superior.[440] Ainda que isso seja verdade – e se crê que seja –, convém ponderar que seu uso é mais o produto de um consenso (bastante largo, é verdade!) do que de um verdadeiro determinismo.[441] Além do mais, é preciso frisar que a eficiência de técnicas e recursos depende mais do contexto de sua aplicação do que de qualidades supostamente intrínsecas,[442] e isso vale também no caso das tecnologias.

Ao corpo diretivo compete apenas vetar decisões metodológicas tomadas pelo corpo docente. Elas podem ser incompatíveis com as condições de que dispõe a IES, com a filosofia institucional ou com a malha jurídico-normativa, em termos gerais. Em qualquer caso, cabe à Instituição o ônus de justificar a impossibilidade da execução das escolhas feitas pelo professor.

Uma opção metodológica pode ser inexecutável por exclusiva ausência de aportes estruturais ou de pessoal. Um professor sabe que o espaço não é um mero local em que se dá a aprendizagem – ele é determinante sobre a ela.[443] Nesse sentir, é possível que um professor requisite à IES a alteração das adaptações da sala de aula, a fim de que seja inserido um mobiliário que permita facilmente a formação de grupos de alunos. Seus argumentos para o uso de tal recurso são inquestionavelmente relevantes. Móveis leves favorecem a configuração da sala de aula de maneiras distintas a depender da técnica de ensino que se queira empregar, possibilitam a desconstrução do modelo tradicional de aula, retirando o professor do seu centro, e, por tudo isso, alinham-se ao ensino construtivista, supostamente correspondente à filosofia institucional. A falta de aporte estrutural torna uma escolha metodológica dessa natureza meramente facial. Ela não existe se as condições de fato inviabilizam sua feitura. Nesse sentido, há limitações à liberdade de escolha metodológica derivadas da ausência ou precariedade estrutural. Trata-se de limitações fáticas.

Por outro lado, pode ocorrer de uma escolha metodológica esbarrar em princípios caracterizadores da filosofia institucional. Pense-se num professor

---

[440] SILVIO, José. *La virtualización de la universidad*. Caracas: Unesco, 2000. p. 185-6.

[441] MOLINARO, Carlos Alberto; SARLET, Ingo Wolfgang. "Não existe o que panoramicamente vemos no céu": o ponto-cego do direito (políticas públicas sobre regulação em ciência e tecnologia). In. SAAVEDRA, Giovane Agostini; LUPION, Ricardo (Orgs.). *Direitos fundamentais*: direito privado e inovação. Porto Alegre: Edipucrs, 2012. p. 24.

[442] BLÁZQUEZ ENTONADO, Florentino. Los médios tecnológicos en la acción didáctica. In. RODRÍGUES DIÉGUEZ, José Luis; SÁENZ BARRIO, Óscar. *Tecnología educativa*: nuevas tecnologías aplicadas a la educación. Alcoy: Marfil, 2001. p. 71.

[443] CHISM, Nancy Van Note. Challenging traditional assumptions and rethinking learning spaces. In. OBLINGER, Diana G. (Ed.). *Learning spaces*. Boulder: Educause, 2006. [p.?].

do curso de Comunicação Social de uma IES confessional católica que use como técnica para o ensino do tópico "jornalismo investigativo" a exibição e discussão do filme *Spotlight*, cujo enredo é centrado em uma equipe de jornalismo que investiga casos de abuso sexual e pedofilia envolvendo membros da arquidiocese de Boston. Já se disse antes que, qualquer que seja a orientação de uma IES, ela não pode se sobrepor à finalidade do ensino. Sendo esse o caso, não se está diante de uma ocasião apta a justificar restrições à liberdade de ensinar.

Numa última hipótese, escolhas metodológicas podem incorrer em atos juridicamente proibidos. Pense-se num professor de Medicina Veterinária que opte pela utilização de animais para o ensino do sistema cardiovascular de uma determinada espécie. A opção pelo recurso demandará a seleção de animais, seu anestesiamento e, eventualmente, a introjeção de substâncias que viabilizem a análise dos movimentos cardíacos dos animais. A técnica de ensino e o recurso requeridos são regidos pela Lei nº 11.794/2008. Ela restringe o uso de animais ao ensino superior e ao ensino técnico de nível médio da área biomédica (artigo 1º, § 1º) e determina que a utilização de animais seja a mínima indispensável para produzir o resultado desejado, poupando-se o animal de sofrimento o quanto possível (artigo 14, § 4º). Conjuntamente, a Lei de Crimes Ambientais – Lei nº 9.605/1998 –, em seu artigo 32, tipifica como crime "praticar ato de abuso, maus-tratos, ferir ou mutilar animais silvestres, domésticos ou domesticados, nativos ou exóticos", atribuindo a pena de detenção, de três meses a um ano, e multa, para aquele que o pratica, inclusive se "realizada experiência dolorosa ou cruel em animal vivo, *ainda que para fins didáticos ou científicos, quando existirem recursos alternativos*" (§ 1º) [grifo nosso].[444] No mais, é de ressaltar a existência de proposições normativas que visam a eliminar completamente o uso de animais para fins de ensino se a atividade se voltar ao desenvolvimento de produtos de uso cosmético em seres humanos (PL 6.602/2013),[445] ou não se dê seguida da imediata soltura do animal ou visando à elaboração de exame diagnóstico e terapêutico para subsequente tratamento do animal (PL 1.798/2015)[446]

Fala-se, assim, em ensino e pesquisa orientados por um modelo designado 3'Rs *(Reduction, Refinement e Replacement)*, com o qual se busca a utilização mínima (redução) de animais e de forma adequada (refinamento), além do uso

---

[444] Para os fins de interpretação normativa, consideram-se maus-tratos o exagero quanto aos meios utilizados, enquanto o abuso está relacionado a privações assistenciais, alimentares, entre outras, que ponham em risco a vida e a saúde do animal, COSTA NETO, Nicolao Dino de Castro e; BELLO FILHO, Ney de Barros; COSTA, Flávio Dino de Castro e. *Crimes e infrações administrativas* – comentários à Lei nº 9.605/98. 2. ed., Brasília: Brasília Jurídica, 2001. p. 211-12.

[445] BRASIL. CÂMARA DOS DEPUTADOS. *PL 6.602/2013*. Altera a redação dos arts. 14, 17 e 18 da Lei nº 11.794, de 8 de outubro de 2008, para dispor sobre a vedação da utilização de animais em atividades de ensino, pesquisas e testes laboratoriais com substâncias para o desenvolvimento de produtos de uso cosmético em humanos e aumentar os valores de multa nos casos de violação de seus dispositivos. Ricardo Izar. Apresentação em: 22/10/2013.

[446] BRASIL. CÂMARA DOS DEPUTADOS. *PL 1.798/2015*. Proíbe o uso de animais não-humanos vivos nos estabelecimentos de ensino público e privado em todo o Território Nacional. Ricardo Izar. Apresentação em: 03/06/2015.

de alternativas sempre que cabível (substituição).⁴⁴⁷ Uma IES, por meio de suas Comissões de Ética no Uso de Animais, cuja instalação é obrigatória conforme a Lei nº 11.794/2008, deve examinar, previamente, os procedimentos de ensino a serem realizados na Instituição (artigo 10, inciso II) e determinar a paralisação de sua execução, caso incompatíveis (artigo 10, § 1º). Assim sendo, no caso enunciado, se, porventura, professores dispuserem de meios alternativos para o ensino do tema que sejam capazes de fomentar a aprendizagem, então não há que falar em liberdade para a escolha de animais a título de experimentação, mesmo que para fins didáticos.

Havendo métodos alternativos, acaso se dê o uso de animais, a conduta constituirá crime, posto que seu uso será desproporcional por ausência de necessidade. Por métodos alternativos compreende-se, conforme o Decreto nº 6.899/2009, artigo 2º, inciso II, todos os "procedimentos validados e internacionalmente aceitos que garantam resultados semelhantes e com reprodutibilidade para atingir, sempre que possível, a mesma meta dos procedimentos substituídos", sendo eles os que "a) não utilizem animais; b) usem espécies de ordens inferiores; c) empreguem menor número de animais; d) utilizem sistemas orgânicos ex vivos; ou e) diminuam ou eliminem o desconforto". Ou seja, são métodos alternativos tanto aqueles que dispensam o uso de animais, quanto os que reduzem o número utilizado ou, ainda, minimizem ou eliminem o seu desconforto.

Além do mais, é de lembrar que, ainda quando utilizados, a liberdade de ensinar do professor encontra limites na liberdade de consciência dos alunos, razão pela qual estes últimos não podem ser obrigados a manipular animais em sala de aula quando isso ferir as suas crenças, cabendo-lhes o direito de objetar a prática por razões de consciência (CF, artigo 5º, inciso VIII).

Acerca da amplitude das escolhas metodológicas em face de proibições jurídicas, destaca-se também o constante no artigo 2º da Lei de Biossegurança – Lei nº 11.105/2005 –, conforme o qual, "as atividades e projetos que envolvam OGM [organismos geneticamente modificados] e seus derivados, relacionados ao *ensino* com manipulação de organismos vivos [...] ficam restritos ao âmbito de entidades de direito público ou privado" [grifo nosso]. Na sequência, o artigo 3º, inciso V, da normativa, define organismo geneticamente modificado como aquele cujo material genético foi alterado por qualquer técnica de engenharia genética. O uso inadequado de OGM pelas entidades mencionadas ou desprovido de autorização por parte da Comissão Técnica Nacional de Biossegurança (CTNBio) redunda em responsabilização civil, administrativa ou penal da IES, nos termos da lei em causa.

Na mesma esteira, grifa-se a previsão, no Código de Ética Médica Brasileiro, da vedação de "praticar a Medicina, *no exercício da docência*, sem o consentimento do paciente ou de seu representante legal, sem zelar por sua dignidade e privacidade ou discriminando aqueles que negarem o consentimento solici-

---

⁴⁴⁷ BRYAN, Howard. The three R's and animal care and use. In: FEIJÓ, Anamaria Gonçalves dos Santos *et al.* (Orgs.). *Animais na pesquisa e no ensino*: aspectos éticos e técnicos. Porto Alegre: EDIPUCRS, 2010. p. 89-111.

tado" (artigo 110)[448] [grifo nosso]. O dispositivo recoloca em pauta – dessa vez na seara do ensino – o dever de consentimento do paciente, sem o qual sequer se pode cogitar de um direito do professor médico usar pacientes (e os seus dados) para fins pedagógicos, ainda que haja comprovação de um ganho real no que se refere ao aprendizado do tema pautado. Dessa sorte, também aqui é imperativo reconhecer o consentimento como um autêntico desdobramento da autonomia, daí o porquê de necessariamente ser livre e informado.[449]

A mais que isso, sublinhe-se a discussão acerca do uso de material biológico humano para fins de ensino. Segundo a Resolução da Diretoria Colegiada nº 81/2008, da Agência Nacional de Vigilância Sanitária (Anvisa), a importação de material biológico humano é permitida para fins terapêuticos, não restando claro se se justifica para fins de ensino. Em seu Capítulo XXIII, a resolução dispõe apenas que "1. o ingresso no território nacional de células e tecidos somente será autorizado mediante comprovação da sua *finalidade terapêutica* pelo importador..." [grifo nosso].

Finalmente, compete analisar o que diz respeito à elaboração e à aplicação de avaliações enquanto domínios de exercício da liberdade de ensinar docente. De logo, toma-se como posto que o ato de avaliar transcende o objetivo de aferir o conhecimento ensinado – ele próprio é ocasião para ensinar. É que as experiências de avaliação afetam as atitudes futuras dos alunos em sala de aula, e isso é de tal dimensão que se pode até aludir a ganhos ou perdas de aprendizagem de estudantes universitários em razão da adequação dos métodos de avaliação.[450] Assim sendo, a composição e aplicação de avaliações requerem escolhas de ordem metodológica, daí que falar de restrições à liberdade de ensinar no tocante aos métodos, técnicas e recursos é igualmente enveredar pelos limites da avaliação do corpo discente.

Como ensina Cipriano Luckesi, a avaliação compreende dois atos relacionados: diagnosticar e decidir.[451] O ato de diagnosticar consiste em constatar o estado de algo, no caso, o conhecimento do aluno a partir do conteúdo ofertado como resposta às requisições do professor. Ele é seguido do ato de decidir sobre o valor do conhecimento apresentado, o que implica um juízo quanto à sua correção e suficiência. Há um constrangimento evidente à liberdade docente nesse ponto: o momento de avaliação não autoriza o professor a juízos arbitrários, quer dizer, não fixados em critérios previamente anunciados. Compete-lhe esclarecer os parâmetros de avaliação, tal como cabe aos alunos exigir que eles sejam dados.

---

[448] BRASIL. CFM. *Resolução nº 1.931/2009*. Disponível em: <http://www.cremego.cfm.org.br/index.php?option=com_content&view=article&id=21000>. Acesso em: 04 jun. 2016.

[449] "Por consentimento informado, entende-se a manifestação da vontade e da livre concorrência de vontades entre as partes de uma relação, isto é, a real expressão da autonomia", assim, SALES, Gabrielle Bezerra. A doutrina do consentimento informado: do direito fundamental à informação aos limites da capacidade de anuir no uso das técnicas de reprodução assistida. *Pensar*. v. 14, n. 1, 2009. p. 43.

[450] Assim, GARCIA, Joe. Avaliação e aprendizagem na educação superior. *Estudos em Avaliação Educacional*. v. 20, n. 43, 2009. p. 201-13.

[451] LUCKESI, Cipriano Carlos. O que é mesmo o ato de avaliar a aprendizagem? *Pátio Revista Pedagógica*. n. 12, v. 4, 2000. p. 06-11.

Em termos substanciais, tais critérios são fixados com base no conteúdo programático da disciplina ministrada. Desse modo, não toca ao professor de uma disciplina avaliar o desempenho de um aluno acerca de um conteúdo diverso daquele que corresponde à disciplina ministrada. Dentro das margens impostas pelo conteúdo, o professor tem ampla liberdade para fazer escolhas tangentes à avaliação. Provas escritas e orais, debates, seminários são meios costumeiros de avaliar alunos no âmbito do ensino superior, e escolher entre um e outro é parte de sua atribuição na gestão da sala de aula.

Assim sendo, entende-se que, no que corresponde às opções metodológicas atinentes à avaliação, a opção é do professor, não da IES, cabendo a essa última vetar maneiras de avaliar inadequadas, tendo como diretrizes as razões elencadas no tocante à eleição das técnicas de ensino e dos recursos didáticos. Aqui, como no que se disse acerca das escolhas referentes aos conteúdos a serem ensinados e à metodologia, em termos gerais, não se pode perder de vista a finalidade do ensino e do exercício do direito à liberdade de ensinar, qual seja a capacitação de cidadãos para o debate público, de maneira que a preferência por técnicas e recursos avaliativos é validada na medida em que é apta para fomentá-la.

4. Síntese conclusiva: uma aproximação ao âmbito de proteção real do direito à liberdade de ensinar a partir da projeção de conflitos

Em certa ocasião, Owen Fiss escreveu que restrições impostas à liberdade de expressão têm efeitos diretos sobre a dinâmica e o resultado do debate público em Estados Democráticos.[452] A medida da liberdade é circunscrita tendo em vista a necessidade de compatibilizar a aspiração de pluralidade com a criação de condições para a própria desenvoltura do discurso.

O argumento se aplica à liberdade de ensinar. Os limites reconhecidos à liberdade de ensinar são uma forma de assegurar que o discurso público se dê e que nele ideias distintas possam coexistir, e isso importa alguma redução das expectativas geradas pela positivação do direito dada a sua coexistência com outros. Ou seja, visando a fomentar o princípio democrático, nem tudo merece ser dito e nem toda forma de dizer é admissível sob o manto da liberdade de ensinar.

O propósito destas notas finais é realçar alguns pontos que estão por detrás dessa afirmação. Isso equivale a sintetizar aquilo que se compreende como sendo a leitura constitucionalmente adequada da liberdade de ensinar levando em consideração o contexto do ensino superior brasileiro. Para executá-la, algumas precauções são tomadas. Em primeiro lugar, é preciso esclarecer que esse processo equivale a uma aproximação ao âmbito de proteção real da liberdade de ensinar. Por se tratar de uma aproximação, o resultado é inescapavelmente parcial. Em segundo lugar, por tal aproximação se dar no plano teórico,

---

[452] FISS, Owen. El efecto silenciador de la libertad de expresión. *Insonomía*. n. 4, 1996. p. 26.

ela tem algum défice em relação a qualquer ocorrência fática de conflito envolvendo a liberdade de ensinar, porque, ainda que se deseje, não é possível atentar para *nuances* muito sutis que envolvem casos concretos, e que, invariavelmente, têm o poder de modificar, em alguma largura, os posicionamentos aqui firmados.

Da forma que versada com o amparo da *"for the common good" school*, a liberdade de ensinar consiste no direito de o professor tomar decisões acerca do conteúdo e da metodologia de ensino, tendo em vista o propósito de promover uma educação apta a qualificar cidadãos para o debate público sobre questões de relevo para uma democracia. Restrições que recaem sobre a liberdade de ensinar atingem um dos dois âmbitos decisórios reservados aos professores. Quer dizer, ora incidem sobre a eleição e tratamento dos conteúdos, ora sobre as escolhas metodológicas para ensiná-los.

As expectativas mais abrangentes que se pode ter em relação às duas esferas são as de que, no gozo da liberdade de ensinar, professores têm o direito de dispor livremente sobre o conteúdo e a metodologia para ensiná-lo. Detalhadamente, isso significa poder dizer tudo o se que quiser (e, claro, não dizer o que não se quiser) sobre o conteúdo disciplinar, seguindo os roteiros e referenciais teóricos desejados, no tempo entendido como conveniente. Para isso, caberia optar-se por qualquer método de ensino, bem como por técnicas e recursos didáticos entendidos como pertinentes.

Esse sentido da liberdade de ensinar é inexequível. A fórmula constitucionalmente adequada de compreendê-la reconhece que o direito se porta no ordenamento jurídico lado a lado com outros igualmente relevantes, razão pela qual, em sua apresentação verdadeira, ele é a depuração do que é possível extrair dos conflitos nos quais se envolve.

No capítulo 2, tomando em consideração a ordem jurídica brasileira, notou-se que a liberdade está submetida a uma rede de condicionamentos advindos da relação entre professores e atores institucionais e não institucionais – corpo diretivo e alunos são exemplos dos primeiros; o Estado, o mercado e a sociedade compõem o segundo grupo –, e uma malha de direitos e deveres projetados na legislação dá o tom da liberdade de ensinar nas Instituições de Ensino Superior públicas e privadas do país. De alguma maneira, quando lá se tratava das normativas em matéria educacional contidas no ordenamento pátrio, já se executava, a passos miúdos, uma aproximação ao conteúdo efetivamente protegido pelo direito à liberdade de ensinar.

Mas é propriamente por ocasião deste capítulo final que as questões mais sensíveis referentes à liberdade de ensinar foram enfrentadas, de modo que só agora é que se pode, com um grau maior de precisão, dizer do que se fala quando se fala em tal direito.

Um conjunto de ideias-chave resultantes da interpretação da liberdade de ensinar no Brasil pode ser formulado. Para começar, ela (a) comporta o direito/dever de ensinar, no mínimo, o conteúdo disposto nos currículos e planos de ensino, ou seja, ao professor não é concedida a faculdade de deliberar sobre o cabimento de versar sobre um tema programado. Trata-se de uma decisão desproporcional se comparada ao grau de importância do direito a aprender do corpo discente. Ademais, a liberdade (b) faculta ao professor tomar decisões referentes à carga horária da disciplina, podendo distribuí-la ou redistribuí-la. Essas decisões são limitadas apenas pelo tempo total conferido ao componente curricular. Da mesma maneira, (c) compete ao docente eleger a ordem de ensino dos temas previstos nos planos e currículos e (d) fazer escolhas e indicações bibliográficas sobre os temas disciplinados, sem desprezar aquelas neles indicadas. Para além disso, a liberdade de ensinar (e) evoca a possibilidade de o professor versar sobre temas conexos àqueles contidos no programa disciplinar, a fim de facilitar o aprendizado dos alunos, caso o conteúdo eleito pertença à sua área de formação – caso não o seja, ele possivelmente estará acobertado pela dimensão extramuros da liberdade acadêmica.

Acerca de temas polêmicos, a liberdade de ensinar abarca (f) o direito de o professor enfrentá-los e emitir suas preferências sobre questões técnicas. Mas isso não equivale a dizer que possui o direito de suprimir do processo de ensino modelos explicativos com os quais ele não concorde e tomar decisões em relação ao corpo discente que desfavoreça aqueles que compreendem pertinentes os modelos que julga equivocados, mais uma vez em prestígio ao direito de aprender dos alunos. Ainda nesse passo, ela (g) abarca o direito de o professor defender teses impopulares, na medida em que tais pronunciamentos constituam mera expressão, sem prejuízo da responsabilização cível e criminal, acaso transborde os limites daquela.

Por fim, (h) cabe ao professor tomar decisões metodológicas, no geral. A ausência de concordância institucional quanto às escolhas efetuadas há que ser justificada. Serão constitucionalmente válidas e proporcionais as recusas que se firmarem em impeditivo legal; não o serão aquelas fundadas exclusivamente no descompasso entre a metodologia e a ideologia institucional não relacionada diretamente à educação; e, circunstancialmente, podem ser plausíveis aquelas que decorrerem da falta de aporte institucional, em que pese, nesse ponto, a demanda docente deva servir como motriz para a otimização dos espaços e recursos institucionais de ensino, ainda que progressivamente.

Esse roteiro tem a pretensão de conferir alguma segurança ao exercício da liberdade de ensinar no campo do ensino superior brasileiro. Supõe-se que a imprecisão quanto ao seu conteúdo vertiginosamente compromete não apenas a profissão docente como a própria finalidade do ensino, causando prejuízos de grande extensão ao debate público democrático. Ainda que não se possa garantir que tal formulação promova sempre acordos práticos, a sua feitura certamente é válida se entendida como parâmetro interpretativo do direito em análise. Quer dizer, ela é uma maneira de contribuir com a tomada de decisões constitucionalmente adequadas no cerco do processo educacional.

Conclusão

À maneira de desfecho, convém apresentar uma síntese das ideias nucleares desenvolvidas até aqui, o que equivale a repercorrer a trilha desenvolvida para a testagem da hipótese levantada nas considerações introdutórias desta obra, cuja finalidade é apresentar uma resposta provisória ao seguinte problema: que limites e restrições à liberdade de ensinar são legítimos no contexto brasileiro?

De início, considerou-se que a liberdade de ensinar do professor está sujeita a limites e restrições atinentes ao conteúdo a ser ensinado e à metodologia a ser utilizada, desde que com isso não se afete o núcleo caracterizador do projeto pedagógico institucional. Assim formulada, a hipótese apresentava-se crua e atomizada, prestando-se muito pouco a dar conta da multiplicidade de questões que ocupam com relativa persistência as salas de aula dos *campi* universitários.

Para trazer à superfície tais questões e avaliar o comportamento interpretativo constitucionalmente adequado da liberdade de ensinar no Brasil, dividiu-se o caminho em 3 (três) etapas. As linhas seguintes correspondem aos extratos centrais de cada uma delas.

O capítulo 1 destinou-se à apresentação da *"for the common good" school theory*, com atenção aos ensinamentos de Robert Post, dado o destaque que possui enquanto seu representante. Assim, entendeu-se que:

1. Instituições de Ensino Superior possuem uma missão específica. Elas devem servir como instâncias de produção de conhecimento especializado, objetivando a formação de cidadãos competentes para uma participação qualificada no debate público. A finalidade democrática das Universidades faz da liberdade acadêmica uma condição para a concreção do princípio democrático – esse último ganha em efetividade assegurando-se aquela.

2. A produção de conhecimento especializado depende de um conjunto de regras. É que, ao contrário de outra arena pública, as IES têm as suas atividades firmadas em acordos significativos quanto ao que é (e ao que não é) academicamente pertinente. No mais, as regras servem também para conformar a relação entre os agentes pertencentes à cena educacional, especialmente o corpo diretivo institucional, os alunos e os professores.

3. A liberdade acadêmica é um direito amplo que abarca a liberdade de pesquisa e publicação, a liberdade de ensinar em sala de aula, a liberdade de

manifestação extramuros e a liberdade intramuros. É a liberdade de ensinar que pertence ao centro das atenções desta obra, e ela consiste no direito de o professor tomar decisões atinentes à gestão da sala de aula no tocante ao conteúdo a ser ensinado e à metodologia a ser utilizada.

No capítulo 2, passou-se ao estudo particular da liberdade de ensinar no Brasil, considerando-se a malha normativa de matriz constitucional e infraconstitucional correlata. Ali, pode-se compreender que:

1. A liberdade de ensinar é um direito autônomo, apesar de umbilicalmente relacionado a outros direitos fundamentais, notadamente aos direitos comunicacionais, à liberdade de profissão e ao direito à educação. Para mais que isso, a liberdade de ensinar está textualmente relacionada ao princípio democrático, no artigo 205 da CF.

2. Ademais, constitui um direito fundamental, daí o porquê de sobre ele recair o regime protetivo reservado aos direitos fundamentais. A sua fundamentalidade decorre da matéria (quer dizer, é um direito do tipo materialmente fundamental) e a sua incursão no bloco de direitos fundamentais é viabilizada pela cláusula de abertura contida no artigo 5º, § 2º, da CF.

3. A incidência da liberdade de ensinar se dá nos âmbitos público e privado, ressalvadas as nuances em cada esfera. No primeiro, a liberdade é exercida em espaços educacionais criados e mantidos pelo Estado, ao passo que, no último, dela faz-se uso em IES administradas por pessoas físicas ou jurídicas de direito privado, nos termos do artigo 19, inciso II, da LDB.

4. Enquanto direito complexo, a liberdade atribui aos seus titulares (que são, em particular, os professores) expectativas positivas e negativas em relação aos seus destinatários, enquanto sobre esses últimos recai um plexo de deveres positivos e negativos – quer dizer, ora devem criar condições de exercício da liberdade de ensinar, ora calha que se abstenham para não impedir ou dificultar o seu gozo.

O capítulo 3 congrega a projeção de potenciais conflitos envolvendo a liberdade de ensinar e direitos fundamentais com os quais coexiste. Quis-se operar a saída do âmbito de proteção *prima facie* da liberdade de ensinar definido no capítulo 1 e, considerando-se os recortes tangencialmente realizados no capítulo 2, colorir, na etapa de desfecho, o âmbito de proteção definitivo da liberdade de ensinar no Brasil. *En passant,* o que se obteve, finalmente, foram as conclusões de que:

1. A liberdade de ensinar não autoriza o professor a lecionar aquém do conteúdo previsto nos currículos e planos de ensino. Supor-se um direito subjetivo de excluir conteúdo conforme avaliação própria do professor equivaleria a abalizar uma afetação desproporcional à liberdade de aprender dos alunos.

2. Mas a liberdade docente permite a tomada de decisões relativas à carga horária das disciplinas (distribuição e redistribuição), à ordem de ensino dos temas previstos nos planos e currículos, bem como no tocante às indicações bibliográficas sobre os temas disciplinados.

3. De relevo, é o direito que possuem os professores para versarem sobre temas conexos àqueles contidos nos programas disciplinares, toda vez que isso consistir em uma estratégia eficiente para a otimização do aprendizado.

4. Em salas de aula, é tão previsível quanto recorrente que temas polêmicos ocupem a pauta de discussões disciplinares. A liberdade de ensinar autoriza o professor a enfrentá-los e emitir suas preferências sobre questões técnicas, sem que isso prefigure doutrinação. Contudo, é uma afetação desproporcional à liberdade de aprender dos alunos que, nesse seguimento, o professor suprima o ensino de modelos explicativos com os quais ele não concorde. Ademais, a liberdade de ensinar confere ao professor o direito de defender teses impopulares enquanto constituírem mera expressão, sem prejuízo da responsabilização cível e criminal, acaso transbordem os limites daquela. Frisa-se, ainda, ser inconcebível sustentar um suposto direito dos alunos de não terem suas convicções (técnicas, políticas, ideológicas, religiosas...) afetadas pela fala do professor, bem como a demanda desarrazoada de que professores pautem seu exercício profissional levando em consideração definições exclusivamente subjetivas de ofensividade.

5. Compete ao professor tomar decisões metodológicas. Não havendo anuência institucional quanto às escolhas operadas pelo professor, ela deve ser sempre justificada, sendo cabíveis aquelas fundadas em vedações legais; descabidas aquelas estritamente descompassadas em relação à ideologia institucional; e, possivelmente aceitáveis aquelas que decorrerem da falta de amparo institucional para a sua consecução.

Recontar o percurso de uma obra ao modo de conclusão não é – como se poderia supor – apenas retirar do texto o que, na perspectiva do autor, corresponde às colunas principais que o suporta. Contar de novo é sempre fazê-lo diferente, é estranhamente contar pela primeira vez. Retrospectivamente, é também observar o feito e silenciosamente convidar alguém para que se torne, a partir de então, o seu autor.

Em *Ficções*, J. L. Borges diz de um empreendimento assombroso que consiste em reescrever *Quixote* – linha por linha e palavra por palavra – sem que se seja Cervantes. O texto final, ainda que seja igual, será outro, porque, quem escreve, o faz a partir do turbilhão de suas próprias experiências. A alegoria é expressão do desejo de que este livro sirva de prefácio a outros desdobramentos acerca da liberdade de ensinar, de sorte a assentá-la como pauta definitiva no âmbito das discussões referentes ao constitucionalismo, aos direitos fundamentais e à democracia, no Brasil.

Referências

ALEXANDER, Lawrence. Fish on academic freedom: a merited assault on nonsense, but perhaps a bridge too far. *FIU Law Review*. v. 9, 2013. p. 01-08.

ALEXY, Robert. *Teoria dos direitos fundamentais*. São Paulo: Malheiros, 2008.

ALPERSTEDT, Cristiane. Universidades corporativas: discussão e proposta de uma definição. *Revista de Administração Contemporânea*. v. 5, n. 3, 2001. p. 149-65.

ALSTYNE, William W. Van. Academic freedom and the first amendment in the Supreme Court of the United States: An unhurried historical review. *Law and Contemporary Problems*. v. 53, 1990. p. 79-154.

——. The constitutional rights of teachers and professors. *Duke Law Journal*. n. 5, 1970. p. 841-79.

——. The specific theory of academic freedom and the general issue of civil liberty. *William & Mary Law School Scholarship Repository*. paper 792, 1972. p. 140-56.

ALUNA da Ufba acusa professoras de racismo. Disponível em: <http://atarde.uol.com.br/bahia/salvador/noticias/1760319-aluna-da-ufba-acusa-professoras-de-racismo>. Acesso em: 07 jun. 2016.

ALUNAS de Pedagogia da UFPR denunciam professora por racismo. Disponível em: <http://www.gazetadopovo.com.br/vida-e-cidadania/alunas-de-pedagogia-da-ufpr-denunciam-professora-por-racismo-2ggohtnhx3x733xtyvulc39la>. Acesso em 10 jun. 2014.

ALUNOS acusam professor da UFMG de fazer comentários homofóbicos em sala. Disponível em: <http://educacao.uol.com.br/noticias/2015/04/09/alunos-acusam-professor-da-ufmg-de-fazer-comentarios – homofobicos-em-sala.htm>. Acesso em: 10 abr. 2014.

ALVES, Marcus Vinicius Pereira (Org.). *Divisão de segurança e informações do ministério da justiça (DSI/MJ):* inventário dos dossiês avulsos da série movimentos contestatórios. 2. ed. Rio de Janeiro: Arquivo, 2013.

AMARAL, Gustavo. *Direito, escassez e escolha:* em busca de critérios jurídicos para lidar com a escassez de recursos e as decisões trágicas. Rio de Janeiro: Renovar, 2001.

AMERICAN ASSOCIATION OF UNIVERSITY PROFESSORS. *1915 Declaration of Principles on Academic Freedom and Tenure.* Disponível em: <https://www.aaup.org/NR/rdonlyres/A6520A9D-0A9A-47B3-B550-C006B5B224E7/0/1915Declaration.pdf >. Acesso em: 10 nov. 2014.

——. *1940 Statement of Principles on Academic Freedom and Tenure.* Disponível em: <http://www.aaup.org/report/1940-statement-principles-academic-freedom-and-tenure#4>. Acesso em: 10 nov. 2014.

——. *1964 Statement on Extramural Utterance.* Disponível em: <https://portfolio.du.edu/downloadItem/153180>. Acesso em: 10 nov. 2014.

——. *1967 Joint statement on rights and freedoms of students.* Disponível em: <http://scholarship.law.duke.edu/cgi/viewcontent.cgi? article=4064&context=lcp>. Acesso em: 12 abr. 2016.

——. *1970 Freedom and responsibility.* Disponível em: <https://www.aaup.org/report/freedom-and-responsibility>. Acesso em: 03 ago. 2016.

——. *1992 On freedom of expression and campus speech codes.* Disponível em: <https://www.aaup.org/NR/rdonlyres/CCB4207F-81FA-4286-8E25-40185AD74519/0/OnFreedomofExpressionandCampusSpeechCodes.pdf>. Acesso em: 03 ago. 2016.

——. *2004 Academic Freedom and Electronic Communications.* Disponível em: <http://www.aaup.org/report/academic-freedom-and-electronic-communications-2014>. Acesso em: 06 dez. 2014.

——. *2007 Freedom in the classroom* – report. Disponível em: <https://graduate.asu.edu/sites/default/files/freedo-classrm-rpt.pdf>. Acesso em: 10 jun. 2016.

ANDRADE, José Carlos Vieira de. *Os direitos fundamentais na Constituição Portuguesa de 1976*. 2. ed. Coimbra: Almedina, 2001.

ARAGÃO, Alexandre Santos de. *Curso de direito administrativo*. 2. ed. Rio de Janeiro: Forense, 2013.

——. O conceito de serviços públicos no direito constitucional brasileiro. *Revista de Direito Administrativo Econômico*. n. 17. Salvador: Instituto de Direito Público, 2009. p. 01-55.

ARAÚJO, Caetano Ernesto Pereira de; MACIEL, Eliane Cruxên Barros de Almeida. A comissão de Alto Nível: história da Emenda Constitucional n º 1, de 1969. In. VIEIRA, Simone Bastos (Org.) *A constituição que não foi:* história da Emenda Constitucional n. 1, de 1969. Brasília: Senado Federal, 2002. p. 01-54.

AREEN, Judith C. Government as educator: a new understanding of first amendment protection of academic freedom and governance. *Georgetown Public Law and Legal Theory Research.* v. 97, 2009. p. 941-1000.

BARACHO JÚNIOR, José Alfredo de Oliveira et al. O Estado Democrático de Direito e a necessária reformulação das competências materiais e legislativas dos Estados. *Revista de Informação Legislativa.* a. 47, n. 186, 2010. p. 153- 69.

BARENDT, Eric. *Academic freedom and the law:* a comparative study. Oxford: Hart, 2010.

BATEUP, Christine. The dialogic promise: assessing the normative potential of theories of constitutional dialogue. *Brooklyn Law Review.* n. 71, 2006. p. 1109-180.

BAXTER, Victoria (Ed.). Directory of persecuted scientists, engineers and health professionals. Washington: Aaas, 2003. p. 01-63.

BELOFF, Michael J. Academic Freedom – rhetoric or reality?. *Denning Law Journal.* v. 22, 2010. p. 117- 41.

BELLO FILHO, Ney de Barros. *Sistema constitucional aberto.* Belo Horizonte, DelRey, 2003.

BLÁZQUEZ ENTONADO, Florentino. Los médios tecnológicos en la acción didáctica. In. RODRÍGUES DIÉGUEZ, José Luis; SÁENZ BARRIO, Óscar. *Tecnología educativa:* nuevas tecnologías aplicadas a la educación. Alcoy: Marfil, 2001. p. 443-61.

BONAVIDES, Paulo. *Curso de Direito Constitucional.* 17. ed. São Paulo: Malheiros, 2005.

BOTELHO, Catarina Santos. Os direitos sociais num contexto de austeridade: um elogio fúnebre ao princípio da proibição do retrocesso social?. *Revista da Ordem dos Advogados.* a. 75, n. 1 e 2, 2015. p. 259-93.

BOURDIEU, Pierre. *Os usos sociais da ciência:* por uma sociologia clínica do campo científico. Paris: Unesp, 1997.

BRASIL. *Anais da Assembléia Nacional Constituinte 1945/1946.* v. XI. Rio de Janeiro: Imprensa Nacional, 1948.

——. *Annaes da Assembléa Nacional Constituinte 1933/1934.* v. XXII. Rio de Janeiro: Imprensa Nacional, 1937.

——. Anteprojeto de Constituição. *Diário Oficial.* Suplemento Especial ao nº 185 de 26 de setembro de 1986. Disponível em: <http://www.senado.gov.br/publicacoes/anais/constituinte/ AfonsoArinos.pdf>. Acesso em: 01 jun. 2016.

——. *Bases da Assembleia Nacional Constituinte 1987-1988.* Disponível em: <http://www6g.senado.gov.br/apem/search?smode=simple>. Acesso em: 01 jun. 2016.

BRASIL. CÂMARA DOS DEPUTADOS. *PL 867/2015.* Inclui, entre as diretrizes e bases da educação nacional, o "Programa Escola sem Partido". Izalci. Apresentação em: 23/03/2015.

——. ——. *PL 1.258/2003.* Altera a Lei nº 9.131, de 24 de novembro de 1995. Explicação: Cria Sistema Nacional de Avaliação de corpo docente das universidades através de exame de títulos, publicações e prova que afira o conteúdo mínimo para o ensino da disciplina pela qual o professor é responsável. Paulo Magalhães. Apresentação em: 12/06/2003.

——. ——. *PL 1.411/2015.* Tipifica o crime de Assédio Ideológico e dá outras providências. Rogério Marinho. Apresentação em: 06/05/2015.

——. ——. *PL 1.798/2015.* Proíbe o uso de animais não-humanos vivos nos estabelecimentos de ensino público e privado em todo o Território Nacional. Ricardo Izar. Apresentação em: 03/06/2015.

——. ——. *PL 3.109/2008.* Autoriza o Poder Executivo a criar a Universidade Federal de Ensino à Distância e dá outras providências. Luiz Carlos Hauly. Apresentação em: 26/03/2008.

——. ——. *PL 4.212/2004.* Altera dispositivos da Lei nº 9.394, de 20 de dezembro de 1996, que estabelece as Diretrizes e Bases da Educação Nacional, e dá outras providências. Átila Lira. Apresentação em: 06/10/2004.

——. ——. *PL 5.175/2009.* Estatui marco regulatório para a Educação Superior. Comissão de Legislação Participativa. Apresentação em: 06/05/2009.

——. ——. *PL 6.314/2005.* Acrescenta inciso ao art. 142 da Lei nº 2.848, de 7 de dezembro de 1940 – Código Penal. Takayama. Apresentação em: 01/12/2005.

——. ——. *PL 6.335/2009.* Dispõe sobre o direito à objeção de consciência como escusa ao princípio constitucional insculpido no inciso II do art. 5º da Constituição Federal. Gonzaga Patriota. Apresentação em: 04/11/2009.

——. ——. *PL 7.200/2006.* Estabelece normas gerais da educação superior, regula a educação superior no sistema federal de ensino, altera as Leis nºs 9.394, de 20 de dezembro de 1996; 8.958, de 20 de dezembro de 1994; 9.504, de 30 de setembro de 1997; 9.532, de 10 de dezembro de 1997; 9.870, de 23 de novembro de 1999; e dá outras providências. Poder Executivo. Apresentação em: 12/06/2006.

——. MEC. *Perfis da área e padrões de qualidade* – arquitetura. Disponível em: <http://portal.mec.gov.br/sesu/arquivos/pdf/ar_geral.pdf>. Acesso em: 11 jan. 2016.

——. ——. *Portaria Normativa nº 40,* de 12 de dezembro de 2007. Disponível em: <http://portal.mec.gov.br/index.php?option=com_docman&view=download&alias=16763-port-norm-040-2007-seres&Itemid=30192>. Acesso em: 09 set. 2016.

——. ——. MEC. *Reforma Universitária:* relatório do grupo de trabalho criado pelo Decreto nº 62.937/68. 3. ed.,1983.

——. ——. Capes. *Portaria nº 81/2016.* Define as categorias de docentes que compõem os Programas de Pós-Graduação (PPG's) stricto sensu. Disponível em: <http://www.capes.gov.br/ images/stories/download/legislacao/06062016-PORTARIA-N-8-De-3-DE-JUNHO-DE-2016.pdf>. Acesso em: 16 jun. 2016.

——. ——. CNE/CEB. *Parecer nº 41/2002.* Disponível em: <http://www.histedbr.fe.unicamp.br/navegando/fontes_escritas/8_Redemocratizacao/artigo_007. html>. Acesso em: 10 fev. 2016.

———. ———. CNE/CES. *Parecer nº 776/97.* Orientação para as diretrizes curriculares dos cursos de graduação. Disponível em: <http://portal.mec.gov.br/setec/arquivos/pdf_legislacao/superior/ legisla_superior_parecer77697.pdf>. Acesso em: 13 jan. 2016.

———. ———. *Parecer nº 146/2002.* Diretrizes Curriculares Nacionais dos cursos de graduação em Direito, Ciências Econômicas, Administração, Ciências Contábeis, Turismo, Hotelaria, Secretariado Executivo, Música, Dança, Teatro e Design. Disponível em: <http://portal.mec.gov.br/sesu/arquivos/pdf/14602DCEACTH SEMDTD.pdf>. Acesso em: 29 ago. 2016.

———. ———. ———. *Parecer nº 67/2003.* Referencial para as Diretrizes Curriculares Nacionais – DCN dos Cursos de Graduação. Disponível em: <http://portal.mec.gov.br/cne/arquivos/pdf/CES0067.pdf>. Acesso em: 13 jan. 2016.

———. ———. ———. Parecer nº 242/2006. Disponível em: <http://portal.mec.gov.br/cne/arquivos/pdf/pces242_06.pdf>. Acesso em: 10 maio 2016.

———. ———. ———. *Parecer nº 236/2009.* Disponível em: <http://portal.mec.gov.br/dmdocuments/pces236_09_homolog.pdf>. Acesso em: 05 maio 2016.

———. ———. ———. *Resolução nº 3/2002.* Institui Diretrizes Curriculares Nacionais do Curso de Graduação em Odontologia. Disponível em: <http://portal.mec.gov.br/cne/arquivos/ pdf/rces09_04.pdf>. Acesso em: 13 jan. 2016.

———. ———. ———. *Resolução nº 7/2002.* Estabelece as Diretrizes Curriculares para os cursos de Ciências Biológicas. Disponível em: <http://portal.mec.gov.br/cne/arquivos/ pdf/rces07_02.pdf>. Acesso em: 13 jan. 2016.

———. ———. ———. *Resolução nº 11/2002.* Institui Diretrizes Curriculares Nacionais do Curso de Graduação em Engenharia. Disponível em: <http://portal.mec.gov.br/cne/arquivos/pdf/CES112002.pdf>. Acesso em: 13 jan. 2016.

———. ———. ———. *Resolução nº 9/2004.* Institui as Diretrizes Curriculares Nacionais do Curso de Graduação em Direito e dá outras providências. Disponível em: <http://portal.mec.gov.br/cne/arquivos /pdf/rces09_04.pdf>. Acesso em: 13 jan. 2016.

———. ———. ———. *Resolução nº 03/2007.* Dispõe sobre carga horária mínima e procedimentos relativos à integralização e duração dos cursos de graduação, bacharelados, na modalidade presencial. Disponível em: <http://portal.mec.gov.br/cne/arquivos/pdf/2007/rces002_07.pdf>. Acesso em: 30 ago. 2016.

———. ———. ———. *Resolução nº 3/2014.* Institui Diretrizes Curriculares Nacionais do Curso de Graduação em Medicina e dá outras providências. Disponível em: <http://portal.mec.gov.br /index.php?option=com_docman&view=download&alias=15874-rces003-14&Itemid=30192>. Acesso em: 13 jan. 2016.

———. ———. Inep. *Instrumento de Avaliação de Cursos de Graduação presencial e a distância.* Disponível em: <http://portal.inep.gov.br/superior-condicoesdeensino-manuais>. Acesso em: 10 jan. 2016.

———. ———. ———. *Portaria nº 237/2014.* Disponível em: <http://download.inep.gov.br/educacao_superior/enade/legislacao/2014/diretrizes_cursos_diplomas_bacharel/diretrizes_bacharel_ciencias_sociais.pdf>. Acesso em: 01 mar. 2016.

———. MEC. Inep. Portaria nº 239/2013. Disponível em: <http://download.inep.gov.br/educacao_superior/enade/legislacao/2013/diretrizes_areas/educacao_ fisica_portaria_n_239_10052013.pdf>. Acesso em: 01 mar. 2016.

———. ———. ———. *Portaria nº 244/2014.* Disponível em: <http://download.inep.gov.br/educacao_ superior/enade/legislacao/2014/diretrizes_cursos_diplomas_bacharel/diretrizes_bacharel_engenharia_civil.pdf>. Acesso em: 01 mar. 2016.

———. ———. ———. *Portaria nº 261/2014.* Disponível em: <http://download.inep.gov.br/educacao_ superior/enade/legislacao/2014/diretrizes_cursos_diplomas_bacharel/diretrizes_bacharel_matematica.pdf>. Acesso em: 01 mar. 2016.

———. ———. ———. *Portaria nº 263/2014.* Disponível em: <http://download.inep.gov.br/educacao_ superior/enade/legislacao/2014/diretrizes_cursos_diploma_licenciatura/diretrizes_licenciatura_pedagogia.pdf>. Acesso em: 01 mar. 2016.

———. ———. CNPq. *Tabela de Áreas do Conhecimento.* Disponível em: <http://www.cnpq.br/ documents/10157/186158/TabeladeAreasdoConhecimento.pdf>. Acesso em: 12 mar. 2016.

———. STF. *ADI 51/RJ.* Rel. Min. Paulo Brossard. Tribunal Pleno. Julgamento em: 25/10/1989.DJ: 17/09/1993.

———. ———. *ADI 1.717/DF.* Rel. Min. Sydney Sanches. Tribunal Pleno. Julgado em: 07/11/2002. DJ: 28/03/2003.

———. ———. *ADI 3.026/DF.* Rel. Min. Eros Grau. Tribunal Pleno. Julgamento em: 08/06/2006. DJ: 29/09/2006.

———. ———. *ADI 5357/DF.* Rel. Min. Edson Fachin. Tribunal Pleno. Julgamento em: 09/06/2016. DJe: 042.

———. ———. *ADPF 187/DF.* Rel. Min. Celso de Mello. Tribunal Pleno. Julgamento em: 15/06/2011. DJe: 29/05/2014.

———. ———. *HC 40.910/PE.* Rel. Min. Min. Hahnemann Guimarães. Tribunal Pleno. Julgamento em: 24/08/1964. DJ: 19/11/1964.

———. ———. *HC 82.424/RS.* Rel. Min. Moreira Alves. Rel. p/ acórdão Min. Maurício Corrêa. Tribunal Pleno. Julgamento em: 17/09/2003. DJ: 19/03/2004.

———. ———. *MS 30.952/ DF.* Rel. Min. Luiz Fux. Julgado em: 19/12/2014. DJe 021.

———. ———. *RE 85.999/RS.* Rel. Min. Cordeiro Guerra. Segunda Turma. Julgamento em: 15/06/2012. DJe: 30/10/2014.

———. ———. *RE 631.053/RG/DF.* Rel. Min. Ricardo Lewandowski, para acórdão Min. Celso de Mello. Julgamento em: 15/06/2012. DJe: 30/10/2014.

———. ———. *RE 466.343/SP.* Rel. Min. Cezar Peluso. Tribunal Pleno. Julgamento em: 03/12/2008. DJe: 05/06/2009.

———. ———. *RE 888.815 RG/RS.* Rel. Min. Luis Roberto Barroso. Julgamento em: 04/06/2015. DJe: 15/06/2015.

———. STJ. *REsp 1201340.* Rel. Min. Maria Isabel Gallotti. Quarta Turma. Julgado em: 03/11/2011. DJe: 02/08/2012.

———. STJ. *REsp 660.439.* Rel. Min. Eliana Calmon. Segunda Turma. Julgamento em: 02/06/2005. DJ: 27/06/2005.

BRESSER PEREIRA, Luiz Carlos; CUNILL GRAU, Nuria. Entre o Estado e o mercado: o público não-estatal. In. —— (Orgs.). *O público não-estatal na reforma do Estado.* Rio de Janeiro: FGV, 1999. p. 15-48.

BRIGHOUSE, Harry. *Sobre a educação*. São Paulo: Unesp, 2011.

BRUBACHER, John S. *Modern philosophies of education*. New York: McGraw-Hill Book Company, 1950.

BRUGGER, Winfried. Proibição ou proteção do discurso de ódio? – algumas observações sobre o direito alemão e americano. *Direito Público*. n. 15, 2007. p. 117- 36.

BRYAN, Howard. The three R's and animal care and use. In. FEIJÓ, Anamaria Gonçalves dos Santos et al. (Orgs.). *Animais na pesquisa e no ensino*: aspectos éticos e técnicos. Porto Alegre: EDIPUCRS, 2010. p. 89-111.

BURKE, Peter. *O que é história do conhecimento?*. São Paulo: Unesp, 2016.

——. *Uma história social do conhecimento I*: de Gutenberg a Diderot. Rio de Janeiro: Zahar, 2003.

BUTLER, Judith. Critique, dissent, disciplinarity. *Critical Inquiry*. v. 35, n. 4, 2009. p. 773- 95.

CANADIAN ASSOCIATION OF UNIVERSITY TEACHERS. *2011 Academic freedom*. Disponível em: <http://www.caut.ca/about-us/caut-policy/lists/caut-policy-statements/policy-statement-on-academic-freedom>. Acesso em 03 abr. 2016.

CANARIS, Claus-Wilhelm. *Direitos fundamentais e direito privado*. Coimbra: Almedina, 2003.

CANOTILHO, Jose Joaquim Gomes. *Direito constitucional e teoria da constituição*. 7. ed. Coimbra: Almedina, 2003.

CARVALHO FILHO, José dos Santos. *Manual de Direito Administrativo*. 30. ed. São Paulo: Atlas, 2016.

CASTON, Geoffrey. Academic freedom: the third world. *Oxford Review of Education*. v. 15, n. 3, 1989. p. 01-47.

CAVALIERI FILHO, Sergio. *Programa de responsabilidade civil*. 10. ed. São Paulo: Atlas, 2012.

CFM. *Parecer nº 5/2014*. Disponível em: <http://www.portalmedico.org.br/pareceres/CFM/2014 /5_2014.pdf>. Acesso em: 04 jun. 2016.

——. *Resolução nº 1.931/2009*. Disponível em: <http://www.cremego.cfm.org.br/index.php?option =com_content&view=article&id =21000>. Acesso em: 04 jun. 2016.

CHENEY, George; MCMILLAN, Jill J.; SCHWARTZMAN, Roy. Should we buy the "student-as-consumer" metaphor?. *The Montana Professor Academic Journal*. 1997. p. 08-11.

CHERVEL, André. História das disciplinas escolares: reflexões sobre um campo de pesquisa. *Teoria e educação*. n. 2, 1990. p. 177-229.

CHISM, Nancy Van Note. Challenging traditional assumptions and rethinking learning spaces. In. OBLINGER, Diana G. (Ed.). *Learning spaces*. Boulder: Educause, 2006. [p.?].

CHOUDHRY, Sujit. Migration as a new metaphor in comparative constitutional law. —— (Org.). *The migration of constitutional ideas*. New York: Cambridge University Press, 2006. p. 01- 460.

COSTA NETO, Nicolao Dino de Castro e; BELLO FILHO, Ney de Barros; COSTA, Flávio Dino de Castro e. *Crimes e infrações administrativas* – comentários à Lei nº 9.605/98. 2. ed., Brasília: Brasília Jurídica, 2001.

CUNHA, Luiz Antônio. A cátedra universitária no Brasil: persistência, mudança e desaparecimento. *Anais do 18º Encontro Anual da Associação Nacional de Pós-Graduação e Pesquisa em Ciências Sociais (Anpocs)*. 1994. Disponível em: <http://www.portal.anpocs.org/>. Acesso em: 03 jan. 2016.

——. *A universidade crítica:* o ensino superior na república populista. 3. ed. São Paulo: UNESP, 2007.

DEWEY, John. Nature de la méthode. In. ——. *Démocratie et éducation* – introduction a la philosophie de l'education. Paris: L'Âge D'Homme, 1983. p. 20-40.

——. The need for a recovery of philosophy. In. MENAND, Louis (Ed.). *Pragmatism*. New York: Vintage Books, 1997. p. 219- 32.

——. Theory of knowledge. In. MENAND, Louis (Ed.). *Pragmatism*. New York: Vintage Books, 1997. p. 205-18.

DINIZ, Debora. Quando a verdade é posta em dúvida: liberdade de cátedra e universidades confessionais. In. ——; BUGLIONE, Samantha; RIOS, Roger Raupp. *Entre a dúvida e o dogma*: liberdade de cátedra e universidades confessionais no Brasil. Porto Alegre: Livraria do Advogado, 2006. p. 71-104.

——; LIONÇO, Tatiana. Educação e laicidade. In. ——; ——; CARRIÃO, Vanessa. *Laicidade e ensino religioso no Brasil*. Brasília: Unesco, Letras Livres e UNB, 2010. p. 11-36.

DOUMANI, Beshara (Ed.). *Academic freedom after september 11*. Brooklyn: Zone Books, 2006.

DRÉZE, Jacques H.; DEBELLE, Jean. *Concepções da universidade*. Fortaleza: EdUFCE, 1983.

DWORKIN, Ronald. Por que liberdade acadêmica?. In. ——. *O direito da liberdade*. São Paulo: Martins Fontes, 2006. p. 390-415.

——. The concept of non enumerated rights. *University of Chicago Law Review*. v. 59, 1992. p. 381-432.

——. The right to ridicule. *The New York Review of Books*. march 23, 2006.

EGAN, Kieran. What Is Curriculum?. *Journal of the Canadian Association for Curriculum Studies*. v. 1, n. 1, 2003. p. 09-16.

ENGISCH, Karl. *Introdução ao pensamento jurídico*. Lisboa: Fundação Calouste Gulbenkian, 2001.

ETZKOWITZ, Henry. The second academic revolution and the rise of entrepreneurial science. *IEEE Technology and Society Magazine*. v. 20, n. 2, 2001. p. 19-29.

FACCHINI NETO, Eugenio; WESENDONCK, Tula. Danos existenciais: "precificando" lágrimas?. *Revista de Direitos e Garantias Fundamentais*. n. 12, 2012. p. 229-67.

FAVÉRO, Maria Lourdes. Da cátedra universitária ao departamento nas universidades brasileiras. *Anais do V Congresso Ibero-Americano de História de la Educación Latinoamericana*. v. 1, 2001. p. 1-18.

——. A universidade no Brasil: das origens à reforma universitária. *Educar*. n. 28, Curitiba, 2006. p. 17-36.

FERENC, Alvanize Valente Fernandes; Mizukami, Maria da Graça Nicoletti. Formação de professores, docência universitária e o aprender a ensinar. *Anais do VIII Congresso estadual paulista sobre formação de educadores* – Formação docente para o ensino superior. 2005. p. 04-11.

FISH, Stanley. My response. *FIU Law Review.* v. 9, 2014. p. 191-205.

——. *Save the world on own time.* Oxford: Oxford University of Press, 2008.

——. *Versions of academic freedom* – from professionalism to revolution. Chicago: The University of Chicago Press, 2014.

FISS, Owen. El efecto silenciador de la libertad de expresión. *Insonomía.* n. 4, 1996. p. 17-27.

——. The democratic mission of the university. *Albany Law Review.* v. 76, 2013. p. 543- 60.

FRANCO, António L. de Sousa. Para uma fundamentação da liberdade de ensino. *Direito e justiça.* v. IV, 1989. p. 59-92.

FRANKENA, William K. Education. In. WIENER, Philip P. (Ed.). *Dictionary of the history of ideas*: studies of selected pivotal ideas. v. II. New York: Charles Scribner's Sons, 1973. Disponível em: <http://www.ditext.com/ frankena/education.html>. Acesso em: 02 jan. 2016.

FREE Speech University Rankings. Disponível em: <http://www.spiked-online.com/free-speech-university-rankings#.V1bh_PkrLIU>. Acesso em: 10 mar. 2016.

FREITAS, Ana Lúcia Souza de; GESSINGER, Rosana Maria. O contrato didático e a avaliação. In. —— et al. (Orgs.). *A gestão da aula universitária na PUCRS.* Porto Alegre: EDIPUCRS, 2008. p. 59-63.

GARCIA, Joe. Avaliação e aprendizagem na educação superior. *Estudos em Avaliação Educacional.* v. 20, n. 43, 2009. p. 201-13.

GIL, Antônio Carlos. *Didática do ensino superior.* São Paulo: Atlas, 2007.

GOMES, Carla Amado. Direitos e deveres dos alunos em escolas públicas de ensino não superior: existe um direito à qualidade do ensino?. *Revista da Faculdade de Direito da Universidade de Lisboa.* v. XLVII, n. 1 e 2, 2006. p. 77-110.

GONÇALVES, Jane Reis Pereira. A aplicação de regras religiosas de acordo com a lei do Estado: um panorama do caso brasileiro. *Revista da AGU.* v. 41, 2014. p. 09-42.

GOODSON, Ivor F. Currículo, narrativa e o futuro social. *Revista Brasileira de Educação.* v. 12 , n. 35, 2007. p. 241-52.

——. Disciplinas escolares: padrões de estabilidade. In. ——. *A construção social do currículo.* Lisboa: Educa, 1997. p.27-41.

GOOGLE constitute. Disponível em: <https://www.constituteproject.org/search?lang=en&key=acfree>. Acesso em: 10 ago. 2016.

GORON, Lívio Goellner. Serviços educacionais e direito do consumidor. *Direito e Justiça.* v. 38, n. 2, 2012. p. 192-99.

GOUVEIA, Jorge Bacelar. *Manual de direito constitucional.* v. II, 3. ed. Coimbra: Almedina, 2009.

GRAHAM, Charles R. Emerging practice and research in blended learning. In. MOORE, Michael G. (Ed.). *Handbook of distance education.* 3. ed. New York: Routledge, 2013. p. 333– 50.

HASKINS, Charles Homer. *A ascensão das universidades.* Santa Catarina: Livraria Danúbio, 2015.

HESSE, Konrad. Elementos de direito constitucional da República Federal da Alemanha. Porto Alegre: Sergio Fabris, 1988.

HOFSTADTER, Richard. *Academic freedom in the age of the college.* Londres: Transaction Publishers, 1995.

HORTA, Raul Machado. Constituição e direitos individuais. *Revista de Informação Legislativa.* a. 20, n. 79, 1983. p. 147-64.

——. *Direito constitucional.* 4. ed. Belo Horizonte: DelRey, 2003.

HUMBOLDT, Wilhelm von. Sobre a organização interna e externa das instituições científicas superiores em Berlim. In. CASPER, Gerhard; ——. *Um mundo sem universidades?* Rio de Janeiro: EdUERJ, 1997. p. 79-100.

HUNTER, Howard O. The constitutional status of academic freedom in the United States. *Minerva.* v. 19, 1981. p. 519-68.

INGBER, Stanley. The marketplace of ideas: A legitimizing myth. *Duke Law Journal.* n.1, 1984. p. 01-91.

JASCHIK, Scott. Second thoughts on Bias Response Teams. *Inside Higher Education.* august, 2016.

JEWETT, Andrew. Academic freedom and political change: american lessons. In. BARY, Brett de (Ed.). *Universities in translation*: The mental labor of globalization. Hong Kong: Hong Kong University Press, 2010. p. 263-78.

KANT, Immanuel. Resposta à pergunta: O que é o esclarecimento?. In. ——. *Textos Seletos.* 3. ed. Petrópolis: Vozes, 2005. p. 63-71.

——. *Sobre a pedagogia.* 2. ed. Piracicaba: UNIMEP, 1999.

——. Sobre o suposto direito de mentir por amor à humanidade. In. ——. *A paz perpétua e outros opúsculos.* Lisboa: Edições 70, 1988. p. 173-79.

KARRAN, Terence. Academic freedom in Europe: reviewing Unesco's recommendation. *British Journal of Educational Studies.* v. 57, n. 2, 2009. p. 191–215.

LEGOFF, Jacques. *Para uma outra idade média*: tempo, trabalho e cultura no Ocidente. Petrópolis: Vozes, 2013.

LEITE, Denise. Brasil urgente! Procuram-se identidades da universidade. *Educación Superior y Sociedad.* v. 15, n. 1, 2010. p. 91-106.

LEWIS, Anthony. *Liberdade para as ideias que odiamos* – uma biografia da Primeira Emenda à Constituição Americana. São Paulo: Aracati, 2011.

LUCKESI, Cipriano Carlos. O que é mesmo o ato de avaliar a aprendizagem?. *Pátio Revista Pedagógica.* n. 12, v. 4, 2000. p. 06-11.

LUKIANOFF, Greg; HAIDT, Jonathan. The coddling of the american mind. *The Atlantic Magazine.* september 2015.

MACFARLANE, Bruce. Re-framing student academic freedom: a capability perspective. *Higher Education*. v. 63, n. 6, 2012. p. 719-32.

MACHADO, Jónatas E. M. *Liberdade de expressão*: dimensões da esfera pública no sistema social. Coimbra: Coimbra, 2002.

MALISKA, Marcos Augusto. *O direito à educação e a Constituição*. Porto Alegre: Sergio Fabris, 2001.

MARTÍNEZ-PUJALTE, Antonio-Luis. *La garantía del contenido esencial de los derechos fundamentales*. Madrid: Centro de Estudos Constitucionales, 1997.

MARTINS, Leonardo (Coord.). *Bioética à luz da liberdade científica*. São Paulo: Atlas, 2014.

——. *Liberdade e estado constitucional*. São Paulo: Atlas, 2012.

MARTINS, Estevão de Rezende. O tratamento, pelo Congresso Nacional, dos atos e acordos internacionais. In. CANÇADO TRINDADE, Antônio (Org.). *A incorporação das normas internacionais de direitos humanos no direito brasileiro*. San José: IDRH, 1994. p. 263-71.

MASETTO, Marcos Tarciso. *A competência pedagógica do professor universitário*. São Paulo: Summus, 2003.

MAZUOLI, Valerio de Oliveira. Teoria geral do controle de convencionalidade no direito brasileiro. *Revista de Informação Legislativa*. a. 46, n. 181, 2009. p. 113-38.

MENAND, Louis. *The marketplace of ideas*: reform and resistance in the American University. London: W. W. Norton & Company, 2010.

MENDES, Durmeval Trigueiro. *Ensaios sobre educação e universidade*. Brasília: Inep, 2006.

MENDES, Gilmar; BRANCO, Paulo Gonet. *Curso de Direito Constitucional*. 8. ed. São Paulo: Saraiva, 2013.

MESSA, Wilmara Cruz. Utilização de ambientes virtuais de aprendizagem – AVAS: a busca por uma aprendizagem significativa. *Revista brasileira de aprendizagem aberta e à distância*. v. 9, 2010. Disponível em: <http://www.abed.org.br/revistacientifica/_Brazilian/edicoes/2010/2010_Edicao.htm>. Acesso em: 12 abr. 2016.

METZGER, Walter P. *Academic freedom in the age of the university*. New York: Columbia University Press, 2013.

——. Profession and constitution: two definitions of academic freedom in America. *Texas Law Review*. n. 66, 1988. p. 1265-322.

——. The 1940 Statement of Principles on Academic Freedom and Tenure. *Law and Contemporary Problems*. v. 53, n. 3, 1990. p. 03-77.

MILL, John Stuart. *Da liberdade de pensamento e expressão*. Lisboa: Dom Quixote, 1976.

MINEVA'S project. Disponível em:<https://www.minerva.kgi.edu/>. Acesso em: 18 mar. 2016.

MIRAGEM, Bruno. *Curso de direito do consumidor*. 4. ed. São Paulo: RT, 2013.

MIRANDA, Jorge. Comentários ao artigo 18º. In. ——; MEDEIROS, Rui. *Constituição portuguesa anotada*. tomo I, 2. ed. Coimbra: Wolters Kluwer, Coimbra, 2010. p. 310-404.

MOLINARO, Carlos Alberto; SARLET, Ingo Wolfgang. "Não existe o que panoramicamente vemos no céu": o ponto-cego do direito (políticas públicas sobre regulação em ciência e tecnologia). In. SAAVEDRA, Giovane Agostini; LUPION, Ricardo (Orgs.). *Direitos fundamentais*: direito privado e inovação. Porto Alegre: Edipucrs, 2012. p. 11-50.

MOTTA, Rodrigo Patto Sá. *As universidades e o regime militar*. Rio de Janeiro: Zahar, 2014.

MÜLLER, Angélica; FAGUNDES, Pedro Ernesto. O trabalho das comissões da verdade universitárias: rastreando vestígios da repressão nos *campi* durante a ditadura militar. *Ciência e Cultura*. v. 66, n. 4, 2014. p. 44-7.

MURPHY, William. Academic freedom- an emerging constitutional right. *Law and Contemporary Problems*. n. 28, 1963. p. 447-86.

N.Y.U. Professor Is Barred by United Arab Emirates. Disponível em: <http://mobile.nytimes.com/2015/03/17/nyregion/nyu-professor-is-barred-from-the-united-arab-emirates.html?referrer&_r=1>. Acesso em: 10 nov. 2015.

NABAIS, José Casalta. Considerações sobre a autonomia financeira das universidades portuguesas. *Boletim da Faculdade de Direito de Coimbra*. n. especial, 1991. p. 329-95.

NADAI, Elza. A educação nas constituintes. *Revista da Faculdade de Educação da Universidade de São Paulo*. v. 12, n. 1-2, 1986. p. 219-34.

NELSON, Cary. *No university is an island*: saving academic freedom. New York: New York University Press, 2010.

NOVAIS, Jorge Reis. As restrições aos direitos fundamentais não expressamente autorizadas pela constituição. Coimbra: Coimbra, 2003.

Ó CUINN, Gearóid; SKOGLYA, Sigrun. Understanding human rights obligations of states engaged in public activity overseas: the case of transnational education. *The International Journal of Human Rights*. v. 20, n. 6, 2016. p. 761-84.

OLIVEIRA, Terezinha. Memória e história da educação medieval: uma análise da Autentica Habita e do Estatuto de Sorbonne. *Avaliação*. v. 14, n. 3, 2009. p. 683- 98.

ONDA, A. Direção: Dennis Gansel. Alemanha: Constantin Film, Highlight Film, 2008. 1 DVD (107 min.).

O'NEIL, Robert M. Artistic freedom and academic freedom. *Law and Contemporary Problems*. v. 53, n. 3, 1990. p. 177- 93.

PASQUALOTTO, Adalberto de Souza; TRAVINCAS, Amanda C. Thomé. Alunos são genuínos consumidores? – Notas sobre a aplicação do CDC no contexto da educação superior e seu impacto sobre a liberdade acadêmica. *Revista de Direito do Consumidor*. v. 106. a. 25. São Paulo, 2016. p. 167-98.

PIAGET, Jean. *Le droit à l'éducation dans le monde actuel*. n. 1. Collection "droit de l'homme" – Unesco. Paris: Librarie du Recueil Sirey, Scienses et Letres, 1949.

PIEROTH, Bodo; SCHLINK, Bernhard. *Direitos fundamentais:* direito estadual II. Lisboa: Universidade Lusíada, 2008.
PINKER, Steven. Introdução. In. BROCKMAN, John (Coord.). *Grandes ideias perigosas.* Lisboa: Tinta-da-China, 2008. p. 21-34.
PINTO, Mário. Liberdades de aprender e de ensinar: escola privada e escola pública. *Análise Social.* v. xxviii, 1993. p. 753-74.
PIOVESAN, Flávia. Direitos humanos e o Direito Constitucional Internacional. 7. ed. São Paulo: Saraiva, 2007.
POLETTI, Ronaldo. *Constituições do Brasil – 1934.* v. III, 3. ed. Brasília: Senado Federal, 2012.
POLLITT, Daniel H.; KURLAND, Jordan E. Entering the academic freedom arena running: The AAUP's first year. *Academe.*1998. p. 45- 52.
PONTES DE MIRANDA, Francisco Cavalcanti. *Comentários à Constituição de 1946.* v. IV. 3. ed. Rio de Janeiro: Borsoi, 1960.
POST, Robert C. Academic freedom and legal scholarship. *Journal of Legal Education.* v. 64, n. 4, 2015. p. 530-41.
——. *Democracy, expertise and academic freedom.* Yale: Yale University Press, 2012.
——. Discipline and freedom in the academy. *Arkansas Law Review.* v. 65, 2012. p. 203-16.
——. El concepto constitucional de discurso público. In. ——. *El Estado frente a la libertad de expresión.* Buenos Aires: Universidad de Palermo, 2011. p. 67-170.
——. El error de Meiklejohn: la autonomía individual y la reforma del discurso público. In. ——. *El Estado frente a la libertad de expresión.* Buenos Aires: Universidad de Palermo, 2011. p. 171-204.
——. Hate speech. In. HARE, Ivan; WEINSTEIN, James (Ed.). *Extreme speech and democracy.* Oxford: Oxford University of Press, 2009. p. 123-38.
——. Recuperating first amendment doctrine. *Stanford Law Review.* v. 47, 1995. p. 1249-81.
——. The job of professors. *Texas Law Review.* v. 88, n. 185, 2009. p. 185-94.
——. The structure of academic freedom. In. DOUMANI, Beshara (Ed.). *Academic Freedom after September 11.* Brooklyn: Zone Books, 2006. p. 61-106.
——. Why bother with academic freedom?. *FIU Law Review.* v. 9, 2013. p. 09-20.
——; FINKIN, Matthew W. *For the common good:* principles of american academic freedom. New Haven: Yale University Press, 2009.
PROFESSOR acusado de racismo em sala de aula é demitido da Ufes. Disponível em: <http://www.folhavitoria.com.br/geral/noticia/2015/11/professor-acusado-de-racismo-em-sala-de-aula-e-demitido-da-ufes.html>. Acesso em: 03 mar. 2016.
PROFESSOR é condenado por fazer piada racista na sala de aula. Disponível em:<http://consultor-juridico.jusbrasil.com.br/noticias/1066334/professor-e-condenado-por-fazer-piada-racista-na-sala-de-aula>. Acesso em: 10 jun. 2014.
PULIDO, Carlos Bernal. *El princípio de proporcionalidad y los derechos fundamentales.* Madrid: Centro de Estudios Constitucionales, 2005.
RABBAN, David. A functional analysis of "individual" and "institutional" academic freedom under the first amendment. *Law and Contemporary Problems.* v. 53, n. 3, 1990. p. 227- 301.
RANIERI, Nina. *Autonomia universitária:* as universidades públicas e a Constituição Federal de 1988. 2. ed. São Paulo: Imprensa Oficial do Estado de São Paulo, 2013.
——. O direito educacional no sistema jurídico brasileiro. In. ABMP. *Justiça pela qualidade na educação.* São Paulo: Saraiva, 2013. p. 55-153.
RENDLEMAN, Doug. Academic freedom in Urofsky's wake: Post september 11 remarks on "Who owns academic freedom"?. *Wash. & Lee l. Rev.* v. 59, 2002. p. 361-69.
RIBEIRO, Darcy. *A universidade necessária.* Rio de Janeiro: Paz e Terra, 1978.
RICOEUR, Paul. Reconstruir a universidade. *Revista Paz e Terra.* n. 9, 1969. p. 51-9.
ROBERTS, Robert North. The deconstitutionalization of academic freedom after *Garcetti v. Ceballos*?. *Review of Public Personnel Administration.* n. 32, 2011. p. 45-61.
ROGERS, Carl. R. *Liberté pour apprendre.* 4. ed. Paris: Dunot, 2013.
ROLL-HANSEN, Nils. Why the distinction between basic (theoretical) and applied (practical) research is important in the politics of science. *Technical Report.* London School of Economics and Political Science, Contingency and Dissent in Science Project, 2009. Disponível em: <http://www.lse.ac.uk/cpnss/research/concludedresearchprojects/contingencydissentinscience/dp/dproll-hansenonline0409.pdf>. Acesso em: 01 jul. 2016.
ROMA 3 si ritira: no alla conferenza con Ilan Pappé. Disponível em: <http://www.coreonline.it/web/dispacci/roma-3-si-ritira-no-alla-conferenza-con-ilan-pappe/>. Acesso em: 10 nov. 2015.
ROTHENBURG, Walter Claudius. Igualdade material e discriminação positiva: o princípio da isonomia. *Novos Estudos Jurídicos.* v. 13, n.2, 2008. p. 77-92.
RUSSELL, Conrad. *Academic freedom.* London: Routledge, 1993.
SAHLINS, Marshall. The conflicts of the faculty. *Critical Inquiry.* v. 35, n. 4, 2009. p. 997-1017.
SALES, Gabrielle Bezerra. A doutrina do consentimento informado: do direito fundamental à informação aos limites da capacidade de anuir no uso das técnicas de reprodução assistida. *Pensar.* v. 14, n. 1, 2009. p. 43. p. 42-60.
SAMPAIO, José Adércio. Comentário ao artigo 5º, X. In. CANOTILHO, José Joaquim Gomes *et al.* (Coords.). *Comentários à Constituição do Brasil.* São Paulo: Saraiva/ Almedina, 2013. p. 276-84.

SARLET, Ingo Wolfgang. A influência dos direitos fundamentais no direito privado: o caso brasileiro. In. MONTEIRO, Antonio Pinto; NEUNER, Jörg; ——— (Org.). *Direitos fundamentais e direito* privado – uma perspectiva de direito comparado. Coimbra: Almedina, 2007. p. 111-44.

———. Comentário Título II – dos direitos e garantias fundamentais. In. CANOTILHO, José Joaquim Gomes *et al.* (Coords.). *Comentários à Constituição do Brasil*. São Paulo: Saraiva/ Almedina, 2013. p. 183-212.

———. Direitos fundamentais em espécie. In. ———; MARINONI, Luiz Guilherme; MITIDIERO, Daniel. *Curso de direito constitucional*. 4. ed. São Paulo: Saraiva, 2015. p. 396-728.

———. *Eficácia dos direitos fundamentais*. 12. ed. Porto Alegre: Livraria do Advogado, 2015.

———. Notas sobre as relações entre a Constituição Federal de 1988 e os tratados internacionais de direitos humanos na perspectiva do assim chamado controle de convencionalidade. In. MARINONI, Luis Guilherme; MAZZUOLI, Valerio de Oliveira (Coords.). *Controle de convencionalidade:* um panorama latino-americano – Brasil, Argentina, Chile, México, Peru, Uruguai. Brasília: Gazeta Jurídica, 2013. p. 87-114.

———. Posibilidades y desafíos de un derecho constitucional común latinoamericano. Un planteamiento a la luz del ejemplo de la llamada prohibición de retroceso social. *Revista de derecho constitucional europeo*. n. 11, 2009. p. 87-134.

———; TRAVINCAS, Amanda C. Thomé. O direito fundamental à liberdade acadêmica – notas em torno de seu âmbito de proteção: a ação e a elocução extramuros. *Revista Espaço Jurídico*. v. 17, n. 2, 2016. p. 529-45.

———; WEINGARTNER NETO, Jayme. Constituição e direito penal – temas atuais e polêmicos. Porto Alegre: Livraria do Advogado, 2016.

SARMENTO, Daniel. A dimensão objetiva dos direitos fundamentais: fragmentos de uma teoria. *Arquivos de direitos humanos*. v. 4, 2002. p. 63-102.

———. A liberdade de expressão e o problema do "hate speech". *Revista de Direito do Estado*. v. 4, 2006. p. 53-106.

———. *Direitos fundamentais e relações privadas*. Rio de Janeiro: Lumen, 2004.

———. *Livres e iguais*: estudos de direito constitucional. Rio de Janeiro: Lumen, 2006.

SAVIANI, Dermeval. Ensino público e algumas falas sobre universidade. São Paulo: Cortez, 1987.

SCHANK, Roger C. Acabaram os olhares zangados do professor. In. BROCKMAN, John (Coord.). *Grandes ideias perigosas*. Lisboa: Tinta-da-China, 2008. p. 289-92.

SCHAUER, Frederick. Is there a right to academic freedom?. *University of Colorado Law Review*. v. 77, 2006. p. 907-27.

———. The permutations of academic freedom. *Arkansas Law Review*. v. 65, 2012. p. 193-201.

SCHMITT, Carl. *Teoría de la Constitución*. Madrid: Alianza, 2001.

SCHOFIELD, Harry. *The philosophy of education:* an introduction. London: George Allen & Unwin, 1975.

SCHREIBER, Anderson. *Direitos da personalidade*. 2. ed. São Paulo: Atlas, 2013.

SEARLE, John R. *The campus war:* a sympathetic look at the university in agony. New York: The World Publishing Company, 1971.

SHAFFER. Frederick P. A guide to academic freedom. *Journal of Collective Bargaining in the Academy*. n. 9, 2014. p. 1-53.

SHEPPARD, Steve. Academic freedom: a prologue. *Arkansas Law Review*. v.65, 2012. p. 177- 191.

SHILS, Edward. Do we still need academic freedom?. *Minerva*. v. 32, 1994. p. 79-98.

———. The academic ethos. *The American Scholar*. v. 47, n. 2, 1978. p. 165-90.

SILVA, Franklin Leopoldo e. *Universidade, cidade, cidadania*. São Paulo: Hedra, 2014.

SILVA, José Afonso da. *Aplicabilidade das normas constitucionais*. 7. ed. São Paulo: Malheiros, 2009.

SILVA, Virgílio Afonso da. Os direitos fundamentais e a lei: a constituição brasileira tem um sistema de reserva legal?. In. BINENBOJM, Gustavo; SARMENTO, Daniel; SOUZA NETO, Cláudio Pereira de. (Orgs.). *Vinte anos da constituição federal de 1988*. Rio de Janeiro: Lumem, 2009. p. 605-18.

SILVIO, José. *La virtualización de la universidad*. Caracas: Unesco, 2000.

SMEND, Rudolf. *Ensayos sobre la libertad de expresión, de ciencia y de cátedra*. México: Universidad Nacional Autónoma de México, 2005.

SOARES, Flaviana Rampazzo. *Responsabilidade civil por dano existencial*. Porto Alegre: Livraria do Advogado, 2009.

SOB VAIAS e gritos de "racista", professor da UFG é obrigado a deixar prédio da universidade. Disponível em: <http://www.jornalopcao.com.br/ultimas-noticias/sob-vaias-e-gritos-de-racista-professor-da-ufg-e-obrigado-a-deixar-predio-da-universidade-63741/>. Acesso em: 07 jun. 2016.

SOLIDARIEDADE à professora Mariana Trotta agredida por colunista de Veja. Disponível em: <http://www.viomundo.com.br/denuncias/solidariedade-a-professora-mariana-trotta-agredida-covardemente-por-colunista-de-veja.html>. Acesso em: 02 maio 2015.

SOUZA NETO, Cláudio Pereira de; SARMENTO, Daniel. *Direito constitucional:* teoria, história e métodos de trabalho. Belo Horizonte: Fórum, 2012.

SUSTEIN, Cass. Academic freedom and law: liberalism, speech codes and related problems. In. MENAND, Louis (Ed.). *The future of academic freedom*. Chicago: The University of Chicago Press, 1996. p. 93-118.

―――. O discurso no estado de bem-estar social: a primazia da deliberação política. In. ―――. *A constituição parcial*. Belo Horizonte: DelRey, 2009. p. 305-36.

TAPSCOTT, Don; WILLIAMS, Anthony D. Innovating the 21st-century university: It's Time!. *Educause Review*. 2010. p. 17-29.

TEACHING 'Western Values' in China. Disponível em: <http://www.nytimes.com/2015/04/17/opinion/teaching-western-values-in-china.html>. Acesso em: 10 nov. 2015.

TEIXEIRA, Anísio. A universidade e a liberdade humana. In. ―――. *Educação e o mundo moderno*. 2. ed. São Paulo: Cia. Editora Nacional, 1977. Disponível em: <http://www.bvanisioteixeira.ufba.br/delivro.htm>. Acesso em: 14 dez. 2016.

TJ-MG derruba liminar que proibia centro acadêmico de debater impeachment. Disponível em: <http://www.conjur.com.br/2016-mai-02/tj-mg-derruba-liminar-proibia-debate-impeachment-ufmg>. Acesso em: 07 jun 2016.

TRAVINCAS, Amanda C. Thomé. Gilmore vs. Urofsky, 216 F.3d 401 (4th Cir. 2000): o conflito entre as dimensões individual e institucional da liberdade acadêmica. *Direitos fundamentais e Justiça*. v. 29, 2015. p. 158-68.

―――. Restrições aos direitos fundamentais não expressamente autorizadas pela constituição brasileira: estrutura, fundamentos e metodologias de controle. Dissertação de Mestrado – Faculdade Direito, Pós-Graduação em Direito, PUCRS. Porto Alegre, 2010.

―――; LIMA, Manuela Ithamar. A liberdade acadêmica enquanto garantia institucional: uma análise a partir de Sweezy vs. New Hampshire, 354 U.S. 234 (1957). *Revista da AJURIS*. v. 42, n. 139, 2015. p. 13-27.

TRIBE, Laurence; DORF, Michael C. *On reading the Constitution*. Cambridge: Harvard University, 1991.

TURK, James L. *Academic freedom for librarians:* what is it, and why does it matter?. Disponível em: <https://www.mcgill.ca/maut/files/maut/2010.08.25_mcgill_librarians.pdf>. Acesso em: 02 maio 2016.

―――. Protecting the integrity of academic work in corporate collaborations. In. ――― (Ed.). *Academic freedom in conflict*: the struggler over free speech rights in the university. Toronto: James Lorimer & Company, 2014. p. 272-86.

UNESCO. *2011 International standard classification of education*. Disponível em: <http://www.uis.unesco.org/Education/Documents/isced-2011-en.pdf>. Acesso em: 10 dez. 2014.

―――. *2013 Glossary of Curriculum Terminology*. Disponível em: <http://www.ibe.unesco.org/fileadmin/user_upload/Publications/IBE_GlossaryCurriculumTerminology2013_eng.pdf>. Acesso em: 29 ago. 2016.

―――. *1960 Convenção relativa à luta contra as discriminações na esfera do ensino*. Disponível em: <http://unesdoc.unesco.org/images/0013/001325/132598por.pdf>. Acesso em: 03 jun. 2016. Em 1968, com a promulgação do Decreto nº 63.223, a Convenção entrou em vigor no Brasil.

―――. *Declaração Mundial sobre Educação Superior no Século XXI: Visão e Ação*. 1998. Disponível em: <http://www.direitoshumanos.usp.br/index.php/Direito-a-Educa%C3%A7%C3%A3o/ declaracao-mundial -sobre-educacao-superior-no-seculo-xxi-visao-e-acao.html>. Acesso em: 03 jun. 2016.

―――. *ISCED 2011 Operational Manual*. Disponível em: <http://www.uis.unesco.org/Education/Pages/international-standard-classification-of-education.aspx>. Acesso em: 02 mar. 2016. p. 70.

―――. *Recomendación relativa a la situación del personal docente*. Disponível em: <http://www.unesco.org/education/pdf/TEACHE_S.PDF>. Acesso em: 02 ago. 2016.

UFPI. *História do campus Ministro Reis Velloso*. Disponível em: <http://www.ufpi.br/historia>. Acesso em: 21 out 2016.

USA. *Constitution of the United States of America*. Disponível em: <http://www.archives.gov/exhibits/charters/ constitution.html>. Acesso em: 10 jul. 2016.

―――. Fourth Circuit Court of Appeals. *Gilmore vs. Urofsky*, 216 F.3d 401, 2000. Disponível em: <http://caselaw.findlaw.com/us-4th-circuit/1434020.html>. Acesso em: 28 nov. 2014.

―――. Supreme Court of the United States. *Abrams vs. United States*, 250 U.S. 616, 1919. Disponível em: <http://www.law.cornell.edu/supremecourt/text/250/616>. Acesso em: 30 nov. 2014.

―――. Supreme Court of the United States. *Adler vs. Board of Education*, 342 U.S. 485, 1952. Disponível em: <http://www.law.cornell.edu/supremecourt/text/342/485>. Acesso em: 30 nov. 2014.

―――. Supreme Court of the United States. *Pickering vs. Board of Education*, 391 U.S. 563, 1968. Disponível em: <http://caselaw.lp.findlaw.com/scripts/getcase.pl?navby=CASE&court=US&vol =391&page=563>. Acesso em: 10 nov. 2014.

―――. Supreme Court of the United States. *Sweezy vs. New Hampshire*, 354 U.S. 234, 1957. Disponível em: <https://casetext.com/case/sweezy-v-new-hampshire>. Acesso em: 02 jul. 2015.

VAZ, Manoel Afonso. *Lei e reserva de lei*. Porto: Universidade Católica do Porto, 1996.

VEIGA, Ilma Passos Alencastro. Organização didática da aula: um projeto colaborativo de ação imediata. In. ――― (Org.). *Aula*: gênese, dimensões, princípios e práticas. Campinas: Papirus, 2008. p. 267-98.

VERGER, Jacques. *Cultura, ensino e sociedade no ocidente nos séculos XII e XIII*. Bauru: Edusc, 2001.

VIDAL PRADO, Carlos. Libertad de cátedra y organización de la docencia en el ámbito universitario. *Revista Española de Derecho Constitucional*. n. 84, 2008. p. 61-103.

VIEIRA, Simone Bastos. Quadro comparativo. In. ――― (Org.) *A constituição que não foi:* história da Emenda Constitucional n. 1, de 1969. Brasília: Senado Federal, 2002. p. 535.

VILLA, Marco Antonio. *A história das constituições brasileiras*. São Paulo: Leya, 2011.

WATERS, Malcolm J. The institutionalization of academic freedom: implications of some findings from the Third World. *The Journal of Educational Thought*. n. 13, v. 3, 1979. p. 150-62.

WEBER, Thadeu. Autonomia e dignidade da pessoa humana em Kant. *Direitos fundamentais e Justiça*. n. 9, 2009. p. 232-59.

WEINGARTNER NETO, Jayme. Honra, privacidade e liberdade de imprensa: uma pauta de justificação penal. Porto Alegre: Livraria do Advogado, 2002.

——. Liberdade religiosa na jurisprudência do STF. In. SARMENTO, Daniel; SARLET. Ingo Wolfgang (Orgs.). *Direitos Fundamentais na jurisprudência do STF*: balanço e crítica. Porto Alegre: Lumen, 2011. p. 481-82.

WRIGHT, George. The emergence of first amendment academic freedom. *Neb. L. Rev.* n. 85, 2007. p. 793-829.

ZAVASCKI, Teori Albino. Antecipação da tutela e colisão de direitos fundamentais. *Revista do Tribunal Regional Federal* – 1º Região. v. 7, n. 3. 1995. p. 15- 32.